르네 지라르의
기독교 십자가 이해

르네 지라르의 기독교 십자가 이해

길상엽 지음

목 차

제1장 서 론 _ 11

제2장 모방 욕망과 희생양 메커니즘

제1절 욕망의 모방성 _ 24
1. 삼각형의 욕망 _ 25
2. 욕망의 중개자(médiateur du désir) _ 28
3. 형이상학적 욕망 _ 30
4. 오이디푸스 콤플렉스와 모방 욕망 _ 32

제2절 폭력과 희생양 메커니즘 _ 34
1. 차이 소멸 _ 35
2. 경쟁적 폭력과 짝패 _ 38
3. 희생양 메커니즘과 희생제의 _ 41

제3절 결론 _ 48

제3장 지라르의 십자가 이해

제1절 기독교 속죄에 관한 이론들 _ 56

   1. 만족설(satisfaction theory) _ 57
   2. 도덕적 감화론(moral influence theory) _ 59
   3. 승리자 그리스도(Christus Victor) _ 63
   4. 형벌대속론(penal substitution theory) _ 70

제2절 신화와 유대-기독교의 성서 _ 74

   1. 신화 _ 75
   2. 성서에 나타난 모방이론 _ 80
   3. 신화와 구약성서 _ 86
   4. 복음서의 계시 _ 89

제3절 지라르가 이해하는 십자가의 성격 _ 93

   1. 승리로서의 십자가 _ 95
   2. 희생양 메커니즘을 폭로하는 십자가 _ 99
   3. 비희생적 십자가 _ 102
   4. 모방의 대상인 십자가 _ 108

제4절 결론 _ 111

제4장 신학적 영향

제1절 라이문트 슈바거(Raymund Schwager) _ 120
  1. 구약성서 해석 _ 123
    가. 폭력적인 하나님 _ 123
    나. 희생제사 _ 127
    다. 희생양 메커니즘 _ 129
    라. 하나님의 계시와 폭력의 극복 _ 131
  2. 신약성서 해석 _ 133
    가. 현혹됨과 폭력 _ 134
    나. 폭력과 거짓을 드러냄 _ 135
    다. 희생양이신 예수 그리스도 _ 137
    라. 신약성서의 진리성 _ 140
  3. 비폭력적 구원의 하나님 _ 142
  4. 문제점 _ 148
제2절 데니 위버(Denny Weaver) _ 152
  1. 만족설 비판 _ 152
  2. 내러티브 승리자 그리스도(Narrative Christus Victor) _ 156
  3. 문제점 _ 164
제3절 월터 윙크(Walter Wink) _ 165
  1. 사탄과 지배체제 _ 166
  2. 십자가의 승리 _ 168
  3. 예수의 제3의 길 _ 171
  4. 지라르 이론에 대한 평가 _ 176
  5. 문제점 _ 181
제4절 결론 _ 182

제5장 지라르의 십자가 이해에 대한 평가

제1절 지라르의 공헌: 기독교 진리 변증 _ 193

제2절 모방이론에 따른 십자가 이해에 대한 비판 _ 197

   1. 성경해석의 한계 노출 _ 199

   2. 지라르의 승리자 그리스도론에 대한 비판 _ 205

   3. 변형된 도덕감화론 _ 212

제3절 개혁신학의 속죄론에 끼친 부정적 영향 _ 220

   1. 진노하지 않으시는 하나님 _ 221

   2. 희생제사가 아닌 십자가 _ 226

   3. 대제사장이 아닌 예수 그리스도 _ 230

제4절 개혁신학의 관점에서 본 지라르의 한계 _ 236

   1. 문화인류학적 연구의 한계: 성경의 영감성 부정 _ 236

   2. 하나님 인식에 대한 한계 _ 240

제5절 결론 _ 246

제6장 결 론 _ 255

참고문헌 _ 269

제 1 장

서 론

기독교 신앙 중심에는 그리스도로 고백된 나사렛 예수의 십자가 죽음이 자리하고 있다. 그 죽음은 기독교 신학의 내용적 원리를 구성하며 교회사를 통해 속죄론(the doctrine of the atonement)이란 이름 아래 연구되어 왔다.[1] 특히 20세기 신학자들은 전통적인 속죄 신학이 그리스도의 십자가를 해석하는 방식과 사회적, 인종적 학대의 현대적 양식을 직접 연결할 수 있다는 사실을 간파했다. 여성 신학, 흑인 신학, 해방신학의 경우 각각의 연결고리는 "하나님께서 희생적인 고난을 선하게 사용하신다"라는 개념에 대한 반대이다. 특별히 여성 신학자들은 "십자가를 높이 드는 것"이 희생자의 수동성과 폭력적인 억압에 신적인 가치를 부여함으로써 두 가지 모두를 부추겼다고 주장했다. 여성 신학자들은 예수의 십자가 고난이 노예나 여성의 굴종을 정당화하는 데 사용되는 것을 원하지 않고, 그래서 십자가에서 어떤 신적 허가라는 의미를 부인한다. 이처럼 전통적인 형벌대속 개념에 이의를 제기하는 신학자들은 하나님이 구원의 목적을 위해 결코 폭력을 사용하지 않으신다고 주장한다. 이들의 주장에 따르면, 하나님은 예수의 돌아가심의 주동자가 아니다. 반대로 하나님은 사랑의 아버지이고,

---

1) 박만, "폭력과 속죄 죽음: 르네 지라르의 예수의 십자가 죽음 이해에 대한 비판적 고찰", 「한국기독교신학논총」 53 (2007): 111.

다른 자녀들(사람들)을 사랑하기 위해 아들(예수)을 처벌할 필요가 없는 분이다. 예수는 고난 받고 죽기 위해 오신 것이 아니라, 가난한 자들에게 복된 소식을, 그리고 억눌린 자들에게 자유를 선포하기 위해 오셨다. 예수의 돌아가심은 당시의 지배 권력에 대한 도전의 결과였다. 하나님이 아들의 죽음을 원하셨다고 말하는 것은 "선한" 고통이 있을 수 있다는 생각을 정당화하는 것이다.2)

통상적으로 형벌대속설에 대한 비난의 논지는 두 가지다. 첫 번째는 십자가가 "경이로운 교환"이라는 칼빈의 생각이다. 예수의 죽음이 다른 사람의 죄를 위해 대가를 치른다고 말하는 것은, 많은 사람에게 경이로운 교환이라기보다는 기괴한 교환, 곧 구원이라는 하나님의 역사 속에는 개입될 여지가 전혀 없는 상업적 거래 같다는 인상을 준다.3)

둘째로, 예수의 죽음이 지닌 구원의 중요성을 교환의 경륜(즉, 생명을 위한 죽음)이라는 각도에서 해석하는 태도는 폭력을 관대하게 보아 넘긴다는 인상을 준다. 그 이유는 형벌이 "폭력을 영속화하는 문제일 뿐"이기 때문이다. 여성주의 신학자들 중에는 아버지가 세상의 죄를 위해 아들을 징벌하셨다는 개념이 두 가지 점에서 비극적일 정도로 잘못된 것이라고 간주하는 경우가 종종 있는데, 그중 하나는 그런 주장이 하나님을 복수심이 강한 신으로 만든다는 것이고, 다른 하나는 그런 주장이 우리가 고통을 "구속적인" 것으로 생각하도록 조장한다는 것이다. 요약하면, 형벌대속론에 비판적 태도를 보이는 사람들은 이 견해가 정의의 이름으로 폭력을 은연중에 정당화한다고 비난한다.4) 바로

---

2) Kevin J. Vanhoozer, "속죄", 켈리 M. 케이픽 & 브루스 L. 맥코맥 편, 『현대 신학 지형도』 (서울: 새물결플러스, 2016), 321.

3) Kevin J. Vanhoozer, *The Drama of Doctrine*, 윤석인 역, 『교리의 드라마』 (서울: 부흥과개혁사, 2017), 642-643.

4) 밴후저, 『교리의 드라마』, 642-643.

이 점에서 우리는 예수의 십자가 죽음을 인간 사회의 폭력의 노출과 극복의 본보기 사건으로 이해한 프랑스 출신의 르네 지라르(René Girard, 1923-2015)를 주목하게 된다. 왜냐하면 지라르의 이론이 이러한 비난에 든든한 지지를 제공한다고 평가되기 때문이다.

지라르는 2005년 '불멸의 40인'으로 불리는 프랑스 지식인의 최고 명예인 아카데미 프랑세즈5) 종신회원에 만장일치로 선임될 만큼 뛰어난 학문적 업적을 인정받은 사람이다. 프랑스 인문학지「Sciences Humaines」 216호 2010년 6월호는 어떤 책과 작가가 독자들이 세상을 보는 시선과 세계관을 가장 많이 변화시켰는지를 조사한 결과를 발표하였는데, 가장 많이 거론된 세 학자 중 한 사람이 바로 르네 지라르였다.6) 지라르의 이론은 니체와 하이데거의 계보에 서 있는 프랑스 포스트모던 철학 이후의 새로운 전환을 일으키는 축으로 평가받고 있다. 그는 당대 가장 설득력 있게 유대-기독교적 텍스트와 전통 그리고 가치들을 변호하는 학자다. 지라르는 그의 이론을 통해 십자가의 승리와 기독교의 유일성을 학문적으로 논증하는 당대 최고의 기독교 변증가이며, 서구 인문학계를 다시금 유대-기독교적 전통으로 회귀시키는 거목으로 평가받고 있다.7)

폭력과 속죄를 둘러싼 질문들에 르네 지라르만큼 엄청난 충격을 가져온 사람은 드물다. 이 충격은 지라르가 신학자가 아니라는 사실을 고려할 때 더욱 놀라워진다.8) 지라르는 전문 신학자가 아닐 뿐만 아니라 모방 경쟁에 대한 자기 이론의 핵심 요소들을 처음 제안했던 때에

---

5) 흔히 '불멸의 40인'으로 불리는 프랑스에서 가장 권위 있는 학술기관이다. 1635년 리슐리외 추기경이 창설하였고 40명의 종신회원으로 구성되어 있다. 볼테르, 장 라신, 빅토르 위고 등이 회원이었다. 김진식,『르네 지라르』(서울: 커뮤니케이션북스, 2018), x.

6) 정일권,『십자가의 인류학-미메시스 이론과 르네 지라르』(대전: 대장간, 2015), 29.

7) 정일권,『십자가의 인류학』, 25.

8) Hans Boersma, *Violence, Hospitality, and the Cross*, 윤성현 역,『십자가, 폭력인가 환대인가-포스트모던 시대의 개혁주의 속죄론』, (서울: 기독교문서선교회, 2014), 235.

는 심지어 기독교인도 아니었다.[9] 지라르는 자신이 그의 연구를 통해서 스스로 그리스도인이 되었다고 말한다.[10] 그의 연구가 그를 기독교로 이끌었다는 것이다. 하지만 그의 이런 기독교 친화적 입장에도 불구하고 그의 이론은 우리 개혁신학에 심각한 도전이 된다. 왜냐하면 지라르는 십자가를 하나님의 공의를 만족시키는 수단으로 보지 않기 때문이다. 지라르에게 있어 십자가는 하나님의 주도 아래 일어난 사건이 아니라, 오직 인간 무리의 폭력적 행동에 지나지 않는다. 이러한 지라르의 견해는 예수 그리스도가 십자가를 지심으로 우리의 죄를 대속한 것으로 이해하는 개혁신학 속죄론[11]과는 정면으로 배치되는 것이며, 따라서 개혁신학의 입장에서 지라르의 이론을 어떻게 평가할 것인지가 문제 되는 것이다.

인류문화의 기원을 야심 차게 설명하고자 하는 대담한 가설로서의 미메시스 이론(모방이론, Mimetic Theory)을 통해서 르네 지라르는 문학과 심리학, 신화학, 종교학, 인류학을 모두 융합하면서 인류문화의 기원(起原)이라는 '하나의 주제에 대한 기나긴 논증'을 펼쳤다. 지라르가 문화의 기원에 대한 큰 질문에 대해서 기나긴 논증으로 인류문명에 대한 새로운 거대담론을 전개하지만, 그의 이론의 마지막 부분은 기독교의 변증 작업에 대한 것이다.[12] 그는 자신이 본래 무신론자였지만 자신의 연구를 통하여 스스로 기독교에 이르게 되었다고 고백한다. 그

---

9) 한스 부르스마, 『십자가, 폭력인가 환대인가』, 236.

10) 김성민은 "지라르는 인간의 욕망에 초점을 맞추어서 여러 가지 문화적 소산들을 고찰하다가 그것들이 파괴되지 않고 어떻게 보존될 수 있을 것인지를 궁구하다가 결국 그리스도에게서 해결책을 찾았던 것이다"라고 평가한다. 김성민, "인간의 욕망과 모방-르네 지라르의 사회인류학적 관점에서", 「신학과 실천」 47, (2015): 263.

11) 이 글에서 말하는 '개혁신학 속죄론'은 '형벌대속론'의 입장을 말하는 것이다.

12) 정일권, 『십자가의 인류학』, 31-32.

는 현대 인류학을 통해 유대-기독교에 접근하고 있으며, 그의 모방이론을 무엇보다도 오늘날 세계를 지배하고 있는 상대주의의 지적 토대를 전복시킬 수단으로 보고 있다.[13]

지라르는 모든 '희생제의'를 원초적인 폭력을 숨기고 옹호하는 메커니즘으로 이해하며, 예수의 십자가 사건은 비폭력을 통해 바로 그 폭력의 메커니즘을 드러냄으로써 마침내 승리하는, 승리의 사건으로 이해한다. 따라서 그에게 '희생(sacrifice)'은 '폭력'과 다름 아니며, 예수의 십자가 죽음은 결코 희생제의적 죽음이 아니다. 그는 "예수의 죽음이(속죄나 대속이나 그 밖의 무엇이든) 그 어떤 정의로도 희생 죽음이라고 암시하는 것은 복음서에 전혀 없다. … 그 어디에도 예수의 죽음이 희생 죽음으로 정의되는 곳은 없다"[14]라고 말한다. 지라르는 기독교 신학이 수 세기 동안 예수의 죽음을 희생제의적인 개념들과 그 유사한 것으로 재해석함으로써 성스러운 폭력을 조장하는 쪽으로 자주 퇴행했다고 주장한다.[15]

지라르는 이러한 자신의 결론이 그의 기나긴 논증, 즉 자신의 문학비평과 신화와 민속학 연구를 통한 인류학적 연구의 산물이라고 말한다. 최근 기독교 신학에서 속죄에 대한 비폭력적 이해에 대한 관심이 새롭게 일어나게 된 가장 큰 원인 중 하나도 지라르와 그의 희생양 메커니즘 이론에 대한 학제적 성찰 때문이라고 말할 수 있다.[16] 일단의 신학자들은 지라르의 생각을 열렬히 수용했다. 대표적으로 라이문트 슈바거(Raymund Schwager, 1935-2004)는 지라르보다 훨씬 더 나아

---

13) René Girard, *Celui Par qui le scandale arrive*, 김진식 역, 『그를 통해 스캔들이 왔다-모방적 욕망과 르네 지라르 철학』 (서울: 문학과지성사, 2007), 63.

14) René Girard, *Things Hidden Since the Foundation of the World* (Stanford University Press, 1987), 180.

15) 정일권, 『십자가의 인류학』, 43.

16) 정일권, 『십자가의 인류학』, 43.

가, 자신만의 성서해석을 통해 성서는 결코 하나님께서 폭력을 옹호하거나, 심지어 보복적 정의를 원하시는 분으로 묘사하지 않는다고 주장하였다. 그에 따르면, 십자가는 속죄양 기제를 폭로할 뿐만 아니라, 하나님께서 심지어 예수 안에 구현된 자신의 사랑이 폭력적으로 거절될 때조차도 계속해서 우리를 사랑하신다는 것을 드러내 준다.17) 재세례파 신학자인 데니 위버(Denny Weaver)와 월터 윙크(Walter Wink) 역시 지라르의 모방이론에 영향을 받아 십자가의 승리는 폭력을 폭로하는 것이라고 말하면서, 정통 신학에서 말하는 십자가의 희생제사적 성격을 부정하였다. 이들의 공통점은 만족설(satisfaction theory)에 대한 비판을 배경으로 하나님이 죄에 대하여 진노하시는 분이시라는 것을 부정하고, 하나님을 사랑과 용서의 하나님으로만 정의하며, 십자가는 하나님께 드리는 희생제사가 아니라 오히려 은폐된 폭력을 폭로하고 드러내는 사건으로 본다는 것이다. 이러한 주장은 지라르가 구약의 희생제사를 신적 기원에 의한 것으로 인정하지 않고, 희생양 메커니즘의 재연으로서 '대체된 폭력'으로 보는 데서 영향을 받은 것이다.

　하지만 이러한 지라르의 십자가 이해는 개혁신학의 입장에서는 큰 도전이 아닐 수 없다. 그동안 개혁신학은 성경적 근거를 가지고 예수 그리스도의 십자가 죽음이 우리의 죄를 대신한 '화목제물'이라고 고백해 왔기 때문이다. 개혁신학은 예수 그리스도의 십자가 죽음이 하나님의 섭리 가운데 계획되고, 그 효과가 1차적으로는 아버지와 아들 사이의 신적 관계 안에서 일어난다고 보는 반면, 지라르는 십자가를 하나님의 개입이 없는, 오직 사탄과 그 종으로서의 인간에 의한 폭력으로, 예수 그리스도의 비폭력 대응에 의해 폭력의 정체가 드러나는 사건으

---

17) 밴후저, "속죄", 323-324.

로 이해한다.

그동안 신학계에서는 지라르에 관한 논의가 활발하게 이루어져 왔으나,[18] 주로 비폭력적 속죄론의 입장에서 십자가를 비희생적으로 읽는 그의 주장을 적극적으로 수용하는 것이었다. 따라서 비폭력적 속죄론과 지라르의 주장은 신학적으로 맞닿아 있다고 볼 수 있다. 한국에서 지라르 수용은 처음 문학평론가인 김윤식, 김치수, 서인석에 의해 주도되었으나, 본격적인 소개는 역시 문학평론가인 김현에 의해 이루어졌다.[19] 그리고 현재도 철학과 문학 등 인문학에서 활발한 연구가 진행되고 있다.[20] 지라르가 문화인류학자로서 꽤 명성을 얻은 반면, 그가 신학에 미친 영향이 작지 않음에도 불구하고 한국 신학계에서는 지

---

18) 정일권에 따르면, 독일어권 신학자들로서 스위스 출신의 신학자 라이문트 슈바거(Raymund Schwager), 한스 우어스 폰 발타살(Hans Urs von Balthasar), 노베르트 로빙크(Nobert Lohfink), 칼 바르트(Karl Barth), 그리고 독일 루터파 신학자인 볼프하르트 판넨베르크(Wolfhart Pannenberg), 독일 개신교 신학자인 볼프강 후버(Wolfgang Huber), 미하엘 벨커(Michael Welker), 영국 급진정통주의 신학자인 존 밀뱅크(John Milbank)와 그래함 와드(Graham Ward), 그리고 필립 얀시(Philip Yancey), 알리스터 맥그라스(Alister McGrath), 미로슬라브 볼프(Miroslav Volf), 케빈 밴후저(Kevin Vanhoozer), 테드 피터스(Ted Peters), 존 하워드 요더(John Howard Yoder), 월터 윙크(Walter Wink) 등이 지라르의 이론을 신학적 사유 속에서 논하고 있다. 정일권, 『십자가의 인류학』, 27.

19) 김윤식은 1977년 총 12장으로 되어 있는 ≪낭만적 거짓과 소설적 진실≫을 8장만을 옮기고 제목을 ≪소설의 이론≫이라고 붙였다. 김윤식에 뒤이어, 김치수는 1980년 ≪낭만적 거짓과 소설적 진실≫의 제1장을 불어에서 직접 옮기고, "지라르의 욕망 이론"이라는 해설을 발표함으로써 한국에서 지라르에 대한 관심을 고조시키는 데 큰 역할을 하였다. 그리고 김윤식, 김치수의 뒤를 이어 지라르 이해에 일정한 기여를 한 것은 서인석이다. 그는 카인의 이야기가 왜 창세기에 집어 넣어졌는가를 따지는 가운데 지라르 이론의 중요성을 감지했다. 하지만 김현에 따르면, 서인석은 지라르 사유의 핵심이 폭력이라는 것을 분명하게 인식한 희귀한 수용자이지만, 그 폭력이 我有化의 욕망에서 생겨나는 것임을 밝히지 않고 있다. 김현, 『르네 지라르 혹은 폭력의 구조: 르네 지라르의 도스토옙스키론, 카뮈론』 (서울: 나남신서, 1987), 22-25.

20) 김모세, 『르네 지라르-욕망, 폭력, 구원의 인류학』 (파주: 살림출판사, 2008): 김모세·서종석, "<별에서 온 그대>(My Love from the Star)에 나타난 욕망의 형이상학", 「기호학 연구」 46 (2015): 김진식, "르네 지라르 모방이론의 재인식", 「불어불문학연구」 96 (2013): 김모세, "아프리카 소수 부족 통과 제의에 대한 해석 - 르네 지라르의 이론을 중심으로", 「아프리카 硏究」 22 (2007): 박재영, "<설국열차>와 르네 지라르-희생제의에 대한 담론", 「문학과 영상」 14/4 (2013): 박성준, 박치완, "영화 ≪디스트릭트 9≫에 나타난 폭력의 메커니즘-르네 지라르의 『폭력과 성스러움』, 『희생양』을 중심으로", 「동서철학연구」 81 (2016): 김영지, "희생양에 던져진 폭력의 스캔들-『출옥』(Getting Out)을 중심으로", 「현대영미어문학」 34/1 (2016) 등.

라르에 대한 연구가 활발하지 않은 것이 사실이다. 한국 신학계에서 지라르에 대한 소개는 오스트리아 인스브루크에서 지라르를 전공한 정일권에 의해 적극적으로 이루어지고 있다. 그는 지라르의 모방이론과 희생양 메커니즘 이론을 소개하면서 지라르의 기독교 변증적 측면과 더불어 지라르와 포스트모더니즘 사상가들과의 대화를 주로 다루고 있다.[21] 그 외 지라르의 모방이론과 희생양 메커니즘 이론을 통해 다른 신학적 분석을 시도한 글들[22]과 지라르를 신학적으로 비판한 글들[23] 이 몇 건 있다.

우리가 르네 지라르가 이해하는 십자가의 의미를 파악하기 위해서는 그가 다윈의 말에 빗대어 표현한 '하나의 주제에 대한 기나긴 논증'[24]의 길을 따라갈 필요가 있다. 왜냐하면 지라르의 십자가 이해는 그의 주장대로 그의 문화인류학적 연구의 결과로 나온 것이기 때문이다. 따라서 먼저 지라르의 학문 여정을 따라가며, 그의 모방이론의 전체적인 맥락을 파악하고자 한다.

지라르의 이론은 전체적으로 모방 욕망에서 시작하여 주체와 모델

---

21) 정일권, 『십자가의 인류학-미메시스 이론과 르네 지라르』 (대전: 대장간, 2015), 『우상의 황혼과 그리스도-르네 지라르와 현대 사상』 (서울: 새물결플러스, 2014), 『예수는 반신화다』 (서울: 새물결플러스, 2017), 『붓다와 희생양』 (서울: SFC출판부, 2013), 『르네 지라르와 현대 사상가들의 대화-미메시스 이론, 후기 구조주의 그리고 해체주의 철학』 (서울: 동연, 2017), "슬픈 현대: 글로벌 시대의 종교와 평화 르네 지라르의 최근 저작 『클라우제비츠를 완성하다』를 중심으로" 「조직신학논총」 36 (2013) 등 참조.

22) 박종환, "억압의 공간, 화해의 공간-르네 지라르를 통해서 본 기독교 예배의 이중성" 「한국기독교신학논총」 92 (2014); 이풍인, "세월호 참사와 희생양 메커니즘" 「신학지남」 (2014); 이윤경, "르네 지라르의 희생양 메커니즘으로 읽는 입다의 딸 이야기" 「구약논단」 49 (2013); 김성민, "인간의 욕망과 모방-르네 지라르의 사회인류학적 관점에서" 「신학과 실천」 47 (2015); 이종원, "희생양 메커니즘과 폭력의 윤리적 문제," 「철학탐구」 40 (2015); 백형수, "리차드 니버 (H. Richard Niebuhr)와 르네 지라르(Rene Girard)를 통해 본 '십자가 문화'의 모색" (박사, 호남신학대학교 대학원, 2013).

23) 박만, "폭력과 속죄 죽음: 르네 지라르의 예수의 십자가 죽음 이해에 대한 비판적 고찰," 「한국기독교신학논총」 53 (2007), "속죄론적 십자가 죽음 이해에 대한 비판적 논고" 「한국조직신학논총」 39 (2014), 박종균, "르네 지라르의 성서적 종교와 비폭력" 「한국기독교신학논총」 34/1 (2004).

24) René Girard, Les origines de la culture, 김진식 역, 『문화의 기원』, (서울: 기파랑, 2006), 9.

사이의 경쟁과 갈등, 공동체의 위기, 만장일치의 폭력을 통한 위기의 해소와 질서 유지를 위한 희생양 메커니즘의 반복과 재연, 그리고 구약성서와 특히 복음서를 통한 희생양 메커니즘의 폭로와 십자가의 계시 등으로 정리할 수 있다. 그리고 각각의 단계들은 긴밀하게 연결되어 있으면서 논리적인 내적 체계를 갖추고 있다.[25]

그러므로 이 글 제2장에서는 지라르의 모방 욕망 이론과 희생양 메커니즘 이론을 살펴보고, 제3장에서 신화와 구약성서, 그리고 특히 복음서와의 비교를 통해 기독교 성서의 독특성, 계시성을 주장하고, 십자가의 비희생적 성격과 십자가의 승리를 주장하는 지라르의 십자가 이해를 살펴보고자 한다. 이를 위해 지라르의 저작들과 관련 논문들을 가능한 대로 참조하되, 제2장에서는 문학작품의 분석을 통해 모방 욕망의 개념을 제시한『낭만적 거짓과 소설적 진실』, 모방의 개념을 인류학 차원으로 확장해 인류의 희생양 메커니즘을 밝혀낸『폭력과 성스러움』을, 그리고 제3장에서는 신화와 기독교 성서의 비교를 통해 희생양 메커니즘의 단절과 복음서의 계시성을 밝힌『사탄이 번개처럼 떨어지는 것이 보이노라』를 분석의 주요 도구로 삼을 것이다. 그리고 그 밖에 희생양 메커니즘의 해체 과정을 그리고 있는『희생양』, 자신의 이론을 현대 세계에 공공연히 퍼져 있는 상대주의의 전복 수단으로 묘사하고 있는『그를 통해 스캔들이 왔다』, 지라르와 두 명의 대학교수와의 대담을 엮은『문화의 기원』등, 지라르의 저작을 주요한 연구 자료로 삼을 것이다.

제4장에서는 지라르의 십자가 이해에 대한 평가를 더 깊이 다루기 위해 그의 이론에 영감을 받은 신학자들의 신학을 살펴볼 것이다. 라

---

25) 김모세,『르네 지라르-욕망, 폭력, 구원의 인류학』(파주: 살림출판사, 2008), 29.

이문트 슈바거는 지라르가 2005년 사망한 슈바거의 추모세미나에서 "슈바거 교수야말로 내가 나의 이론을 다시금 의심해보게 한 유일한 사람이었다. 왜냐하면 그는 참으로 미메시스적인 욕망 없이 나를 읽었기 때문"26)이라고 말할 정도로 지라르와 두터운 학문적 소통을 나눴던 사람이다. 따라서 슈바거를 주로 많이 다루되, 재세례파 신학자로서 비폭력적 속죄론을 펼치는 데니 위버와 역시 예수를 따르는 방법으로써 비폭력의 길을 주장하는 월터 윙크의 신학을 살펴보고, 그들의 문제점 역시 검토할 것이다. 이를 통해 지라르의 이론이 위의 신학자들에게 어떤 영향을 끼쳤으며, 위의 신학자들이 지라르의 이론을 수용하여 그들의 신학적 사유 속에서 각각 어떻게 적용하였는지를 보게 될 것이다.

제5장에서는 먼저 지라르가 기독교에 끼친 공헌이 무엇인지 살펴보고, 지라르의 십자가 이해에 대한 비판을 검토할 것이다. 십자가 이해에 대한 비판적 평가는 주로 지라르의 모방이론에서 나타나는 십자가 이해에 대한 비판과 조금 더 신학적 논의가 필요한 신학적 주장에 대한 비판으로 나누어 검토할 것이다. 사실 지라르의 영향 아래 소위 비폭력적 속죄론에서 공통으로 주장되는 후자의 것들은 지라르가 자신의 학문 방법론상 적극적으로 주장하지는 않지만, 그의 사고의 연장 속에서 그대로 드러나는 것들이다. 다만 논의의 편의상 본 논문에서는 나누어 검토하도록 하겠다. 그리고 마지막으로 지라르의 기독교에 대한 공헌과 함께 그의 십자가 이해의 한계를 개혁신학적 관점에서 살펴보고자 한다.

---

26) Raymund Schwager, *Brauchen wir einen Sündenbock?* 손희송 역, 『희생양은 필요한가』, (서울: 가톨릭대학교 출판부, 2011), 25. 이하에서 『희생양은 필요한가』에 나오는 '하느님'의 표기는 모두 '하나님'으로 표기하도록 한다.

제 2 장

모방 욕망과 희생양 메커니즘

르네 지라르는 대담집인 『문화의 기원』에서 자신의 지적 여정을 "단 하나의 주제에 대한 기나긴 논증"이라는 찰스 다윈의 표현에 빗대어 정의 내리고 있다.[1] 사실상 이 표현만큼 지라르의 사유 여정을 적절하게 대변해주는 것도 없을 것이다. 지라르는 첫 번째 저서인 『낭만적 거짓과 소설적 진실』을 시작으로 거의 반세기 동안에 걸쳐 인류의 문화, 공동체적 활동의 근간이라고 생각되는 하나의 주제를 끈기 있게 추적해 왔다. 르네 지라르는 아리스토텔레스가 『시학』에서 펼치고 있는 "인간은 모방 경향이 가장 크다는 점에서 다른 동물과 구별된다"라는 주장을 극단으로 밀고 나갔다.[2] 지라르의 이론 체계는 모방 욕망에서부터 시작하여 주체와 모델 사이에 일어나는 경쟁과 갈등, 이로 인한 공동체 전체의 위기 그리고 희생양에 대한 집단적 폭력을 통한 위기의 해소, 공동체의 생존과 질서 유지를 위한 희생양 메커니즘의 반복과 희생제의, 각종 금기들의 설립, 마지막으로 성서, 특히 복음서에서 제시되는 그리스도의 희생을 통한 희생양 메커니즘에 대한 완벽한 계시 등으로 정리할 수 있다.[3] 지라르는 자신이 모방이론과 복음서에서 발견했다고 믿는 희생양 메커니즘에 대한 계시에 따라 그리

---

1) 지라르, 『문화의 기원』, 9.
2) 지라르, 『문화의 기원』, 12.
3) 김모세, 『르네 지라르』, 28-29.

스도의 십자가 죽음을 전적으로 모방 욕망에 의한 인간 편에서의 폭력으로 이해하고, 그동안 숨겨져 있던 그 폭력의 정체가 복음서와 십자가를 통해 분명하게 드러났다고 말한다. 따라서 그의 기독교 십자가에 대한 이해를 살펴보기 위해서는 먼저 그의 모방 욕망 이론과 희생양 메커니즘 이론을 이해할 필요가 있다.

제 1 절 욕망의 모방성

지라르에 의하면 사람의 욕망은 결코 주체가 자율적으로 갖게 되는 것이 아니다. 그에 의하면 인간의 욕망은 항상 제삼자와의 관계를 통해서 이루어진다. 즉 인간의 욕망은 모방적이다. 따라서 인간의 욕망이 자율적이라는 생각은 환상에 불과하다. 쉽게 말해서 우리는 스스로 우리가 원하는 대상을 결정한다고 생각하지만, 사실은 우리 주변의 누군가(중개자)를 통해서 대상을 욕망한다는 것이다. 지라르에 따르면 "대상은 단지 중개자에게 도달하기 위한 수단에 불과하다. 욕망이 겨냥하는 것은 바로 중개자의 존재이다."4) 따라서 이 욕망은 대상에 기초해 있지 않고 타인의 상태에 기초해 있다는 점에서 형이상학적 욕망일 뿐 아니라 언제나 강한 전염성을 가지고 있다는 것이 지라르의 주장이다. 또 지라르는 자신의 모방이론이 프로이트의 오이디푸스 콤플렉스 이론5)이 잘 설명하지 못하는 부분을 분명하게 설명할 수 있는 점에서 더

---

4) René Girard, *Mensonge romantique et vérité romanesque*, 김치수 · 송의경 역, 『낭만적 거짓과 소설적 진실』, (파주: 한길사, 2001), 103.
5) 남성이 부친을 증오하고 모친에 대해서 품는 무의식적인 성적 애착, 그리스 신화 오이디푸스에서 딴 말로서 S. 프로이트가 정신분석학에서 쓴 용어이다. 두산백과 http://www.doopedia.co.kr 참조.

신빙성을 갖는다고 주장한다.

1. 삼각형의 욕망

지라르는『낭만적 거짓과 소설적 진실』의 서두에서 돈키호테의 예를 들어 위대한 소설 속 인물들의 욕망은 삼각형의 욕망이라고 주장한다. 스스로 아마디스[6]의 정신적 제자가 된 돈키호테는 그에게 지시된 대상을 향하여 또는 지시된 것처럼 보이는 대상을 향하여 덤벼들게 된다. 마치 기독교인으로서의 삶이 바로 예수 그리스도의 모방이라는 의미에서, 돈키호테의 기사로서의 삶은 바로 아마디스의 모방(imitation)인 것이다.[7] 지라르는 돈키호테의 욕망을 다음과 같이 설명한다.

> 대부분의 허구에 의한 작품들, 즉 소설에서 작중인물들은 돈키호테보다 더 소박하게 무엇인가를 욕망한다. 여기에는 중개자가 없다. 오직 주체(subject)와 대상(object)이 있을 뿐이다. 그런데 주인공의 열정을 불러일으킨 대상의 '본성'(nature)이 욕망을 설명하기에 충분하지 못할 때는 열정에 사로잡힌 주체로 관심을 바꾸게 된다. 그렇게 되어서 주체의 '심리'를 분석하게 되고 주체의 '자유'에 호소하게 된다. 하지만 그래 봐야 욕망은 언제나 자연 발생적이다. 즉 그 욕망을 묘사하기 위해서는 주체와 대상을 이어주는 간단한 직선을 하나 그리기만 하면 된다. 그 직선은 돈키호테의 욕망에서도 나타난다. 그러나 이 직선은 본질적인 것이 아니다. 이 직선 위에 주체와 대상 쪽으로 동시에 선을 긋고 있는 중개자가 있다. 이 삼각관계를 표현하고 있는 공간적 비유는 분명히 삼각형이다. 이 경우 대상은 사건에 따라 매번 바뀌지만 삼각형은 그대로 남아 있다. … 세르반테스(Cervantès)의 소설에서 돈키호테는 삼각형의 욕망(désir triangulaire)의 희생자 가운데 본보기이다.[8]

---

6) 17세기경 스페인의 라만차 마을에 사는 한 신사가 한창 유행하던 기사 이야기를 너무 탐독한 나머지 정신 이상을 일으켜 자기 스스로 돈키호테라고 이름을 붙인다. 아마디스는 당시 기사 이야기에 등장하는 전설적인 기사이다. 김희보, 『세계문학사 작은 사전』, (서울: 가람기획, 2002) 참조.

7) 지라르, 『낭만적 거짓과 소설적 진실』, 41.

8) 지라르, 『낭만적 거짓과 소설적 진실』, 41.

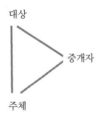

그림 1 삼각형의 욕망(désir triangulaire)

욕망을 '결핍(manque)'의 차원에서 바라보았던 라캉(J. Lacan)이나 교환가치와 사용가치의 관점에서 바라보았던 루카치(G. Lukács)와 달리, 지라르에게서 특징적인 점은 이러한 욕망의 문제를 '관계(rapport de désir)'를 통해 설명한다는 것이다.9) 욕망은 주체가 직접 대상으로부터 가져오는 것이 아니다. 거기에는 늘 제삼자, 중개자가 존재한다. 따라서 중요한 것은 욕망의 대상이 아니라 바로 그 욕망을 갖게 만드는 중개자이다. 지라르에 따르면, 위대한 문학 작품들에는 욕망의 관계, 즉 모방적 관계에 대해서 지금까지 알려져 온 그 어떤 것보다 뛰어난 지식이 들어있다. 지라르는 인간의 욕망은 결코 자연 발생적이지 않다고 주장한다. 왜냐하면 욕망은 항상 제삼자와의 '관계'로 해석될 수 있기 때문이다. 보통, 사람들은 욕망을 어떤 한 대상에 대한 어느 한 주체의 관계로 기술한다. 그리고 욕망의 근원을 욕망 주체의 내면에서 찾을 수 있고, 또 찾아야 한다고 생각한다. 그러나 이런 생각은 환상에 불과하다. 이러한 생각의 이면에는 자율적인 주체성과 자연 발생적인 욕망이라는 환상이 자리 잡고 있다는 것이 지라르의 주장이다.10)

---

9) 김모세 · 서종석, "<별에서 온 그대>(My Love from the Star)에 나타난 욕망의 형이상학", 「기호학 연구」 46 (2015): 13.

10) 지라르, 『낭만적 거짓과 소설적 진실』, 24-26.

그에 따르면 욕망의 주인은 내가 아니다. 어떤 대상을 욕망한다고 할 때 그것은 나의 내부로부터 생겨난 감정이 아니라, 나의 외부에서, 즉 누군가로부터 빌려온 감정이다. 이러한 점에서 지라르는 욕망을 '중개자(médiateur)'[11]라고 하는 제삼자를 통해 이루어지는 대상과의 관계로 정의한다.[12]

인간의 본질적인 속성인 모방 욕망을 분석하기 위해 지라르는 위대한 문학 작품들에 의지한다. 지라르에 따르면 모든 문학 작품들이 이러한 욕망의 진실을 보여주는 것은 아니다. 왜냐하면 그것의 작가들 스스로가 욕망의 자율성이라는 허위의식에 사로잡혀 있기 때문이다.[13] 반면, 위대한 직관을 가진 몇몇 작가들은 모방 욕망의 진실을 작품 속에서 보여준다. 하지만 이번에는 낭만적 환상에 빠진 독자들이 이 진실을 왜곡하여 받아들인다. 따라서 흔히 돈키호테는 '광인'으로, 엠마보바리는 '히스테리 환자'로, 쥘리엥 소렐은 '야심가'로, 프루스트의 인물들은 '속물'들로, 도스토옙스키의 인물들은 프로이트식의 '친부살해'의 욕망이나 '동성연애'의 욕망에 사로잡힌 자들로 해석된다. 하지만 지라르는 이 모든 의견에 단호히 반대한다. 앞서 제시한 위대한 작가들의 작품을 자세히 들여다보면 인물들이 항상 욕망을 타인으로부터 빌려온다는 사실을 알 수 있다고 말한다.[14]

지라르에 따르면 욕망의 주체와 대상 사이에는 그 대상을 욕망하게한 타자가 숨어 있다. 돈키호테는 아마디스를 따라, 엠마 보바리는 삼류소설의 주인공들을 따라 욕망의 대상을 발견한다. 따라서 돈키호테-

---

11) 책에 따라서는 médiateur를 '매개자'라고 번역, 표기하기도 하지만, 본 논문에서는 '중개자'로 통일해서 표기하고자 한다.
12) 김모세, 『르네 지라르』, 36.
13) 김모세, 『르네 지라르』, 38-39.
14) 김모세, 『르네 지라르』, 39.

아마디스-완전한 기사, 보바리 부인-삼류소설 주인공-연인은 삼각형의 구조를 갖고 있다. 완전한 기사가 되려는 돈키호테의 욕망은 매개된 욕망이며, 그런 의미에서 삼각형의 욕망이다.15)

지라르는 욕망의 자율성이라는 환상, 자율적인 주체성과 자연 발생적인 욕망이라는 환상을 '낭만적 거짓(mensonge romantique)'이라고 명명한다. 반면 그는 몇몇 위대한 작가들이 그 환상을 폭로하고, 욕망의 진실을 드러내는 것을 '소설적 진실(vérité romanesque)'이라고 부른다. 지라르가 『낭만적 거짓과 소설적 진실』에서 분석하고 있는 작가들은 시대와 환경의 차이에도 불구하고 한결같이 인간 욕망의 진실, 즉 인간은 스스로 바람직한 대상을 선택하거나 어떤 대상에 대해 자연 발생적인 욕망을 가질 수 없다는 사실, 다시 말해 인간은 자기 혼자서 무엇인가를 욕망할 수 없으며, 항상 타인에게서 욕망을 빌려온다는 사실을 보여주고 있다.16)

2. 욕망의 중개자(médiateur du désir)

앞에서 살펴본 바와 같이, 지라르는 욕망을 욕망하는 주체와 대상 간의 관계로 보지 않고, 중개자라고 하는 제삼자를 통해 이루어지는 관계로 파악하였다. 인간 욕망의 본질은 바로 제삼자를 거치는 중개 작용이라는 것이다.17) 따라서 욕망의 삼각형 구조에서 중요한 것은 주체와 대상의 거리, 즉 주체가 어떤 대상을 소유할 만한 능력이 있는지 없는지가 아니라, 중개자와 주체의 거리, 중개자와 대상 사이의 거리인

---

15) 김현, 『르네 지라르 혹은 폭력의 구조』 (서울: 도서출판 나남, 1987), 29.

16) 김모세, 『르네 지라르』, 40.

17) 김모세, "아프리카 소수 부족 통과 제의에 대한 한 해석 - 르네 지라르의 이론을 중심으로", 「아프리카 硏究」 22 (2007): 8.

것이다. 주체와 중개자 사이의 거리는 욕망의 강도를 결정짓는 요소이면서, 이 욕망이 개인들 사이의 갈등과 폭력으로 이어지게 하는 핵심적인 요소로 작용한다.[18]

물론 중개자와 욕망하는 주체 사이의 간격은 물리적인 공간으로 측정되는 것이 아니다. 지리적인 거리가 떨어져 있다는 것이 하나의 요인이 될 수 있다고 할지라도, 중개자와 주체 사이의 거리는 우선 정신적인 것이다. 가령 돈키호테와 산초는 언제나 물리적으로는 서로 접근해 있다. 하지만 그들을 분리하고 있는 사회적·지적(知的)인 거리는 극복될 수 없다. 주인의 욕망의 대상을 하인이 욕망의 대상으로 삼는 일은 거의 없기 때문이다. 따라서 돈키호테와 산초 사이의 거리는 가까운 것이 아니며, 둘 사이에는 모방 욕망에 의한 경쟁 관계가 형성되지 않는다.[19]

욕망을 촉발한 타자, 즉 전범(典範, 본보기가 될 만한 모범)으로서의 타자는 상상 속의 인물일 수도 있으며 실제 인물일 수도 있다. 그 욕망의 중개 현상에는 두 가지가 있다. 하나는 돈키호테와 산초처럼 욕망의 중개자와 욕망의 주체 사이의 거리가 뛰어넘을 수 없을 정도로 커서 그 욕망이 모방 욕망이라는 것이 분명히 드러나는 현상이고, 또 하나는 그 거리가 아주 작아 그 욕망이 모방 욕망이라는 것이 분명히 드러나지 않는 현상이다. 앞엣것을 지라르는 '외적 중개(médiation externe)'라 부르고, 뒤엣것을 '내적 중개(médiation interne)'라 부른다.[20]

외적 중개에 있어 중개자는 훌륭한 전범이며, 욕망의 주체는 그를

---

18) 김모세, 『르네 지라르』, 58.

19) 지라르, 『낭만적 거짓과 소설적 진실』, 50.

20) 지라르, 『낭만적 거짓과 소설적 진실』, 50-51. 외적 중개는 주체와 중개자 사이가 누가 봐도 경쟁의 관계가 되기 어려운 관계인 반면, 내적 중개는 친구나 이웃, 직장동료처럼 쉽게 경쟁상태가 될 수 있는 그런 관계이다.

마치 기독교인들이 예수를 모방하듯 모방한다. 모방은 공개적으로 인정되고 추구된다. 그러나 내적 중개에 있어서 타자(중개자)는 전범이 되기는커녕 오히려 경쟁자가 되어 타자와 욕망의 주체 사이에는 경쟁 상태가 이루어지고 타자는 방해자가 된다. 모방은 공개적으로 인정되지 않고 오히려 부인된다. 욕망의 주체는 중개자를 찬탄(讚歎)하면서도 증오하기에 이르는데, 왜냐하면 그와 중개자는 같은 대상을 욕망하기 때문이다. 욕망의 주체와 중개자 사이에는 계속된 욕망의 오고 감이 있으며, 그것은 갈수록 강화되어 둘 사이의 차이점은 갈수록 줄어든다.[21]

내적 중개(médiation interne)는 단지 주체와 중개자 사이의 거리가 가까워지는 것뿐만 아니라, 거의 모든 면에서 외적 중개의 도식과는 다른 양상을 보인다. 내적 중개의 경우 모방 욕망이 가진 특성들이 거의 모든 면에서 극단으로 치닫게 되며, 특히 부정적인 요소들이 부각된다. 주체와 중개자 사이의 경쟁과 갈등이 발생하고, 결과적으로 하나의 집단 전체를 위협할 수도 있는 폭력이 문제 되는 것도 내적 중개의 경우다.[22]

3. 형이상학적 욕망

지라르는 우리 욕망의 성격이 형이상학적인 것이라고 말한다. 욕구는 음식이나 잠이나 휴식이라는 실제 대상을 향하고 있기에 '실질적 physique'이다. 그러나 타인에 대한 모방에서 생겨나는 욕망은 실제 대상에 기초해 있지 않다. 욕망은 타인에 대해 그러할 것이라고 우리가 '간주하는' 타인의 '상태'에 기초해 있기에 '관념적'이다. 다시 말해 우

---

21) 김현, 『르네 지라르 혹은 폭력의 구조』, 30.
22) 김모세, 『르네 지라르』, 63.

리 욕망은 '실질적인 것을 초월한 méta-physique'인 것, 즉 형이상학적인 것이다.23)

지라르가 말하는 욕망의 형이상학적 속성이란 이상적인 가치를 가지고 있는 것처럼 보이는 모델(중개자)을 모방함으로써 자신의 존재 가치를 상승시키려는 욕망이다.24) "대상은 단지 중개자에게 도달하기 위한 수단에 불과하다. 욕망이 겨냥하는 것은 바로 중개자의 존재이다. 프루스트는 타인이 되고자 하는 이 강렬한 욕망을 갈증에 비유하고 있다. … 우리는 이 욕망의 형이상학적인 의미를 놓칠 위험을 안고 있다"25)라고 지라르는 말한다.

지라르에 따르면 타인을 따르는 욕망이란 예외 없이 타인이 되고자 하는 욕망이다. 형이상학적 욕망은 단 하나이지만 이 원초적 욕망을 구체화하는 개별적 욕망은 무한히 다양하다. 소설 주인공들의 욕망에서 확고부동한 것이란 아무것도 없다.26) 욕망의 강도 자체도 일정하지 않다. 욕망의 강도는 대상이 소유하고 있는 '형이상학적 위력'의 정도에 달려 있으며, 이 위력 자체는 대상과 중개자를 가르는 거리에 달려 있다. 욕망의 삼각형은 이등변 삼각형이다. 따라서 중개자가 욕망하는 주체에 가까이 접근할수록 욕망은 점점 더 강렬해진다. 중개자가 가까워질수록 지시는 명확해지고, '형이상학적 위력'은 증가하며 대상은 '대체 불가능한 것'이 된다.27)

이러한 형이상학적 욕망은 매우 전염성이 강하다. 때때로 이러한 속

23) 김진식, "르네 지라르 모방이론의 재인식", 「불어불문학연구」 96 (2013), 61.
24) 김모세·서종석, "<별에서 온 그대>(My Love from the Star)에 나타난 욕망의 형이상학", 12.
25) 지라르, 『낭만적 거짓과 소설적 진실』, 103-105.
26) 욕망이 타인의 상태에 기초해 있는 형이상학적 욕망이기 때문에 욕망의 대상은 고정되어 있지 않다. 오직 타인이 욕망하는 것에 따라 주체의 욕망도 변모한다. 김진식, 『르네 지라르』, 41.
27) 지라르, 『낭만적 거짓과 소설적 진실』, 139-140.

성을 쉽게 파악하지 못하는 이유는 타인을 따르는 욕망이 가장 예기치 않았던 경로를 통해 한 사람에게서 다른 사람에게로 전염되기 때문이다. 형이상학적 욕망의 전염성은 중개자가 주인공과 가까워질수록 점점 더 강해진다.[28]

지라르에 따르면, 형이상학적 욕망의 전염성은 소설이 폭로하고 있는 핵심이다. 세르반테스는 이 핵심으로 끊임없이 되돌아온다. 돈키호테가 바르셀로나에 머무르고 있는 동안 어떤 모르는 사람이 그에게 다음과 같은 말로 시비를 건다. "썩 꺼져버려, 라만차의 돈키호테! … 너는 미친놈이야. 그런데 그저 너 혼자 미쳐서 얌전히 들어 앉아 있다면 그리 큰 해가 되지는 않을 테지. 하지만 너한테는 너와 관계있는 모든 사람들을 미치고 얼빠지게 만드는 특성이 있단 말이야. 내 말의 증거로는, 네놈을 따라다니고 있는 신사분들을 보는 것만으로도 충분하지."[29] 여기서 말하는 미친 돈키호테가 모든 사람들을 미치고 얼빠지게 만드는 특성, 그것은 바로 전염성을 말하는 것이다.

4. 오이디푸스 콤플렉스와 모방 욕망

지라르는 문학작품의 분석을 토대로 얻어 낸 인간 욕망의 모방적 구조에 대한 통찰을 오이디푸스 콤플렉스 이론과 비교하면서 명료화시킨다. 지라르는 도스토옙스키의 간질 발작이 오이디푸스의 한 변형이라는 프로이트의 주장을 반박한다. 욕망의 근거를 모방으로 보느냐, 성적 충동으로 보느냐가 그때 가장 중요한 쟁점으로 등장하는데, 지라르는 모방 욕망이 더 깊은 뿌리이며, 성욕은 그것의 한 예라고 주장한다.

---

28) 지라르, 『낭만적 거짓과 소설적 진실』, 156.
29) 지라르, 『낭만적 거짓과 소설적 진실』, 155-156.

프로이트에 따르면, 아버지에 대한 소년의 감정은 양가적(ambivalent)이다. 경쟁자로서의 아버지를 제거하고 싶다는 증오감 외에, 아버지에 대한 일정한 애정이 존재한다. 이 둘이 합쳐져서 자기를 아버지와 동일시하는 현상이 일어난다. 하지만 지라르는 아버지를 죽이고 싶다는 강렬한 욕망을 인정하면 할수록, 아들의 애정 문제는 해결되지 않는다고 생각한다. 프로이트는 그것을 양가성(ambivalence)이라는 말로 설명하고 있지만, 그것만으로는 충분하지 않다. 왜냐하면 그의 양가성은 아이의 "어머니에 대한 자발적이고 독립적인 욕망"을 상정하고 있기 때문이다. 그 욕망의 뿌리에 대해 지라르는 그것이 모방 욕망이라고 생각하지만, 프로이트는 그것을 보지 못하기 때문에 양가성의 부정적인 면, 긍정적인 면을 나눠 고찰하는 데 그치고 있다는 것이다.[30]

지라르의 주장에 따르면, 프로이트가 억압을 설명하는 데 있어 부정적인 면(아버지를 죽이고 싶다는 증오감)은 쉽게 이해가 된다. 그러나 애정의 면은 그리 쉽게 이해되지 않는데, 프로이트는 그것을 설득력 있게 설명할 수 없다. 그러나 모방이론은 이 난점을 해결할 수 있다. "오이디푸스에 의한 노이로제 환자 읽기와 모방적 읽기를 비교할 때 두드러지는 것은 후자의 통일성과 단순성이다."[31] 그것은 단 하나의 원칙으로 모든 것을 설명할 수 있다. 그 원칙은 모방 욕망이라는 원칙이다. 모방 충동은 경쟁 심리를 낳고, 그것은 모방 충동을 강화한다. 그 원칙이 프로이트에겐 없다. 모방 욕망에 있어서, 전범(모델, 중개자)은 대상을 미리 가르쳐준다. 즉, 아버지가 아이에게 어머니를 욕망할 것을 가르쳐주는 것이다.[32]

---

30) 김현, 『르네 지라르 혹은 폭력의 구조』, 41-42.
31) 김현, 『르네 지라르 혹은 폭력의 구조』, 42.
32) 김현, 『르네 지라르 혹은 폭력의 구조』, 42.

따라서 지라르에 의하면, 모방이론은 프로이트의 오이디푸스 이론보다 다음과 같은 점에서 훨씬 우월하다. 모방 욕망은 대상에서 경쟁자(모델, 중개자)로 쉽게 이전된다는 원칙을 인정하면 프로이트의 이론으로 설명이 잘 안 되는 점이 곧 해결된다. 그것은 또한 비과거주의적이며 역동적이다. 그것은 과거 속에나 무의식 속에서만 노이로제 증상의 원인을 찾아내려 하지 않고, 현재의 전범-경쟁자-장애물 관계에서 그 원인을 찾아내기 때문에 역동적이다. 정신분석은 왜 노이로제 증상이 갈수록 심해지는가를 설명하지 못하지만 모방이론은 현재적이기 때문에 쉽게 그것을 설명할 수 있다.

지라르와 프로이트 이론의 차이는 프로이트가 욕망의 뿌리를 성적인 것으로 보고 있는 데 비해, 지라르는 그것을 모방 욕망이라고 보고 있다는 데 있다. 프로이트의 입장에 따르면 모방 욕망은 성욕의 승화된 형태라고 할 수 있지만, 지라르는 모방 욕망이 더 깊은 뿌리이며, 성욕은 그것의 한 예라고 주장하는 것이다.[33]

제 2 절 폭력과 희생양 메커니즘

지라르에 의하면 모방 욕망은 인간의 기본적 속성이다. 하지만 모방은 경쟁과 갈등, 그리고 그에 따른 폭력을 불러온다. 지라르에 따르면 모방 경쟁의 과정에서는 당사자들 사이에 있는 차이가 소멸하는데, 이런 차이의 소멸은 폭력을 일으키고, 폭력은 더 큰 범위의 차이 소멸을 가져온다. 이렇게 경쟁의 당사자들 간에 차이가 없어지고 오직 동질성

---

33) 김현, 『르네 지라르 혹은 폭력의 구조』, 42-43.

만이 그들의 관계를 지배할 때, 지라르는 이것을 '짝패'라고 부른다.

또 경쟁 관계가 많아져서 경쟁자들 사이의 차이가 사라지는 '차이의 위기'[34]가 찾아오면 홉스가 말한 '만인의 만인에 대한 폭력'은 '만인의 일인에 대한 폭력'으로 급변하는데, 이 과정을 지라르는 '희생양 메커니즘'이라고 부른다. 또 공동체는 이러한 위기로 인해 스스로 파멸할지도 모르기 때문에 공동체 스스로가 이를 예방하기 위한 목적에서 의도적으로 희생양 메커니즘을 반복, 재연하는데, 이것이 바로 희생제의라는 것이 지라르의 주장이다.

1. 차이 소멸

『낭만적 거짓과 소설적 진실』에서 지라르는 인간은 모방 욕망에서 벗어날 수 없다고 말한다. 모방은 고등 포유류와 함께 인류에게 있어서도 소멸할 수 없는 특성이기 때문이다. 한편 인간에게 있어서 모방 경향은 문화의 구성, 보존과 유지에 필수적인 요소이기도 하다. 모방은 모든 학습과 교육의 기초이기 때문이다.[35] 지라르는 모방 욕망이야말로 우리를 동물적 본능에서 벗어나 인간으로 만들어 준다고 말한다.

> 만약 근대의 개념대로 욕망이 나에게서만 나오고 내 본성을 표현하는 것이라면, 나는 언제나 같은 것만을 욕망하게 될 것이다. 또한 욕망이 이렇게 고정되어 있다면 욕망과 본능의 차이도 없어질 것이다. 본능과 사회 환경에 비해 욕망이 가변적인 것이 되려면 소스에다 모방이라는 양념을 덧보태야 할 것이다. 모방적 욕망만이 자유로우며 또 진정으로 인간적이다. 왜냐하면 욕망은 대상보다 모델을 선택하기 때문이다. 모방적 욕망은 우리를 인간으로 만들어 주는 것이다. 모

---

34) '차이의 위기'는 극심한 모방 경쟁으로 인한 공동체 구성원 사이의 극단적 투쟁으로 말미암아 공동체가 붕괴할 위기이다. '차이의 위기'는 불순한 폭력과 성스러운 폭력의 차이의 파멸, 즉 희생제의의 쇠퇴이다. 지라르는 이를 '희생 위기'라고도 표현한다. René Girard, *La Violence et le Sacre*, 김진식·박무호 역, 『폭력과 성스러움』, (서울: 민음사, 1997), 76-77.

35) 김모세, 『르네 지라르』, 123-124.

방적 욕망을 통해 우리는 인습에 사로잡힌 동물적인 본능에서 벗어날 수 있고, 결코 무에서 나온 것일 수가 없을 우리의 정체성을 만들 수 있게 된다. 우리로 하여금 적응할 수 있게 하는 것도 욕망의 이러한 모방적 성격 때문이다. 이 적응은 인간에게 자신의 문화에 참여하기 위해 알아야 할 필요한 모든 것을 배울 수 있는 능력을 준다. 인간은 문화를 창조하는 것이 아니라 모방한다.36)

한편 지라르에 따르면 모방은 문화 구성이나 학습과 같은 긍정적 결과와 함께 폭력과 갈등이라는 부정적 결과를 동반한다. 모방에는 항상 폭력이 뒤따른다. 그리고 모방 경쟁의 폭력은 필연적으로 제삼자에게로 전달되기 마련이다. 그 이유는 폭력 자체가 모방적이기 때문이다. 주체는 모델의 욕망을 모방하면서 모델이 욕망하는 것을 욕망하고, 주체와 모델은 서로의 공통된 욕망을 만족시키는 것을 서로 방해한다. 모델이 방해물이 되고, 방해물이 모델이 되는 과정에서 경쟁의 당사자들 사이에는 차이가 없어진다. 그리고 차이의 상실은 더 큰 폭력을 불러온다. 차이는 모든 자연적, 문화적 질서의 원칙이기 때문이다. 모든 사람들이 서로에 대한 관계 속에서 자리 잡을 수 있도록 해주고, 조직화하고 위계질서를 갖춘 가운데에서 사물들이 의미를 갖도록 해주는 것, 그것이 바로 차이다. 공동체를 구성하고 있는 개인들의 정체성은 곧 그들이 가진 차이에서 비롯된다.37)

따라서 지라르는 "원시종교와 마찬가지로 그리스 비극38)에서도 폭력적 혼란이 일어나는 것은 차이 때문이 아니라 차이의 소멸 때문이다. 위기는 인간들을 그들로부터 모든 변별적인 특성을 빼앗아버리는 영원

---

36) 지라르, 『문화의 기원』, 68.

37) 김모세, 『르네 지라르』, 126.

38) 그리스 비극은 디오니소스 제례에서 야외의 극장에서 실연되는 가면극이었다. 등장인물은 대체로 탁월한 능력을 지닌 영웅들로서 그들이 각기 사회적인 사명을 짊어지고 서로 충돌하며, 대개는 비참한 결말을 지니고서 끝나는 연극이었다. 대표적인 비극작가로 아이스킬로스, 소포클레스, 에우리피데스가 있다. 가토 히사다케, 이신철 역, 『헤겔 사전』, (서울: 도서출판 b, 2009) 참조.

한 시련 속으로 던져 넣는다"[39]라고 말한다.

> 차이의 종말, 그것은 약한 자를 억압하는 힘이며 아버지를 때려죽이는 아들이다. 따라서 이것은 인간 정의의 종말이다. 그런데 이 인간 정의도 논리적으로는 예상외로 차이라는 말로써 정의된다. 그리스 비극에서처럼 만일 균형 상태가 폭력이라면, 인간 정의에 의해서 보장되는 상대적 비폭력은 불균형으로, 즉 순수한 것과 불순한 것의 희생제의적 차이와 같은 <선>과 <악> 사이의 차이이다. 그러므로 이러한 사고방식에서 볼 때 언제나 평평한 저울, 전혀 동요가 없는 공평성을 정의의 개념으로 보는 것보다 더 이상한 것은 없을 것이다. 인간적 정의는 차이의 질서에 뿌리박고 있기 때문에 이 질서가 사라지면 함께 사라지고 만다.[40]

지라르가 '차이 소멸'을 위기의 징조로 본 것은 인류문화의 핵심이 바로 '차이'에 바탕을 두기 때문이다. '질서'를 의미하는 서구어 'order'에는 '순서'라는 의미도 있는데, 순서는 일종의 '차이'와 다름없다. 인류문화 질서는 낯선 여자와 가족 내의 여자는 '다르다'라는 생각에 기초해 있다는 것이 오래된 생각이다. 집안 남녀 간의 결혼인 내혼제가 아니라 외혼제가 일반적인 결혼제도로 자리 잡은 것도 이런 생각의 연장선에서였다. 그렇기에 차이가 무너지면 인류문화와 질서도 붕괴하면서 제어되지 않는 폭력이 분출하게 된다. 결국 질서와 평화는 모두 문화적 차이에서 나오고, 극단적 투쟁은 '차이' 때문이 아니라 '차이 소멸' 때문에 일어난다.[41]

지라르의 분석에 의하면 어떤 공동체이든지 이러한 경쟁과 차이 소멸의 문제를 겪지 않는 공동체는 없다. 따라서 하나의 문화 공동체에 있어서 그 존립을 이어나가기 위해 무엇보다 필요한 것은 구성원들 사이의 모방 경쟁에서 비롯된 차이 소멸과 그것의 전염 그리고 집단 전

---

39) 지라르, 『폭력과 성스러움』, 79-80.

40) 지라르, 『폭력과 성스러움』, 80.

41) 김진식, 『르네 지라르』, 57-58.

체의 위기로 이어지는 폭력의 메커니즘을 예방하는 것이라고 할 수 있다. 실제로 지라르는 자료가 남아 있는 모든 원시 사회와 신화에서 차이 소멸과 그로 인한 위기를 상징하는 테마42)들을 발견할 수 있으며, 나아가 집단 전체를 그 위기에서 지켜내기 위한 방법의 지표43)를 찾아낼 수 있다고 주장한다.44)

2. 경쟁적 폭력과 짝패

지라르에 따르면 차이의 소멸은 경쟁적 폭력을 가져온다. 그리고 경쟁자들 사이의 폭력은 더 큰 범위에서 차이 소멸의 확대를 낳는다. 차이의 소멸이 일어나고 있는 관계의 내부에서 보면 역설적으로 차이들밖에 보이지 않는다. 서로 타인은 가지고 있지만 자기는 가지고 있지 못한 것만을 바라보기 때문이다. 그러나 관계의 바깥에서 보면 이들 사이에 차이는 찾아볼 수 없다. 동질성만이 이들의 관계를 지배하고 있다.45)

> 경쟁 관계가 심화할수록 모방자와 모델 혹은 장애물의 역할은 쉽게 뒤바뀔 수 있게 된다. 간단히 말하면, 적대 관계가 격화될수록 그 적대자들은 역설적으로 점점 더 서로를 닮아 간다. 그들의 대립이 예전에 그들을 갈라놓았던 실제 차이를 없앨수록 이들은 더 집요하게 대립한다. 선망, 질투, 증오는 이런 감정들이 대립시키는 사람들을 획일화시킨다.46)

차이의 위기에서 대적자들은 서로 완전히 다르다고 믿고 있으나, 차

---

42) 쌍둥이나 원수 형제의 테마, 축제에서 가면을 쓰는 것 등의 예를 들 수 있다.

43) 월경 등 피를 금기시하거나 근친상간의 금기, 통과 제의 등을 들 수 있다.

44) 김모세, 『르네 지라르』, 127.

45) 김모세, 『르네 지라르』, 167.

46) René Girard, *Je vois Satan tomber comme l'éclair*, 김진식 역, 『나는 사탄이 번개처럼 떨어지는 것을 본다』 (서울: 문학과지성사, 2004), 26.

이는 거의 없다. 있는 것은 거의 만장일치의 똑같은 욕망, 똑같은 증오, 똑같은 전략, 서로 다르다는 똑같은 환상뿐이다. 왜냐하면 폭력은 모방적이기 때문이다.[47] 이처럼 경쟁자들 사이의 차이가 전혀 없을 때, 모든 차이가 사라지고 오직 동질성만이 그들 사이의 관계를 지배할 때, 이들은 완벽한 폭력의 쌍둥이가 된다. 지라르는 이것을 '짝패(double)'라고 부른다.

> 희생 위기 속에서 적수들은 엄청난 차이에 의해서 서로 단절되어 있다고 믿는다. 그러나 실제로는 모든 차이들이 조금씩 소멸한다. 그래서 어디서나 동일한 욕망, 동일한 증오, 동일한 전략, 언제나 완벽한 일치 상태에 있으면서도 엄청난 차이가 있다고 믿는 동일한 환상이 존재한다. 위기가 심해질수록 공동체의 구성원들은 모두 폭력의 쌍둥이가 된다. 우리는 앞으로 이들을 서로의 <짝패 double>라고 부르기로 하자.[48]

집단의 결정적인 위기를 가져오는 것은 바로 구성원들 사이의 이와 같은 완벽한 상호 호환성이다. 지라르는 이것의 전체 메커니즘을 짧은 말로 다음과 같이 설명한다.

> 여기서는 자기 자신으로부터 자양분을 취하는 과정이 있는데, 이 과정은 항상 갈수록 더 단순화되고 격해진다. 추종자는 자기가 지향하는 존재를 발견할 때마다 타인이 그에게 가르쳐 준 것을 욕망함으로써 그 존재에 도달하려고 애쓴다. 그때마다 그는 상대방의 욕망이라는 폭력을 만난다. 그렇게 되면 그는 논리적이지만 지나친 비약으로 폭력 자체가 언제나 그를 피하는 그 존재의 확실한 징후라고 섣불리 결론을 내려 버린다. 이때부터 폭력과 욕망은 서로에게 묶이게 되는 것이다.[49]

---

47) 김현, 『르네 지라르 혹은 폭력의 구조』, 46.
48) 지라르, 『폭력과 성스러움』, 122.
49) 지라르, 『폭력과 성스러움』, 222.

모방 욕망은 욕망 매개자인 짝패와의 거리가 가까울 경우 갈등은 더욱 증폭된다. 서로를 닮게 만들면서 동시에 갈등을 유발한다. 바로 이 매력-혐오(attraction-repulsion)가 원한, 증오, 질투 따위의 감정이 되풀이되면서 쌓이는 르상티망(ressentiment)[50]을 낳는다. 지라르는 르상티망이야말로 전형적인 현대인의 감정이자 질병이라고 진단한다.[51] 개인 사이의 차이가 점점 더 없어질수록 숨은 원한, 질투, 시기 등과 같은 짝패 갈등이 더 심해진다는 것이다.[52]

모방 욕망과 폭력은 결국 하나다. 짝패 갈등은 모방을 속성으로 타고난 인간의 입장에서는 어쩔 수 없는 숙명적인 한계와 같은 것이기에, 어떤 지라르 연구가는 이것을 인간인 이상 싫든 좋든 거기에서 출발할 수밖에 없는 <인류문명의 영도(零度) the degree zero of human culture>라고까지 부르기도 한다.[53] 그러므로 이것은 인류가 그 위에서 출발해야 하는 언제 터질지도 모르는 폭력, 즉 잠재적인 폭력 혹은 폭력의 잠재태[54]라고 볼 수 있다. 지라르는 이것이 가장 본질적이면서 근본적인 기초가 된다는 점에서, 이것을 <초석적(礎石的) 폭력[55] violence fondatrice> 혹은 <본질적 폭력 violence essentielle>이라고, 그리고 상대방의 보복을 수반하면서 끝없이 계속 모방하면서 되풀이 된다는 점에서 <상호적 폭력 violence réciproque>이라고 부른다.[56]

---

50) 원한(怨恨), 유한(遺恨), 복수심(復讐心)을 의미한다.

51) 정일권, "슬픈 현대: 글로벌 시대의 종교와 평화 르네 지라르의 최근 저작 『클라우제비츠를 완성하다』를 중심으로", 255.

52) 이종원, "희생양 메커니즘과 폭력의 윤리적 문제", 279.

53) 르네 지라르, 『폭력과 성스러움』, 495.

54) 아리스토텔레스가 사용한 개념으로, 현실태(現實態: energeia, actuality)의 상대 개념. 보통 '가능태(dynamis, 可能態)'라고도 함. 출처, 두산백과 http://www.doopedia.co.kr 참조.

55) 모방 욕망 나아가 희생양 메커니즘에 의한 폭력을 통해 집단은 위기에서 벗어나 옛 질서를 회복하거나 새로운 질서를 구축할 수 있게 된다. 이러한 의미에서 지라르는 이를 '초석적 폭력'이라고 부른다. 김모세, 『르네 지라르』, 182.

모방적 욕망에는 고정된 목표가 없다. 애초에 모방에서 시작된 욕망이기에 모델이 바뀌면 욕망의 대상도 바뀐다. 토론회나 논쟁에서 종종 경쟁이 치열해질수록 애초의 쟁점이 사라지는 '쟁점 실종' 현상도 모방적 경쟁으로 설명할 수 있다.[57] 지라르는 경쟁자의 모방적 매력이 커지면 갈등의 애초 원인이었던 그 대상은 점차 사라지는 경향이 있다고 말한다. 그리고 이렇게 대상이 실종되거나 부차적인 것으로 변하면, 짝패는 늘어나고 모방 위기는 점점 더 심해진다. 이러한 상태를 지라르는 홉스가 말한 '만인의 만인에 대한 투쟁' 상태라고 말한다.[58]

3. 희생양 메커니즘과 희생제의

지라르의 모방이론 체계의 전반부를 '모방 욕망'과 '경쟁적 폭력'이라는 두 단어로 집약할 수 있다면, 나머지 절반은 바로 '희생양'이라는 단어로 요약할 수 있다. 지라르에게 있어서 희생은 단지 제물을 바치는 자와 신 사이의 매개체가 아니다. 희생의 진정한 성격은 사회적이다. 그것은 폭력의 집단 전이를 의미한다. 희생은 폭력을 일정한 방향으로 배출시키는 일종의 "대체 폭력(violence de rechange)"이다. 그것의 기능은 위기에 빠진 집단을 내적 폭력으로부터 "정화"하는 것이다.[59]

희생양은 공동체를 화해시킨다. 오이디푸스왕을 예로 들자면, 오이디푸스는 페스트에 대해 책임이 있다. 그래서 그를 추방했더니 페스트가 사라지고 공동체에 다시 평화가 찾아온다. 지라르는 희생자의 악한 면은 그가 죽은 뒤에, 혹은 추방된 뒤에 생겨난 선한 면을 더욱 강화한

---

56) 지라르, 『폭력과 성스러움』, 495.
57) 김진식, 『르네 지라르』, 41.
58) 지라르, 『문화의 기원』, 80.
59) 김모세, 『르네 지라르』, 180-181.

제 2 장 모방 욕망과 희생양 메커니즘 41

다고 말한다. 즉 오이디푸스는 처음에는 친부살해와 근친상간으로 악한 존재로 인식되나, 그의 추방으로 찾아온 평화와 함께 선한 존재로 인식된다. 따라서 희생양은 혼란에서 질서로 이행하는 것의 상징이 아니라 이행 그 자체이다.60)

바로 여기에서 폭력의 이중적 기능이 드러난다. 폭력은 인간이 공동체 안에 살면서 마주칠 수 있는, 또 그럴 수밖에 없는 근본 조건이라고 할 수 있다. 왜냐하면 인간의 근본적 속성인 모방 욕망은 필연적으로 갈등과 폭력으로 귀결되기 때문이다. 한편 폭력은 이 근본 조건을 극복하기 위한 수단이기도 하다. 즉 희생의 폭력, 대체하는 폭력이 그것이다. 모방 욕망의 귀결로 인한 폭력이 무질서와 위기를 발생시키는 폭력이라면, 희생의 폭력은 위기를 극복하고 질서를 회복하는 폭력이다. 전자의 폭력은 공동체를 분열시키지만, 후자의 폭력은 공동체를 화해시킨다.61)

모방에 의한 경쟁 관계가 많아지면 '만인의 만인에 대한' 폭력인 모방 위기가 만들어지고, 이 지옥 같은 소용돌이는 마침내 '만인의 일인에 대한' 폭력에 빠지고 만다. 만약 그렇지 않다면 공동체는 소멸하고 말 것이다. 동물들은 그들 나름의 제어장치를 가지고 있지만 인간은 걷잡을 수 없는 폭력의 불길에 사로잡히면 스스로 이를 제어하지 못해 종종 공동체의 파멸로 이어지곤 한다. 지라르는 인간이 우연히 (만인의 만인에 대한 폭력이 만인의 일인에 대한 폭력으로 빠지는) 이 메커니즘을 발견하지 못했다면 폭발적인 모방적 경쟁에 사로잡혀 있던 원시 집단들은 스스로 파멸했을지도 모른다고 생각한다.62) 지라르에게 이

---

60) 김현, 『르네 지라르 혹은 폭력의 구조』, 47. 김현은 '희생양' 대신 '속죄양'이라는 표현을 사용한다. 그러나 보통은 같은 의미로 받아들여진다.

61) 김모세, 『르네 지라르』, 181.

메커니즘은 인류의 생존과 발전에 없어서는 안 될 필수적인 것이다. 지라르는 대담에서 다음과 같이 말한다. "사실 고고인류학자들은 오늘날 인간이나 원시인의 숱한 집단들이 내부의 폭력이라는 단순한 이유로 멸종되었을지도 모른다고 생각하고 있습니다. 만약 복수의 사이클이나 폭력의 분출을 중단시키는 메커니즘이 없었다면 인류는 존속하지 못하였을 수도 있습니다."[63]

이렇게 서로 간의 폭력적 행동과 다툼이 아주 짧은 시간에, 더 나아가서 거의 순식간에 한 사람에 대한 만장일치적 폭력으로 돌변하는 것, 지라르는 이것을 '희생양 메커니즘' 또는 흩어진 폭력성이 우연히 한 희생자에게로 집중되는 '집단적 전이(轉移)'라고 부른다.[64] 희생양에 대한 이러한 폭력을 통해 집단은 위기에서 해방되어 옛 질서를 회복하거나 새로운 질서를 구축할 수 있게 된다. 이러한 의미에서 지라르는 희생양에 대한 폭력을 '초석적 폭력(violence fondatrice)'이라고 부르는 것이다.[65]

하지만 잊지 말아야 할 것은 희생양 메커니즘의 폭력이 궁극적인 해결책이 될 수 없다는 사실이다. 희생의 폭력은 공동체의 화해와 질서 회복을 가져오지만 그것은 일시적인 것에 불과하고 희생양 메커니즘의 폭력, 순화하는 폭력은 아무리 화려한 용어로 수식한다 할지라도 무고한 자에 대한 폭력, '거짓'에 근거한 폭력인 것이다.[66]

지라르에 따르면 모방 욕망에 따른 경쟁상태로 인해 공동체의 위기

---

62) 지라르, 『문화의 기원』, 15.

63) 김진식, "기독교는 인문학인가-르네 지라르와의 대담", 「문학과 사회」 29/1 (2016): 376.

64) 슈바거, 『희생양은 필요한가』, 50.

65) 지라르, 『폭력과 성스러움』, 495.

66) 김모세, 『르네 지라르』, 202.

가 찾아오면, 공동체는 위기의 재발을 방지하기 위해 처음의 위기를 극복한 수단이었던 희생양 메커니즘을 일정한 형식을 통해 반복하는데, 이렇게 해서 '희생제의'가 생겨나는 것이다.[67] 다시 말해 희생제의는 위기의 재발 방지 차원에서 이루어지는 희생양 메커니즘의 반복, 재연인 것이다.

> 특정 집단 내부의 공격성을 외부의 대상(또는 추방한 내부의 한 대상)으로 향하게 함으로써 그 집단 내부나 부부에게는 강한 응집력이 생겨난다. 이것이 바로 원시 사회가 공동체의 관계를 강화하기 위해 제의적인 살해에 의지했던 이유이다. 제의적 희생을 만들어낸 것은 그 전에 공동폭력과 거기에서 나오는 '사태 진정'의 효력을 이미 관찰했던 결과라고 할 수 있다.[68]

> 폭력은 때로는 인간에게 무서운 얼굴을 보이면서 미친 듯이 큰 피해를 주지만, 또 때로는 온화한 빛으로 나타나 그 주위에다 희생이라는 선행을 베풀기도 한다. 이 양면성의 비밀을 인간은 꿰뚫어 보지 못하고 있다. 인간은 좋은 폭력과 나쁜 폭력을 구별하여 후자를 없애기 위해 계속 전자만을 되풀이하길 원하는데, 제의가 바로 그것이다.[69]

지라르는 "문화의 기원은 희생양 메커니즘에 근거해 있으며, 인간 사회의 초창기 제도들은 이 메커니즘에 대한 의도적이고 계획적인 되풀이"라고 말한다.[70] 즉 지라르의 주장에 따르면 문화의 기원은 종교적인 것이다. 또 지라르는 문화의 발전이 '제의를 통해서' 이루어진다고 말한다.

> 예기치 않았던 모방적 폭력이 빈번하게 일어나는 것을 막기 위해서 문화는 일정한 날을 정해 폭력을 행사하는데, 사전에 계획되고 통제되는 이 폭력은 말하자면 하나의 제의가 된 폭력이다. 애초의 희생양을 다른 것으로 바꾼 대체 희생

---

67) 김모세, 『르네 지라르』, 181-182.
68) 지라르, 『문화의 기원』, 154.
69) 지라르, 『폭력과 성스러움』, 59.
70) 지라르, 『문화의 기원』, 83.

양에 한결같은 희생양 메커니즘을 되풀이함으로써 이 제의는 문화 전수의 한 형식이 된다.[71]

한편 지라르에 따르면 희생양 메커니즘의 과정에서는 희생양에 대한 왜곡 작업이 일어난다. 희생양의 존재에 대한 왜곡 작업은 우선 무고한 자에게 갈등의 책임, 그것도 집단 전체를 둘러싸고 있는 폭력과 위기의 책임을 전가하는 쪽으로 진행된다. 그리고 이런 정화 작업이 온전히 수행되기 위해서는 무엇보다 집단적 폭력에 가담하는 구성원들 전체가 자신들이 행사하는 폭력의 정당성을 확신하고 있어야 한다. 즉 구성원들은 자신들을 둘러싸고 있는 위기의 책임이 실제로, 그리고 전적으로 폭력의 대상이 되는 희생물에 있다고 믿어야 하는 것이다.[72] 만약 구성원들에게 이 같은 확신이 없다면 희생양 메커니즘은 진행될 수 없을 것이다. 지라르는 이 확신을 '인지불능'이라고 표현하기도 한다.

> 폭력에 사로잡혀 있던, 혹은 불가항력적인 어떤 재앙에 시달리던 공동체 전체는 이른바 <희생양>을 찾아내는 데 무조건 기꺼이 달려든다. 참을 수 없는 폭력을 당할 때 우리는 즉각적으로 효력이 강한 치유책을 찾기 마련이다. 사람들은 그래서 그들 불행이 쉽게 제거할 수 있는 단 한 사람에게서 나오는 것이라고 믿고 싶어 한다.[73]

> 희생양 메커니즘에서 인지불능의 핵심적인 역할은 '역설적'이기도 하지만 명백하기도 하다. 인지불능 때문에 사람들은 그들의 희생양이 정말로 유죄이며, 그래서 벌을 받아 마땅하다는 환상을 품게 된다. 희생양을 갖기 위해서는 진실을 봐서는 안 되고, 그리하여 그 희생물을 희생양으로 표현해서는 안 되고, 신화가 그렇게 하고 있듯이 정당하게 처벌받은 사람으로 표현해야 하는 것이다. 오이디푸스의 친부살해와 근친상간이 사실로 간주되었다는 것을 잊지 말기 바란다. 희생양을 갖는다는 것은 결국 희생양을 갖고 있다는 것을 모른다는 것을 뜻한다.[74]

---

71) 지라르, 『문화의 기원』, 88.
72) 김모세, 『르네 지라르』, 216.
73) 지라르, 『폭력과 성스러움』, 123.

희생양에 대한 왜곡 작업은 무고한 존재에게 집단 전체의 갈등에 대한 책임을 전가하는 데에서 끝나지 않고 두 번째 왜곡 작업이 이루어진다. 그리고 이 두 번째 왜곡 작업은 앞선 것과 정반대의 방향으로 진행된다. 첫 번째 왜곡이 희생물을 유죄로 만드는 것이었다면, 두 번째 왜곡은 희생물의 유죄성을 씻어버리고 오히려 신성화시키는 것이다.[75]

지라르의 분석에 의하면, 공동체 구성원 서로 간의 적개심이 한순간에 한 사람에 대한 만장일치적 폭력 행동으로 돌변함으로써 뒤엉킨 공격성이 공동체의 한 구성원에게 집중된다. 이를 통해서 공동체 내부의 격앙된 감정은 밖으로 유도되는데, 이 과정은 참여자들 모두에게 다시 없는 매력으로 다가온다. 게다가 그를 추방하여 죽임으로써 예상치 않았던 평화가 위협을 받던 공동체에 되돌아왔을 때, 이런 긍정적인 측면이 더욱 쉽게 전면에 부각된다. 집단적 폭력 행동에 가담했던 이들은 자신들이 남을 모방했다는 것과 자신들의 공격성이 악인이라고 상상한 사람에게 옮겨 갔다는 것을 의식하지 못한다. 그들은 단지 한 사람을 내쫓음으로 말미암아 갈구하던 안정이 다시 찾아왔다는 것을 확인할 뿐이다. 그러므로 그들은 무의식적으로 새로운 평화가 희생자의 죽음 덕분에 이루어졌다고 여긴다. 결국 이 희생자는 구원자가 된다.[76] 즉 희생양 메커니즘이 작동한 뒤 이루어지는 공동체의 단합을 통해 희생물은 역설적으로 사회를 위기에서 구원하고 화해를 가져오는 존재로 신성화된다.

소포클레스의 『오이디푸스 대왕』에서 오이디푸스는 테베를 뒤덮은 페스트라는 재앙을 불러온 유일한 책임자로 간주된다. 그는 집단 전체

---

74) 지라르, 『문화의 기원』, 94-95.

75) 김모세, 『르네 지라르』, 232.

76) 슈바거, 『희생양은 필요한가』, 50-51.

의 불행을 혼자 떠안고 왕의 자리에서 물러나 추방당한다. 하지만 엄격히 말하면 페스트를 불러온 장본인은 오이디푸스가 아니다. 페스트가 집단 전체의 차이 소멸과 공멸의 위기를 상징한다고 할 때, 그것은 테베 시민들 전체의 문제인 것이다. 그런데 소포클레스의 두 번째 비극인 『콜로노스의 오이디푸스』에서는 오이디푸스가 또 다른 모습으로 그려진다. 이 비극의 처음 몇 장에서는 앞선 작품과 마찬가지로 해로운 오이디푸스의 모습이 그려진다. 하지만 극이 진행되는 동안 주목할 만한 변화가 일어나는데, 오이디푸스는 여전히 위험하고 두려운 존재이지만, 동시에 그만큼 소중한 존재로 변화된다. 심지어 그의 시체는 콜로노스와 테베가 심하게 다투는 일종의 부적이 된다.[77]

중요한 것은 희생양 메커니즘이 작동하기 위해서는 희생양에 대한 두 번의 변형작업이 이루어지는 동안 공동체의 구성원들, 즉 집단적 폭력에 참가한 박해자들은 희생양의 존재 의미가 변형된다는 사실을 알아서는 안 된다는 것이다. 그들은 실제로 희생양에게 위기를 불러온 책임이 있다고 믿어야 한다. 왜냐하면 희생양이 무고하다는 사실을 구성원들이 알게 되면 그 자체로 집단적 폭력은 불가능해진다. 그들이 집단적 폭력을 통해 희생양에 전가해야 하는 것은 다름 아닌 그들 자신의 폭력과 갈등이기 때문이다.[78] 지라르는 이 전체 과정의 무의식적인 성격을 나타내기 위해 '메커니즘'이라는 용어를 사용하는 것이라고 말한다. "내가 '메커니즘'이라는 용어를 쓰고 있는 이유는 이 과정의 무의식적인 성격, 그리고 거기에 참여하고 있는 사람들이 제대로 알지 못하고 심지어는 의식도 하지 못하고 있는 듯한 그 결과들의 무의식적

---

77) 지라르, 『폭력과 성스러움』, 131.
78) 김모세, 『르네 지라르』, 231.

인 성격을 나타내기 위해서이다."79)

그리고 폭력의 진실을 숨기는 대표적인 작업으로 지라르는 '신화'를 들고 있다. 지라르는 다음과 같이 말한다. "신화는 끊임없이 희생 위기80)에 대해서 말하지만, 그것은 희생 위기를 위장하기 위해서 말할 때만 그러하다. 신화는 이 위기에서 나온 문화 질서에 비추어서 이 위기를 다시 해독하는, 위기에 대한 회고적인 변형이라고 가정할 수 있다."81)

지라르에 따르면 사실상 모든 신화 속 주인공(신, 神)들은 초석적이고 만장일치적인 폭력의 희생물이자, 폭력의 이중적 성격을 상징적으로 구현하는 존재들이다.82) 신들이 존재하는 것이 아니라 우리 저마다에 속하는 '폭력의 환상적 육화' *incarnation illusoire d' une violence*83)가 바로 신이다. 그러나 그 육화를 통해 인간들은 상호적 혹은 내재적 폭력의 재난적 결과를 피해간다.84)

제 3 절 결론

지라르는 자신의 저서 『낭만적 거짓과 소설적 진실』에서 자신이 위대한 작가들의 작품들을 통해 우리의 욕망이 자율적인 것이 아니라 타인의 욕망에 기초한 타율적인 것임을 발견했다고 주장한다. 그에 따르

---

79) 지라르, 『나는 사탄이 번개처럼 떨어지는 것을 본다』, 45.
80) 지라르에 따르면 '희생 위기'는 '차이의 위기', 다시 말해서 총체적인 문화 질서의 위기이다. 지라르, 『폭력과 성스러움』, 76.
81) 지라르, 『폭력과 성스러움』, 99.
82) 김모세, 『르네 지라르』, 222.
83) 김현이 말하는 '폭력의 환상적 육화'는 다름 아닌 희생양 메커니즘의 과정 그 자체이다.
84) 김현, 『르네 지라르 혹은 폭력의 구조』, 47.

면 우리의 욕망은 모방적인 것이기 때문에 주체의 욕망은 직접 대상을 향하지 않고 중개자를 통해서 대상을 향한다는 것이다. 돈키호테가 자신이 꿈꾸는 이상적인 기사가 되고자 했던 것도 결국 전설적인 기사 아마디스에 관한 이야기를 통해서였다. 따라서 지라르는 이러한 모방 욕망의 구조를 삼각형의 욕망이라고 말한다.[85]

지라르에 따르면 욕망의 주인은 내가 아니다. 욕망은 내 안에서 생겨난 감정이 아니라 나의 외부에서 빌려온 것이다. 이러한 점에서 지라르는 욕망을 '중개자(médiateur)'라고 하는 제삼자를 통해 이루어지는 대상과의 관계로 정의한다. 지라르는 욕망의 주체와 중개자의 거리에 따라 외적 중개와 내적 중개로 구분하는데, 이때의 거리는 장소적이라기보다는 정신적인 것이다. 그리고 언제나 경쟁과 갈등, 폭력이 문제가 되는 것은 거리가 가까운 내적 중개의 경우이다.[86]

지라르는 우리의 욕망이 형이상학적이라고 주장한다. 왜냐하면 우리의 욕망이 실제 대상을 향하고 있는 것이 아니라 타인, 정확히는 우리가 그럴 것이라고 간주하는 '타인의 상태'에 기초해 있는 '관념적'인 것이기 때문이다. 그리고 그는 주체와 중개자의 거리가 가까울수록 형이상학적 욕망은 강렬해지고 전염성은 더욱 강해진다고 주장한다.[87]

지라르는 모방 욕망 이론이 프로이트의 오이디푸스 콤플렉스 이론보다 단순성, 통일성 면에서 더 우수하다고 주장한다. 왜냐하면, 오이디푸스 콤플렉스는 소년의 아버지에 대한 양가적 감정(증오와 애정)을 설명하기 곤란하지만, 모방 욕망 이론은 이를 하나의 원리로서 잘 설명할 수 있으며 오이디푸스 콤플렉스보다 더 역동적이며 비과거주의적

---

85) 지라르, 『낭만적 거짓과 소설적 진실』, 41.
86) 김모세, 『르네 지라르』, 63.
87) 지라르, 『낭만적 거짓과 소설적 진실』, 156.

이기 때문이다.[88]

지라르에 따르면 모방 욕망은 인간이 벗어날 수 없는 인간의 기본적 속성이다. 모방 욕망이 있기에 우리는 동물적 본능에서 벗어날 수 있는 것이다. 그런데 지라르는 모방에는 항상 폭력이 뒤따른다고 말한다. 그에 따르면 '차이'야말로 자연적, 문화적 질서의 원천인데, 주체가 모델의 욕망을 모방하면서, 모델이 방해물이 되고 방해물은 모델이 되는 과정을 통해 주체와 모델 사이에 차이가 없어지고, '차이의 상실'은 더 큰 폭력을 불러온다. 즉 '차이의 상실'은 '질서의 위기'가 된다.[89]

지라르에 따르면 차이가 사라지는 '차이의 소멸'은 경쟁적 폭력을 불러오고 경쟁적 폭력은 '차이의 소멸'을 확대한다. 이러한 차이의 위기에서 경쟁자들은 서로 다르다고 믿고 있으나 차이는 거의 없다. 왜냐하면 폭력 역시 모방적이기 때문이다. 모든 차이가 사라지고 오직 '동질성'만이 그들의 관계를 지배할 때, 지라르는 이것을 '짝패'라고 부른다. 지라르에 따르면 짝패 갈등이 심할수록 애초의 갈등의 원인이 었던 대상이 사라지는 경향이 있는데, 이렇게 대상이 실종되거나 부차적인 것으로 변하면, 짝패는 늘어나고 모방 위기는 점점 더 심해진다. 이러한 상태를 지라르는 홉스가 말한 '만인의 만인에 대한 투쟁' 상태라고 말한다.[90]

지라르에 따르면 만인의 만인에 대한 투쟁 상태가 되어 공동체가 파멸될 위기가 찾아왔을 때, 공동체는 스스로를 구해낼 메커니즘을 찾아냈는데 이것이 바로 희생양 메커니즘이다. 모방 욕망에 의한 폭력이 위기를 발생시키는 폭력이라면, 희생의 폭력은 위기를 극복하고 질서

---

88) 지라르, 『폭력과 성스러움』, 76-77.

89) 김진식, 『르네 지라르』, 57-58.

90) 지라르, 『문화의 기원』, 80.

를 회복하는 폭력이다. 희생양에 대한 폭력을 통해 집단은 위기에서 해방되어 옛 질서를 회복하거나 새로운 질서를 구축할 수 있게 된다. 이러한 의미에서 지라르는 희생양에 대한 폭력을 '초석적 폭력(violence fondatrice)'[91]이라고 부르는 것이다.

지라르에 따르면 공동체는 위기의 재발을 방지하기 위해 처음의 위기를 극복한 수단이었던 희생양 메커니즘을 일정한 형식을 통해 반복하는데, 이렇게 해서 '희생제의'가 생겨나는 것이다.[92] 다시 말해 희생제의는 위기의 재발 방지 차원에서 이루어지는 희생양 메커니즘의 반복, 재연인 것이다. 따라서 지라르에게 희생제의는 "대체 폭력"이자 "성스러운 폭력"인 것이다.

지라르는 희생양 메커니즘의 과정에서 이중의 왜곡이 일어난다고 말한다. 그리고 이 왜곡은 박해에 참여한 자들 모두가 의식하지 못한 채, 실제로 그렇게 믿는 것이다. 우선은 무고한 희생양에 집단의 위기에 대한 책임을 전가하는 것으로서 실제로, 그리고 전적으로 위기의 책임이 폭력의 대상이 되는 희생물에 있다고 믿어야 하는 것이다. 두 번째 왜곡 작업은 앞선 것과 정반대의 방향으로 진행되는데, 첫 번째 왜곡이 희생물을 유죄로 만드는 것이었다면, 두 번째 왜곡은 희생물의 유죄성을 씻어버리고 오히려 신성화시키는 것이다.[93] 집단적 폭력 행동에 가담했던 이들은 자신들이 남을 모방했다는 것과 자신들의 공격성이 악인이라고 상상한 사람에게 옮겨 갔다는 것을 의식하지 못한다. 그들은 무의식적으로 새로운 평화가 희생자의 죽음 덕분에 이루어졌다고 여긴다. 즉 희생양 메커니즘이 작동한 뒤 이루어지는 공동체의 단

---

91) 지라르, 『폭력과 성스러움』, 495.
92) 김모세, 『르네 지라르』, 181-182.
93) 김모세, 『르네 지라르』, 232.

합을 통해 희생물은 역설적으로 사회를 위기에서 구원하고 화해를 가져오는 존재로 신성화되는 것이다. 지라르에 따르면 사실상 모든 신화 속 주인공(신, 神)들은 초석적이고 만장일치적인 폭력의 희생물이자, 폭력의 이중적 성격을 상징적으로 구현하는 존재들이다. 즉 우상은 희생양 메커니즘을 통해서 만들어지는 것이다.[94]

---

94) 김현, 『르네 지라르 혹은 폭력의 구조』, 47.

제 3 장

지라르의 십자가 이해

모방 욕망에서 희생양 메커니즘에 이르는 지라르의 가설을 따라가다 보면 인류의 역사 전체가 마치 폭력의 지배하에 놓여 있는 듯 보이는 것이 사실이지만, 실제로는 그렇지 않다는 것이 지라르의 주장이다.[1] 인류 역사의 어느 순간, 어쩌면 인류 역사가 시작된 바로 그 순간부터 폭력의 연쇄 과정에는 결정적인 단절이 생겼다는 것이다. 이 단절은 무엇보다도 감추어진 진실의 계시에 근거하는데, 지라르는 이것을 자신의 책 제목이기도 한 "세상의 처음부터 감추어져 온 것"의 폭로, 즉 초석적이고 본능적인 폭력에 대한 진실의 계시라고 정의한다. 그리고 지라르는 바로 이러한 계시를 유대-기독교의 성서에서 발견한다.[2]

지라르는 자신이 십자가에 대한 선명한 비폭력적 해석을 제시함으로써 폭력에 관한 기독교의 혐의를 벗길 수 있다고 생각한다.[3] 그에 의하면 신화와 성서가 매우 유사하게 닮아있지만, 폭력에 대한 해석에서 성서는 자신의 독특함을 드러내는데, 성서는 신화와 달리 '희생'을 옹호하지 않는다. 성서는 박해자의 시각이 아니라 희생양의 시각을 취

---

1) 지라르에 따르면, 복음서는 폭력의 만장일치에 균열이 생긴 유일한 기록이다. 지라르, 『나는 사탄이 번개처럼 떨어지는 것을 본다』, 160.

2) 김모세, 『르네 지라르』, 238-239.

3) 부르스마, 『십자가, 폭력인가 환대인가』, 245-246.

하는 것이다. 그는 구약성서에서는 이것이 분명하게 드러나지 않다가 복음서에 와서야 비로소 명백하게 드러난다고 주장한다.

제 1 절 기독교 속죄에 관한 이론들

속죄(atonement)라는 용어는 하나님과 인간들 사이의 관계의 핵심이며, 어떤 이유로 인해 떨어졌던 두 당사자들 간에 바른 관계를 회복하여 "하나로 만드는"(at-one-ment) 과정을 말한다. 전통적인 신학에 의하면, 십자가는 하나님께서 세상을 자신과 화해시키신 장소임이 분명하다. 구약성서의 예언자들은 그 지점을 내다보았고, 사도들은 그곳을 되돌아보았다. 속죄를 통한 용서는 "복음주의적 기독교의 핵심"이며, 세계사를 이끌고 성취하시는 하나님의 중심적이고 혁명적인 행동이다.[4]

최근 기독교 신학 서클들 안에서 속죄에 관한 대화와 연구가 새롭게 촉발되었다. 그것은 그동안 전통적인 속죄론 해석에 대한 다수의 페미니즘적인, 그리고 우머니즘적인 비판들이 많은 이들이 기독교 핵심 교리에서 곤혹스럽게 여기는 두 측면을 부각했기 때문이다. 어떤 전통적인 속죄론(만족설이나 형벌대속론)은 고통의 경험을 지나치게 미화함으로써 학대에 대한 냉담한 관용을 용인하는 듯 보인다. 또 어떤 모델들은 "우주적 아동 학대"(즉 성부 하나님이 성자를 기꺼이 희생시키는 것)가 하나님이 정하신 구원의 길이라는 개념을 조장한다는 말을 듣고 있다.

오늘날 속죄에 관한 새로운 관심의 배후에 있는 또 다른 동력으로는

---

4) P. T. Forsyth, *The Cruciality of the Cross* (Grand Rapids: Eerdmans, 1973), 1.

르네 지라르의 희생양 이론이라는 학제 간 성찰을 꼽을 수 있다. 지라르가 보기에 복음서는 다른 신화나 그 어떤 희생양 이야기도 제공하지 못하는 것을 제공한다. 복음서의 이야기는 희생양인 예수가 무고하다는 사실을 분명하게 밝히고 그렇게 함으로써 그 비극적 잘못의 원인이 폭력(희생양 메커니즘)에 있음을 밝힌다.[5)]

1. 만족설(satisfaction theory)

교부들은 전문적인 이론을 통해서가 아니라 역동적인 표상들을 통해서 속죄를 이야기했다. 그러나 캔터베리의 대주교였던 안셀무스(Anselm, 1033-1109)의 이론을 시작으로 신학자들은 객관적인 속죄 개념, 즉 그리스도의 희생제사와 그 효력들을 역사 속에서 실제로 일어난 사건들로 이해하는 설명들에 끌리기 시작했다.[6)]

안셀무스의 목표는 변증을 위한 것임과 동시에 가르침을 위한 것이기도 했다. 그는 불신자들이 이성을 통해서 그들이 하나님에 의해서 정죄를 받고 있고, 그렇기 때문에 그리스도 안에서 도움을 받을 필요가 있다는 것을 확신할 수 있기를 바랐다. 또한 그는 신자들에게 예수 그리스도를 믿는 논리적 근거를 제시해 줌으로써 신앙을 든든하게 밑받침해 주고자 했다. 그래서 안셀무스는 그리스도의 희생제사로 말미암지 않고는 하나님께서 인류를 구원할 다른 길이 없다는 것을 보여줌으로써 속죄의 합리성을 입증하고자 하였다.[7)]

안셀무스는 하나님 외에 사탄 역시 인간에 대한 소유권 내지 지배권

---

5) James K. Beilby, Paul R. Eddy, ed., *The Nature of the Atonement Four View* 김광남 역, 『속죄의 본질 논쟁』 (서울: 새물결플러스, 2018), 12-13.

6) 스텐리 그렌즈, 신옥수 역, 『조직신학: 하나님의 공동체를 위한 신학』, (고양: 크리스천 다이제스트, 2003), 502.

7) 스텐리 그렌즈, 『조직신학: 하나님의 공동체를 위한 신학』, 502.

을 가지고 있으며, 따라서 인간의 구원을 위해서는 사탄에 대한 속전이 필요하다는 속전설의 '이중의 충성 맹세'라는 개념을 거부하였다. 이 개념은 이레나이우스 시대 이래로 서유럽이 움직여 왔던 봉건사회에 더 이상 맞지 않았다. 안셀무스는 이러한 오해를 막고 마귀 자신을 포함한 모든 피조물들이 오직 하나의 올바른 충성 맹세를 하여야 한다는 성경의 가르침을 보호하기를 원했다. 이러한 목적을 위해서 그는 사탄이 우리를 유혹한 것은 불온한 노예가 다른 사람들을 꼬드겨서 반역에 참가하도록 한 것이라고 보았다. 따라서 그리스도의 속죄는 마귀가 아니라 오직 하나님을 향한 것이었다고 그는 보았다.[8]

봉건 시대의 범주들에 맞춰서, 안셀무스는 죄를 하나님의 신하들이 그들의 주군에게 마땅히 바쳐야 할 것을 바치기를 거부한 것이라고 정의하였다. 이러한 거부는 하나님의 존엄을 위한 보상(報償)을 필요로 하는 불법 행위이다. 죄로 말미암아 각 사람은 모든 법적 권리들을 상실한 반역자이자 범죄자이고, 따라서 하나님의 의로운 정죄 아래 놓여 있다. 왕이신 하나님은 이러한 반역을 처벌하지 않고 그냥 놓아 둘 수 없고, 인간의 죄에 직면해서 왕의 존엄을 유지하지 않으면 안 된다. 또한 만족(滿足)은 단순히 장래의 절대적인 순종을 맹세하는 서약일 수 없다. 왜냐하면 이후의 순종은 우리가 마땅히 우리의 주군에게 드려야 하는 것이기 때문이다. 요컨대, 우리는 우리 자신의 노력을 통하여 하나님과의 화해를 이룰 수 없다. 하나님께서 마땅히 받으셔야 할 존귀와 관련하여 제대로 보상이 이루어지기 위해서는 인간이어야 하고, 또한 완전히 죄 없이 살기 위해서는 하나님이어야 하는 그런 인물이 필요했다. 바로 이것이 "하나님이 인간이 되신" 이유였다.[9]

---

8) 스텐리 그렌즈, 『조직신학: 하나님의 공동체를 위한 신학』, 502-503.

하나님에 대한 완전한 순종은 예수의 인간으로서의 의무였다. 속죄의 핵심은 하나님께 무한한 존귀를 돌려 드린 죄 없는 자로서의 예수의 자발적인 죽음에 있었다. 안셀무스에게 성육신은 단순히 속죄를 가능하게 하는 수단일 뿐이고, 속죄는 예수의 삶이 아니라 오로지 예수의 죽음에만 그 초점이 맞춰져 있었다.[10]

중세시대에 안셀무스의 이론이 갖고 있던 매력은 적어도 부분적으로는 그것이 그 당시의 봉건제도와 교회의 고행 관습과 직접 연결되어 있는 만족(배상)이라는 개념을 이용했다는 사실에 있다. 만족설은 속전설의 기이함을 피하면서도 인간의 죄를 진지하게 다루고 또한 예수의 죽음이 어떻게 하나님의 영광에 대한 요구를 만족시키는지를 합리적으로 설명한다는 이점을 갖고 있었다. 종교개혁 시대의 도래와 함께 시작된 신학적, 사회적 혁신은 속죄론에도 영향을 끼쳤다. 유럽 안에 나타난 봉건제도의 쇠퇴와 게르만족 특유의 정치 이론의 출현, 그리고 그것이 가진 법 개념 등이 객관적 패러다임의 새로운 표현인 형벌대속론을 위한 길을 열었다.[11]

2. 도덕적 감화론(moral influence theory)

속죄는 일차적으로 하나님의 사랑의 현시이며, 그것의 힘은 그리스도께서 이루신 사역을 명상할 때 우리 안에서 일어나는 도덕적, 주관적 변화에 있다는 주장이다. 이 이론의 창시자는 피터 아벨라르(Peter Abelard, 1079-1142)로 알려져 있다.[12] 아벨라르는 안셀무스가 주장하

---

9) 스텐리 그렌즈, 『조직신학: 하나님의 공동체를 위한 신학』, 503.

10) 스텐리 그렌즈, 『조직신학: 하나님의 공동체를 위한 신학』, 503-504.

11) James K. Beilby, Paul R. Eddy, 『속죄의 본질 논쟁』, 21.

12) 그러나 리탐은 아벨라르를 이 이론의 창시자로 보는 생각은 두 가지 점에서 잘못되었다고 한

는 만족설의 어떤 측면(하나님의 진노하심)에 대해 역겨움을 느꼈다. 그것은 마치 하나님을 진노하는 마귀와 다를 바 없다고 하는 것처럼 여겨졌다.

잘 알려진 대로 아벨라르는 그의 로마서 주석에서 십자가는 하나님의 사랑의 최종적 입증이라고 주장함으로써 우리에게 그와 같은 행위로 응답할 것을 호소한다. 아벨라르는 그리스도의 죽음에 대해 언급하며 "이 모든 것들은 그(그리스도)가 인간을 향해 얼마나 큰 사랑을 가졌는지 보여주기 위해서임이 분명하며, 이에 대해 더 큰 사랑으로 보답하도록 그들을 고양한다"라고 언급한다.[13]

속죄에 관한 아벨라르주의의 이론들은 본래 주관적이다. 그것은 우리의 하나님으로부터 소외가 어떻게 하나님과 타인을 향한 우리의 사랑의 회복을 통해 개선되는지를 설명한다. 하나님과 우리의 관계회복은 오로지 그리스도의 죽음에만 달린 것이 아니다. 그리스도의 사역은 주로 세상을 향해 악한 인간을 위한 하나님의 사랑의 놀랄 만한 깊이를 예증하는 것으로 이루어진다. 속죄는 일차적으로 인간을 향한 것이지 하나님을 향한 것이 아니다. 하나님 안에는 그분이 악한 인간을 용서할 마음을 품으시기 전에 반드시 진정되어야 하는 무언가가 내재되어 있지 않다. 오히려 문제는 악하고 강퍅한 인간의 마음, 그것이 가진

다. 첫째, 속죄가 순전히 모범적인 행동이었다는 생각은 아벨라르 오래 전에 제안되었다. 알렉산드리아의 클레멘트는 그리스도는 지식을 나누어 주는 것을 자신의 사명 중 일부로 여긴 계몽가였다고 가르쳤다. 둘째, 아벨라르를 그렇게 보는 것은 주로 그의 「로마서 주해」(*Exposition of the Epistle to the Romans*) 중에서도 특히 로마서 3:19-26에 대한 해석에 근거해 있다. 그러나 바로 그 문맥의 조금 앞부분에서 아벨라르는 오해의 여지없이 그리스도의 피에 의한 구속을 말했다. 그는 이것을 그리스도의 죽음으로 보았다. 그는 속전이 사탄에게 지불된다는 생각에 반대했다는 것이다. 로버트 리탐, 황영철 역, 『그리스도의 사역』, (서울: 한국기독학생회, 1987), 171.

13) 한스 부르스마, 윤성현 역, 『십자가, 폭력인가 환대인가』, (서울: 기독교문서선교회, 2014), 203-204.

하나님에 대한 두려움과 무지에 있다. 인간은 하나님께로 돌아서서 그분과 화해하기를 거부한다.[14)

아벨라르의 이론은 우리를 하나님의 형벌과 진노로부터 떼어내며, 하나님이 자신을 인류와 화목하게 하기 위한 조건으로써 그리스도의 죽음을 요구한다는 생각을 거부한다. 만약 아벨라르의 생각처럼 그리스도의 원래 역할이 하나님에 관한 지식을 우리에게 가르치는 것이거나 그의 삶을 통해 무엇이 진정한 사랑인지를 우리에게 보여주는 것이라면, 하나님은 도덕적 설득을 통해서 우리로 하여금 사랑의 행동을 하도록 부추길 것이고, 우리는 하나님을 보다 덜 가혹하신 분으로 이해하게 될 것이다.[15)

부르스마는 속죄가 오늘날의 그리스도인의 삶 속에서 주관적인 목적과 동기를 제시하지 않는 이상 그것은 범죄 소설에 불과하다고 말한다. 만일 그리스도가 선생이자 모범이라면, 교회는 조명과 화목을 통해 유익을 얻으며, 하나님의 환대와 사랑은 폭력과 증오를 극복할 수 있다. 기독교에서 도덕 감화의 요소가 없이는 기독론(그리스도의 선지자적 임무)이나 구원론(속죄의 주관적 관점)을 공정하게 다룰 수 없다.[16)

그러나 신약성경은 너무나 자주 우리를 위한 십자가와 그리스도의 피의 구속적 기능에 대해 말하고 있기 때문에 우리는 그의 삶에만 주목할 수가 없다. 바울은 로마서 5장 10절에서 "그의 아들의 돌아가심으로 말미암아 하나님과 화목하게 되었은즉"이라고 기록하였으며, 에베소의 장로들에게 "하나님이 자기(그의 아들의) 피로 사신 교회"라고 말한다(행 20:28; 참고. 롬 3:25; 엡 1:7). 또한 사도행전의 두 군데에서

---

14) James K. Beilby, Paul R. Eddy, 『속죄의 본질 논쟁』, 25.
15) 한스 부르스마, 『십자가, 폭력인가 환대인가』, 204.
16) 한스 부르스마, 『십자가, 폭력인가 환대인가』, 205.

는 단지 십자가를 인간 음모의 결과이거나 신적 목적의 결과, 둘 중 하나로 보는 양자택일의 해석을 거부하고 있다(행 2:23; 행 4:27-28). 따라서 적어도 십자가는 신적 의도에서 벗어난 사건이 아니다.

따라서 도덕적 감화설도 그리스도의 죽음에 대한 하나님의 개입에 대한 설명을 피할 수 없다. 예수를 본받는 것이 중요하기는 하나, 만약 그가 보인 모범을 속죄와 관련된 주된 진리라고 여긴다면 그것은 그리스도의 십자가에 대한 많은 설명들을 생략하는 것이다. 도덕적 감화설은 인간 안에 만연해 있는 죄를 경시하며 우리에게 필요한 것이 사랑의 모델 및 전형이라고 말한다. 이 견해에 따르면 예수는 우리를 구원하는 구주로서보다는 본받아야 할 모델로서 기능한다. 인간의 악의 깊이는 얼버무려지고 인간에 대한 낙관적인 견해가 전면으로 등장한다.17)

한편, 어떤 신학자들은 도덕적 감화설이 바로 폭력으로 귀결된다고 믿기 때문에 그것을 반대한다. 그들은 단지 십자가에 있는 하나님의 폭력을 반대하는 것이 아니라 도덕적 감화론이 오늘날 인간 폭력을 장려한다고 믿는다. 만일 그리스도가 자발적으로 고난 받으며 죽기까지 자신을 희생했다면, 이것은 인간의 자기희생을 장려하는 쪽으로 이끌 뿐만 아니라 나아가 학대의 구조를 영속화한다는 것이다. 그래서 페미니스트 신학자 다비 캐슬린 레이(Darby Kathleen Ray)는 아벨라르 전통을 거부하는데, 이는 "고난과 자기희생, 순종의 구원적 가치가 너무나 쉽게 예속의 신학적 도구로 왜곡되기" 때문이다. 그러나 부르스마는 이러한 반대는 과장된 것이라고 주장한다. 자기희생은 단지 소외된 피억압자들에게만이 아니라 권력자들에게도 요구된다. 누구도 타인을 위해 자신의 이익을 내려놓지 않는 세상에서는 권력투쟁과 지속적인

---

17) James K. Beilby, Paul R. Eddy, ed., *The Nature of the Atonement Four View* 김광남 역, 『속죄의 본질 논쟁』 (서울: 새물결플러스, 2018), 105.

폭력만이 세상을 장식할 것이다. 자기 헌신적 사랑이 부인될 때 환대는 불가능할 것이다.[18]

3. 승리자 그리스도(Christus Victor)

십자가 위에서의 그리스도의 승리에 대한 개념은 1931년 출간된 구스타프 아울렌의 『승리자 그리스도: 속죄에 관한 세 가지 주요 유형에 대한 역사적 연구』(Christus Victor: An Historical Study of the Three Main Types of the Idea of the Atonement)로 인해 새로운 추진력을 얻었다.

아울렌은 승리자 그리스도 테마를 속죄의 고전적 관점이라고도 부르는데, 이에 따르면 하나님 스스로가 속죄 사역을 행하시는 유일자이며, 또 그럼으로써 세상과 화해한다. 승리자 그리스도 테마는 본질상 이원적인데, 이는 승전과 하나님의 은혜의 승리로 이끄는 것이 악의 권세에 맞선 신적 전쟁이기 때문이다. 그러므로 속죄는 정의나 보상이라기보다 오히려 은혜 행위이다. 속죄의 고전적 유형에서 죄는 사람들을 움켜쥐고 있는 객관적인 악의 권세이다. 인류에 대한 하나님의 완전하고 인격적인 요구는 죄의 개념이 단지 객관적일 뿐만 아니라 또한 매우 인격적임을 나타낸다. 그러므로 이 고전적 유형은 죄의 속박을 추상적이고 비인격적 세력으로 본다고 하는 비판에서 벗어날 수 있다. 더욱이 고전적 관점은 죄에 대한 넓은 이해를 견지하고 있다. 그것은 그저 율법의 위반이 아니라 죽음의 악한 권세와 마귀, 법, 저주에 관련된 것이다.

아울렌에 따르면 기독교 속죄 신학은 터툴리안, 키프리안과 더불어

---

18) 한스 부르스마, 『십자가, 폭력인가 환대인가』, 207-209.

참회와 공로, 보상과 같은 법적 개념들이 도입되기 시작하면서 비록 더디긴 하지만 궤도를 이탈하기 시작했다. 아울렌은 특히 안셀름에게 속죄에 대한 법적 이해의 책임을 묻는다. 그는 죄에 직면한 인류가 반드시 하나님께 보상을 해야 한다고 보는 발상을 안셀름의 근본적 오류로 여긴다. 안셀름의 이해대로라면 구원은 더 이상 하나님의 사역이 아니다. 그리스도의 죽음은 "인간의 편에서, 밑에서부터 하나님께 바쳐진 제물이" 된다. 아울렌은 안셀름 이후로 줄곧 이 법적 노선이 서양의 신학적 사고를 점령해 왔다고 주장한다. 단지 마틴 루터만이 예외적으로 그레고리 대제를 연구함으로써 승리자 그리스도의 개념을 되찾았으나 안타깝게도 루터의 후계자 멜란히톤이 법적 사고방식을 재천명함으로써 그 후 줄곧 형벌적 대속관이 프로테스탄티즘의 특징이 되었다는 것이다.[19]

많은 신학자들이 속죄 신학의 발달에 대한 아울렌의 묘사가 상당히 한쪽으로 치우쳐 있음을 알고 있다. 초대 교회는 승리자 그리스도 테마를 확정하는 데 있어 결코 일관적이거나 체계적이지 않았다. 그리고 루터와 후기 프로테스탄티즘 사이에 있다고 보는 균열에 대한 시각에는 멜란히톤 이후 루터와의 실제 역사적 단절보다는 루터를 마음껏 전용하려는 아울렌 자신의 바람이 담겨있다. 이는 루터에게서 승리자 그리스도 테마가 뚜렷함을 부정한다는 말이 아니다. 그러나 일부 신학자들은 루터에게도 만족설적 입장이 있음을 지적하였다. 테드 피터스는 아울렌을 비판하며 "그리스도의 사역과 관련하여 루터 역시 보상적 관점을 견지하고 있었고, 거기에는 확실히 안셀름과 공통적인 필수 요소들이 있다"라고 말한다.[20]

---

19) Gustaf Aulen, *Christus Victor: An Historical Study of the Three Main Types of the Idea of the Atonement*, trans. A. G. Hebert (London: SPCK, 1970), 81-88.

아울렌은 형벌보상설 뿐만 아니라 도덕 감화론 역시 비판한다. 아울렌은 아벨라르의 십자가 관점을 공로적 인간 사랑에 대한 각성으로 여겨 거부한다. 아울렌은 경건주의와 자유주의에서 더욱 발전된 이러한 주관적 역점을 계몽사상의 부정적 결과로 본다. 아울렌은 "사람은 회개하며 자기 삶을 개선하고 이에 하나님은 행복을 증진함으로써 사람의 개선에 보답한다. 따라서 여기에 깔린 지배적인 생각은 본질에서 인간 중심적이며 도덕주의적이다."라고 비판한다.[21]

아울렌이 신적 심판의 존재를 인식하고 있었음은 틀림없다. 그러나 하나님이 이 심판을 처리하는 것에 관하여 그가 이해하는 방식은 인간의 개선(도덕 감화론)을 통해서도 아니고 형벌(형벌 대표설)을 통해서도 아니다. 대신에 심판을 철회하고 우리로 하여금 하나님과 화목하게 하는 것은 바로 십자가에서 하나님이 악의 권세를 물리친 것을 통해서이다. 사탄의 권세로부터의 구원(마귀를 물리침)은 그와 동시에 속죄요 화목(심판의 철회)이다.[22]

유진 페어웨더(Eugene Fairweather)는 "속죄에 대한 아울렌의 논의가 정말 온전한 기독론과 양립될 수 있는지" 물음으로써 초대 교회로부터 아울렌이 이탈했음을 강조한다. 페어웨더는 아울렌이 속죄를 인류로부터 하나님에게가 아닌 철저히 하나님으로부터 인류에게로의 운동으로 주장하며 속죄와 성육신을 긴밀히 연결하는 방식에 이의를 제기한다. 페어웨더는 아울렌이 인간으로서의 그리스도의 사역을 적절히 다룬다고 생각하지 않았으며 아울렌의 신학에 감도는 가현설의 망령을 보았다. 페어웨더는 다음과 같이 예리하게 비평한다. "속죄가 하나님을

20) 한스 부르스마, 『십자가, 폭력인가 환대인가』, 314.
21) 한스 부르스마, 『십자가, 폭력인가 환대인가』, 319-320.
22) 한스 부르스마, 『십자가, 폭력인가 환대인가』, 320.

향한 신인(God-Man)의 인간 의지의 운동으로 말미암아 실제로 완성됨을 망각하는 것은 고대 교회의 위대한 스승들이 긴 시간 슬기롭게 분투해온 바를 거슬러 성육신을 부분적으로 부정함과 같은 상태에 빠지는 것이다. … 전체 이야기 속에서 악의 권세에 대한 하나님의 승리를 바라본 점에서 아울렌이 옳다는 것은 의심할 여지가 없지만, 그가 이 승리의 핵심에 육신이 된 말씀의 완전한 인간적 순종으로 말미암은 죄의 정복이 있다는 것을 깨닫지 못한 점에 있어서는 크게 그르쳤다."[23]

일부 기독교 초기의 교부들도 승리자 그리스도 테마를 죄와 형벌의 관점에서보다는 예속과 자유의 관점에서 보았다. 오리겐에 따르면, 마귀는 예수의 가르침을 두려워하여 그를 죽이기를 원했지만 정작 그렇게 하는 중에 자신이 속고 있었다는 점은 깨닫지 못하였다. 따라서 그의 신적 희생자를 끝까지 죽음에 가둘 수 없었던 사탄은 패배를 인정하지 않을 수 없었다.

또한 닛사의 그레고리(~385년)에 따르면 우리는 마귀에게 우리의 자유를 자진해서 팔아넘겼다. 그레고리는 "노예를 소유한 사람에게 그가 동의하는 어떠한 속전이든지 그에게 치르는 것"은 하나님에게 정당했다고 주장한다. 예수 그리스도의 놀라운 능력에 끌린 사탄은 "사망의 감옥에 갇힌 자들을 위한 속전으로" 그를 선택하기로 결정하였다. 그리스도가 육신으로 나타난 이유가 바로 자신의 인성 안에 숨어있는 신성을 사탄이 눈치채지 못하도록 하기 위함이었다. 그레고리에 따르면 이러한 접근법은 하나님의 "최상의 지혜"를 보여준다. 따라서 그레고리에게 있어 하나님의 정의는 교환 속에서 부각되는 반면 그의 지혜는 숨기운 그리스도의 신성에서 나타난다.[24] 그레고리에 따르면 그리

---

23) 한스 부르스마, 『십자가, 폭력인가 환대인가』, 317-319.

스도의 인성은 미끼로 사용되었고 사탄은 그리스도의 신성의 낚싯바늘을 덥석 물어 일이 틀어져 버렸다. 사탄의 감옥에 가득했던 어둠은 더 이상 그리스도의 신성의 빛을 견딜 수 없었으며, 그의 영원한 생명은 사망의 영역에 들어가 사망을 소멸시켰다. 그레고리에게 있어 속죄는 하나님의 정의와 지혜의 현현이다.

그러나 시간이 흐르면서 사탄은 인류에 대해 아무런 합법적인 권리를 갖고 있지 않다고 인식하게 되었다. 나지안주스의 그레고리(약 325-89)는 속전이 사탄이나 하나님에게 치러져야 한다는 생각에 마땅히 반대했다. 또 성 다메섹의 요한(약 675-749)도 사탄이 속전을 받는다는 생각에 반대했다.[25] 나아가 승리자 그리스도 테마가 다른 속죄 신학에 비해 상대적으로 도외시된 이유 중 하나는 서양 교회에 미친 계몽사상의 영향 때문이었다. 계몽사상의 근시안적인 자연주의는 어떤 종류의 초자연적 영향도 실제 역사의 영역에서 인정받기 어렵게 만들었다. 또 어거스틴 전통에서 하나님의 세밀한 섭리에 대한 강조는 초자연적인 영적 존재와 인간 수준에서의 활동 사이의 관계의 중요성을 한데 묶어버리는 요소가 있었기 때문에 인간 삶의 매 순간마다 섭리가 역사하는 곳에서 어떻게 실제 '전쟁'이 벌어지는지 이해하기는 쉽지 않았을 것이다.[26]

그러나 지난 몇십 년간 특히 복음주의 안에서 승리자 그리스도 테마에 대한 관심이 재개된 것이 목격되었다. 그레고리 보이드는 자신의 수작 『전쟁하는 하나님』(God at War, 1997)에서 성경 전반에 걸쳐 하나님이 악의 권세와 충돌하고 있다고 주장한다. 보이드는 그리스도가

24) 한스 부르스마, 『십자가, 폭력인가 환대인가』, 325-326.
25) 한스 부르스마, 『십자가, 폭력인가 환대인가』, 327-329.
26) 한스 부르스마, 『십자가, 폭력인가 환대인가』, 333-334.

우리의 죄를 속죄하려고 희생제를 올린 것은 인정하지만 "그리스도가 이를 행한 것은 오직 그가 훨씬 더 근본적인 어떤 행위를 했기 때문이다. 우리가 살펴본 바와 같이 이는 그가 사탄에게 치명타를 날려 온 피조물에 대한 정당한 지배권을 탈환했던 것이다"라고 서술한다. 로버트 웨버(Robert Webber)도 『오래된 미래 신앙』(Ancient-Future Faith, 1999)에서 포스트모던 기독교인들은 승리자 그리스도 테마로 돌아가는 속죄 신학이 필요한데, 특히 이레니우스의 총괄갱신 신학으로 돌아가는 것이 필요하다고 주장한다.

또 J. 데니 위버는 『비폭력 속죄』(The Nonviolent Atonement, 2001)에서 속죄에 관한 '승리자 그리스도 내러티브' 접근법을 주창하며 재세례파의 관점에서 이 쟁점을 다룬다. 위버는 전통 속죄 신학에 대한 -흑인 신학, 페미니스트 신학, 우머니스트 신학에 의해 제기된- 엄청난 비판을 반영하여 기독교 제국에 대한 많은 부분에 있어서 신학적 전통이 가부장제와 군사적 폭력, 노예제도, 인종차별을 도모해왔다고 주장한다. 특히 웨버는 형벌대속론을 신적 아동 학대로 설명하는 데 찬성한다. 그의 "승리자 그리스도론의 내러티브"에 들어있는 추정은 "칼로 인한 직접적 폭력이든지 인종차별이나 성차별의 제도적 폭력이든지 간에 폭력의 거부는 기독론과 속죄의 표현 속에서 또렷이 나타나야 한다"라는 것이다. 위버의 접근은 신적 속임수나 기만의 주제를 제외하고 그 대신 나사렛 예수의 비폭력적 생애에 주목하는 것이다. 그의 관점에서는 오로지 악의 세력만이 예수의 죽음에 책임이 있다. 따라서 승리를 이루게 되는 것은 예수의 죽음이 아니라 마지막 원수인 죽음을 이기는 부활이다. 각 개인들은 회개하며 그리스도의 구원 사역을 깨달아 "예수의 부활로 말미암아 이미 수립된 현실에 참여한다.27)

그러나 승리자 그리스도 테마에도 문제가 없는 것은 아니다. 하나님과 마귀 사이의 우주적 이원론은 기독교인들로 하여금 그들의 반대자들을 마귀로 몰아붙이게 북돋을 수 있다. 또 구속을 순수하게 우주적 사태로 묘사하는 경향은 인간의 책임감을 약화할 수 있으며, 속죄를 '다 끝난 일'로 묘사하는 것은 인간성을 말살시키는 악의 영향에 저항할 필요를 인식하지 못하는 기독교 승리주의에 이를 수 있다. 하지만 긍정적인 측면에서 승리자 그리스도 테마는 죄를 그저 개인적인 것이 아니라 제도적 문제로도 바라본다. 더욱이 승리자 그리스도 테마는 속박에서의 해방을 심각히 다루며 과도한 우주적 이원론에도 불구하고 적어도 악에 대한 인간의 신중한 관점을 수반하며 인간의 노력만으로는 악을 없앨 수 없다는 사실을 인정하고 있다.[28]

우리는 안셀름이 초대 교회의 속전 이론들에 불쾌감을 보이면서 했던 경고에 주의할 필요가 있다. 마귀는 그저 인류를 소유했던 것이 아니라 단지 배신자와 도둑이 된 하나님의 종이었다고 안셀름은 주장한다. "마귀나 인간 모두 하나님을 제외한 누구에게도 속하지 않는다. … 그들 중 누구도 하나님의 권세 바깥에 존재하지 않는다." 동시에 신적 전쟁에 관한 성경의 이미지와 승리와 속전에 관한 은유는 성경에 만연해 있기에 우리는 그것들을 무시해서는 안 되고 순화시켜서도 안 된다. 성경적 관점은 그리스도의 삶과 우리의 삶 모두에 있는 실제 전쟁을 확증하는 상대적인 우주적 이원론을 요구함과 동시에 또 한편으론 궁극적인 신적 주권을 주장한다.[29]

---

27) 한스 부르스마, 『십자가, 폭력인가 환대인가』, 334-336.
28) 한스 부르스마, 『십자가, 폭력인가 환대인가』, 340.
29) 한스 부르스마, 『십자가, 폭력인가 환대인가』, 344.

4. 형벌대속론(penal substitution theory)

성부 하나님이 인간에 대한 사랑 때문에 자신의 정의를 만족시키기 위해 자기 아들을 보내셨고(아들은 이 일을 위해 자신을 기꺼이 드렸다), 그로 인해 그리스도가 죄인들을 대신하셨다. 우리가 받아야 할 심판과 형벌이 우리 대신 예수 그리스도에게 가해졌고, 그로 인해 십자가에서 하나님의 거룩함과 사랑이 드러났다. 하나님이 자기 백성을 위해 그리스도를 통해 이루신 일의 부요함은 형벌대속만으로는 다 설명되지 않지만 성경에서 형벌대속은 속죄의 다른 모든 차원을 위한 닻과 토대의 역할을 한다는 견해이다.[30]

비판자들은 현대인들이 형벌대속에 내재하는 법률적 범주와는 관계하지 못하는 반면, 화해가 가진 따뜻하고 인격적인 차원은 그들의 마음에 호소한다고 말한다. 그러나 화해를 강조하느라 칭의를 경시해서는 안 된다. 죄는 죄인들을 거룩하신 하나님으로부터 분리하는 객관적 현실이다. 하나님과 인간의 화해는 단순히 인간의 회개와 용서에 대한 갈망이라는 기초에 의존해서 현실화되는 것이 아니다. 만약 인간이 회개만으로 하나님과 화해할 수 있다면, 그리스도의 십자가 희생은 아무 의미도 없을 것이다. 형벌대속론은 인간이 하나님 앞에 빚진 자로 서 있으며 그들에게 이 세상에서 무엇보다도 절실하게 필요한 것은 그분의 용서라고 가르친다.[31]

인간에게 형벌대속이 필요한 이유는 "모든 사람이 죄를 범하였으매 하나님의 영광에 이르지 못하였기 때문이다"(롬 3:23). 하나님은 아담과 하와가 자신의 요구를 단 한 차례 어기자 그들에게 죽음을 선언하

---

30) James K. Beilby, Paul R. Eddy, ed., *The Nature of the Atonement Four View* 김광남 역, 『속죄의 본질 논쟁』 (서울: 새물결플러스, 2018), 101.

31) 토마스 R. 슈라이너, 『속죄의 본질 논쟁』, 104.

셨다. 하나님이 완전을 요구하신다는 사실은 야고보서 2:10의 진술과
도 상응한다. 하지만 어떤 학자들은 구약성서가 율법에 대한 완전한
복종을 요구하지 않는다고 말한다. 하나님은 그분의 백성 이스라엘을
은혜로 구원하신다. 그분은 그들과 언약을 맺으시고 출애굽을 통해 그
들을 구원하신다. 그분은 그들이 자신과의 언약 안에 머물게 하기 위
해 율법에 완전히 복종하라고 요구하지 않으신다. 대신 만약 자기 백
성이 악에 빠지면 그들을 추방하겠다고 위협하신다. 그러나 만약 그들
이 율법을 지킨다면 그들은 그분의 백성으로서 복을 누릴 것이다. 그
런 복은 완전한 복종에 달려 있지 않다. 이스라엘 백성은 야훼께 '완전
히'가 아니라 현저하게 그리고 상당히 복종함으로써 그분에 대한 자신
들의 믿음을 보일 것이다.

이상을 통해 우리는 하나님이 완전한 복종을 요구하지 않으신다는
결론을 내릴 수 있을지 모르지만, 그러나 하나님이 정하신 희생제사의
시스템은 그분과의 관계를 유지하기 위해서는 완전한 순종이 요구된다
는 사실을 드러낸다. 구약성서는 어느 곳에서도 희생제사가 오직 악한
죄인들에게만 요구된다고 가르치지 않는다. 한 번이든 여러 번이든 죄
를 지은 사람은 누구나 희생제사를 드려야 했다. 전도서는 "선을 행하
고 전혀 죄를 범하지 아니하는 의인은 세상에 없도다"(전 7:20)라고 말
한다. 만약 하나님이 단순히 상당하고 의미 있는 정도의 순종만을 요
구하셨다면, 대부분의 시간 동안 하나님을 신뢰했던 이들에게는 희생
제사가 요구되지 않았을 것이다. 그러나 죄를 속하기 위해 그들에게도
여전히 희생제사가 필요했던 것은 하나님이 완전한 순종을 요구하셨기
때문이다. 바울 역시 우리가 율법에 기록된 "모든 것"을 행해야 한다
고 강조한다. 부분적인 순종은 물론이고 상당한 정도의 순종조차 불충

분하다. 오직 완전한 순종만이 구원을 위한 자격을 부여한다.32)

어떤 학자들은 율법준수에 대한 요구가 추상적이고 비인격적이라고 주장한다. 그러나 그런 주장은 부당하다. 왜냐하면 하나님의 율법은 그분의 도덕적 성품을 묘사하기 때문이다. 율법의 도덕규범은 외부로부터 하나님께 부여된 것이 아니라 하나님의 성품 즉 그분의 거룩하심을 표현한다. 따라서 율법준수에 대한 실패는 반역, 즉 독립에 대한 강렬한 열망과 하나님의 주 되심에 굴복하기를 거부한 데서부터 나온다. 결국 죄는 하나님에 대한 인격적 반역이다. 이러한 사실로부터 형벌대속론은 죄인들이 하나님의 진노 앞에 서 있다고 주장한다. 구약성서의 성결 규정과 희생제사 및 하나님의 전에 들어가는 것과 관련해 요구되었던 정교한 의식은 악한 인간은 하나님의 두려운 현존 안으로 들어갈 자격이 없음을 지적해준다. 지성소 안으로 들어가는 행위는 1년에 단 한 차례, 즉 속죄일에만 가능하다(레 16장; 히 9:6-8). 하나님의 거룩하심이 훼손되면 그에 대한 보복으로서 심판이 따른다.33)

신약성서 역시 동일한 심판에 대해 말하고 있다. 세례 요한은 이스라엘 백성이 회개하지 않으면 하나님의 심판이 임할 것이라고 경고했다(마 3:1-12). 예수 역시 동일한 심판의 메시지를 선포했으며(마 23:1-36), 바울은 종종 하나님의 종말론적 심판 혹은 마지막 날에 죄인들에게 임할 징벌에 대해 말했다(롬 2:5, 16; 6:23; 9:22; 고전 1:18; 고후 2:16; 갈 1:8-9; 빌 3:18-19; 살전 1:10; 2:14-16; 5:9 참조). 또한 심판에 대한 경고는 히브리서, 베드로후서, 유다서에도 스며들어 있다. 마지막으로 요한계시록은 정경 전체를 의로운 자들에 대한 종말론적

---

32) 토마스 R. 슈라이너, 『속죄의 본질 논쟁』, 110-114.
33) 토마스 R. 슈라이너, 『속죄의 본질 논쟁』, 115-117.

보상 및 불순종한 자들에 대한 진노와 심판에 대한 약속으로 마감한다. 그러므로 신약성서가 심판에 대한 구약성서의 강조를 약화한다고 여기는 이들은 신약성서를 신중하게 읽지 않고 있는 것이다.[34]

모든 인간은 죄를 지었고, 거룩하신 하나님은 보복적으로 심판하시며 죄를 단순하게 간과하실 수 없기에 죄는 희생제사를 통해 속죄되어야 한다. 형벌을 대속할 존재가 있어야만 한다. 기독교적 선포의 놀라움이자 불쾌함의 핵심에는 피의 속죄가 있다. "율법을 따라 거의 모든 물건이 피로써 정결하게 되나니 피 흘림이 없은즉 사함이 없느니라"(히 9:22). 이것은 추상적인 원리가 아니며 피에 굶주린 한 신의 자의적인 명령은 더더욱 아니다. 오히려 이것은 하나님의 법의 언약적 맥락에 속한다. 하나님의 진노는 하나님의 의로운 심판의 한 표현이며 피는 하나님이 범죄자들에 대해 요구하시는 그 사람의 생명 전체에 대한 제유법이다. 대속적 희생의 구약적 배경은 범죄자에게서 그 죄가 머리에 전가되는 짐승 제물의 역할에서 볼 수 있다(레 1:4, 4:20, 26, 31, 6:7). 구약은 그 레위기적 체계를 통해 그리스도의 희생을 미리 보여주고 있을 뿐만 아니라 선지자들도 고난 받는 종을 가리킨다. 가장 유명한 이사야 53장에서 그 종은 자신이 대표하는 이들의 죄를 짊어지는 자이다.[35]

형벌대속은 하나님이 어떻게 우리의 죄를 용서하시면서도 여전히 하나님이 되실 수 있는지를 설명해준다. 왜냐하면 만약 하나님이 우리를 용서하시고 그분의 공의와 거룩하심을 손상하신다면, 그분은 하나님으로서 자신의 존재를 부인하는 것이 되기 때문이다.[36]

---

34) 토마스 R. 슈라이너, 『속죄의 본질 논쟁』, 118-119.

35) 마이클 호튼, 이용중 역, 『언약적 관점에서 본 개혁주의 조직신학』, (서울: 부흥과 개혁사, 2012), 495.

제 2 절 신화와 유대-기독교의 성서

지라르는 인간 문화의 기원을 알기 위해 신화를 연구했는데, 인간 문화의 원초적 성격을 이해하기 위해서 '신화(myth)'를 대상으로 접근하는 것은 상당히 효과적이다. 신화는 구전(口傳)된 말, 이야기를 뜻하는 '뮈토스(mythos)'에 어원을 두고 있다.[37] 뮈토스의 어원에서 파생된 신화야말로 전승 집단의 삶의 방식과 사유 체계의 토대를 분석하는데 있어서 가장 좋은 텍스트가 된다. 신화는 궁극적 물음인 인간과 세계, 그 존재의 근원과 질서, 인간의 본성과 삶, 운명, 구원과 관련된 실존적 물음에 대한 원초적 답변의 형태를 보이는 이야기이다.[38] 그런데 지라르에 따르면 구약성서는 '일인에 대한 만인의' 박해를 해석함에 있어 신화와는 다른 독특성을 지닌다. 그리고 이 독특함이 자신을 기독교로 이끌었다고 말한다. "제 연구결과들이 저를 기독교로 향하게 했고, 그 진실을 믿게 했다는 말입니다. 제가 이렇게 생각하는 것은 제가 기독교인이기 때문이 아닙니다. 그보다는 오히려 제가 이렇게 생각하고 또 기독교인이 된 것은 제 연구결과가 이렇게 인도했기 때문입니다."[39]

지라르에 의하면 신화와 복음서에는 공통점이 존재한다. 위기, 집단 살해, 그리고 마지막으로 종교적인 성격이 발현하는 신의 출현이라는 3단계의 연속인 모방 사이클, 즉 희생양 메커니즘이 그것이다. 객관적으로 말하면 복음서와 신화에는 어떤 차이도 없다. 그래서 복음서는 죽음과 부활의 신화, 즉 근본적으로는 비슷하지만 아마도 다른 것보다

---

36) 토마스 R. 슈라이너, 『속죄의 본질 논쟁』, 141-142.

37) 오세정, "폭력과 문화, 희생양의 신화-지라르의 정화이론을 중심으로", 「인문학연구」 15 (2011): 74.

38) 김윤애, "서양의 철학적 사유구조에 나타난 신화", 「기호학 연구」 15 (2004): 51.

39) 지라르, 『문화의 기원』, 61.

훨씬 더 세련된 신화가 아닐까 하는 아주 소박한 의문을 품을 수 있다.[40] 그런데도 과거의 인류학자들이 복음서와 신화의 닮은 점을 '모두 다' 발견하지 못한 것은 역설적으로 바로 그들 자신의 반기독교적 정서 때문이라는 것이 지라르의 주장이다.[41] 하지만 지라르는 복음서와 신화가 이렇게 서로 닮았음에도 불구하고 둘 사이에는 결정적인 차이가 있다고 말한다. 지라르는 신화와 복음서의 비교를 통하여 오히려 복음서만의 독특함, 즉 복음서의 계시를 발견한다.

1. 신화

신화의 내용은 거의 항상 극도의 무질서 상태에서 시작한다. 그런데 신화에 의하면 이런 상태는 '원래부터' 그랬던 것이 아니라, 사회나 자연이 정상에서 벗어났거나 혹은 이 세상이 다 완성되지 않아서, 즉 일종의 탈선이나 미완성 때문에 그런 혼란이 생겨나는 것으로 되어있다. 평화를 깨뜨리는 요인으로는 정체 모를 '전염병'이 가장 많고, 또 기아나 홍수, 가뭄 그리고 다른 자연 재앙 등 그 사회와 문화 체계에 전면적인 파괴와 위협을 주는 위기들이다. 이 위기는 거의 언제나 폭력으로 해결되는데, 이 폭력은 집단적이지는 않더라도 집단 전체에 영향을 끼친다. 유일한 예외가 있다면 그것은 원수 관계에 있는 형제나 쌍둥이가 싸워서 한쪽이 다른 한쪽을 이기는 '결투'의 폭력이다. 여기에는 폭력에 '앞선', 집단에 갈등을 일으키고 집단을 해체하는 모방, 그리고 폭력 '이후' 그 폭력 덕분에 생겨나는 집단을 화해시키고 통일시키는 모방을 암시하는 대목이 항상 들어있다.[42]

---

40) 지라르, 『나는 사탄이 번개처럼 떨어지는 것을 본다』, 139.
41) 지라르, 『나는 사탄이 번개처럼 떨어지는 것을 본다』, 136.
42) 지라르, 『나는 사탄이 번개처럼 떨어지는 것을 본다』, 86-87.

신화에서는 처음에 토템 체제를 파괴하는 자라며 린치를 당하던 사람이 끝에 가서는 바로 그 체제를 재건하거나 새로운 체제를 만드는 경우가 흔하다. 만장일치의 폭력에 의해 악한 자가 선하게 변하는 것은 아주 경이롭지만 동시에 신화에서는 너무나 평범한 일이다. 그래서 대부분의 신화에서 이런 변화는 직접 언급되지 않는다. 다만 암시되어 있을 뿐이다. 신화의 끝에 가서 폭력적 만장일치가 공동체를 화해시킨다는 것과 그리고 공동체 위기에 '책임이 있는', 그래서 '죄가 있는' 바로 그 희생양에서 이런 화해의 힘이 나온다는 것을 알고 나면 이 모든 것이 설명될 수 있다. 그러므로 희생양은 변화를 두 번 겪는 셈이다. 첫 번째 변화는 해를 끼치는 부정적인 변화이고 두 번째 변화는 이로움을 주는 긍정적인 변화다.[43]

3세기경의 그리스 작가인 필로스트라토스가 남긴 『티아나의 아폴로니우스의 생애』라는 글에 보면, 에페소스 사람들은 도시에 퍼져 있던 페스트에 대해 온갖 방법을 강구해 보았지만 백방이 무효였다. 그래서 그들은 아폴로니우스를 찾아가 부탁을 한다. "힘내십시오. 바로 오늘 안으로 이 병을 퇴치하겠습니다." 이렇게 말한 그는 사람들을 모두 극장으로 데리고 갔는데 거기에는 수호신의 그림이 세워져 있었다. 또 거기에는 거지 한 명이 있었는데 넝마를 걸친 그는 빵 부스러기가 들어있는 주머니를 하나 들고서 장님처럼 눈을 깜박이고 있어 왠지 혐오감을 주었다. 거지 주위에 둘러 서 있는 에페소스 사람들에게 아폴로니우스는 이렇게 말했다. "돌을 들어 모든 신의 적인 저 녀석에게 돌을 던지시오." 아무 영문도 모르던 사람들은 자신들에게 자선을 간청하는, 누가 보아도 애처로운 그 사람을 죽인다는 생각에 분노를 금할 수 없

---

43) 지라르, 『나는 사탄이 번개처럼 떨어지는 것을 본다』, 89.

었다. 그러나 아폴로니우스는 굽히지 않고 거지에게서 물러서지 말고 계속 돌을 던지라고 그들을 몰아붙였다.

몇 사람이 먼저 거지에게 돌을 던지기 시작하자 그때까지 장님처럼 두 눈을 깜박거리기만 하던 그 거지가 갑자기 이글거리는 두 눈을 부릅뜨고 날카롭게 쳐다보았다. 그제야 에페소스 사람들은 그 거지가 사실은 악마란 사실을 눈치채고서 자발적으로 돌을 던지기 시작했는데 얼마나 많은 돌을 던졌던지 거지 시체 주변에 커다란 돌무더기가 만들어질 정도였다.

잠시 뒤 아폴로니우스는 돌무더기를 헤치고 그들이 죽인 것을 확인시켰다. 돌을 들어내자 그들은 그 시체가 거지가 아니라는 것을 알게 되었다. 그 자리에는 몰로스 개와 닮은, 그러나 어미 사자만큼이나 커다란 짐승 하나가 있었다. 돌을 맞아서 곤죽이 된 그 짐승은 광견병에 걸린 개처럼 거품을 토한 채 쓰러져 있었다. 사람들은 악령을 좇아낸 바로 그 자리에다가 수호신 헤라클레스의 흉상을 세워주었다.[44]

이 신화에서 투석은 강한 모방 전염을 일으켜서 마침내는 도시의 모든 사람들이 그 불쌍한 거지에게 돌을 던지게 하는 것으로 되어있다. 에페소스 사람들이 처음에 약간 망설였다는 대목은 어두운 이 이야기에서 유일하게 밝은 빛이지만 아폴로니우스는 온갖 조처를 강구하여 이 빛을 끄는 데 성공한다. 희생양에 맹렬히 돌을 던지기 시작한 에페소스 사람들은 마침내 아폴로니우스가 보도록 요구했던 것을 그 희생양에서 보게 된다. 즉 이들은 그 거지를 병의 원인, 도시가 치유되려면 반드시 몰아내야 할 '페스트의 악령'으로 본다는 말이다.

지라르에 따르면 이 시대는 '페스트'란 말이 정확히 의학적인 의미

---

44) 지라르, 『나는 사탄이 번개처럼 떨어지는 것을 본다』, 69-70.

가 아닌 다른 의미로 사용되던 세상이었다. 이 말에는 거의 언제나 사회적인 차원이 들어있었다. 르네상스에 이르기까지 '진짜' 전염병이 창궐하는 곳이면 어디에서나 그 전염병이 사회관계를 교란했다. 그래서 역으로 관계가 교란되는 곳이면 어디에나 전염병이 돈다고 생각할 수 있었다. 만약 아폴로니우스가 페스트에 세균학적으로 접근하였다면 거지를 돌로 쳐 죽인 것은 이 '전염병'에 아무런 영향을 주지 못했을 것이다. 이 능란한 지도자는 이미 모든 소식을 알고 있었고, 도시가 내적 긴장에 사로잡혀 있고 이 긴장 상태를 이른바 '희생양'에 전가할 수 있다는 것을 알고 있었던 것이다.[45)

투석에 관해서 보자면 예수는 아폴로니우스와 정반대다. 거지에게 돌을 던지도록 선동하기는커녕 예수는 오히려 그런 행동을 막기 위해 모든 것을 다 한다. 요한복음 8장에 등장하는 간음하다가 현장에서 붙잡힌 여인에 대한 내러티브를 보면, 처음에 돌을 던지는 것을 꺼리던 에페소스 사람들이 평온한 마음씨를 갖고 있었던 것과는 달리 간음한 여인을 예수에게 끌고 온 사람들은 아주 호전적인 분위기에 휩싸여 있다. 이 두 이야기에서 모든 사건은 '첫 번째 돌'을 중심으로 진행되고 있다. 에페소스 사람들 중 어느 누구도 감히 먼저 돌을 던지지 못했기 때문에 아폴로니우스의 '기적'에서 이 지도자의 주요 근심거리는 바로 이 첫 번째 돌이었던 것이다. 아폴로니우스는 자기가 원하는 대로 첫 번째 돌이 움직이도록 착한 악마처럼 스스로 동분서주해야 했다. 그래서 그는 에페소스 사람들이 돌로 쳐 죽이는 구체적인 현실을 잊어버리도록 우스꽝스러운 웅변조로 그 거지가 '신들의 적'이라고 외친다. 예수도 눈앞의 문제를 해결하긴 하지만 그 방향은 아폴로니우스와는 정

---

45) 지라르, 『나는 사탄이 번개처럼 떨어지는 것을 본다』, 71-73.

반대다. 즉 예수는 폭력에 반대하는 쪽으로 자신의 힘을 행사한다. 두 기록은 그 정신에 있어서 아주 정반대에 처해 있지만 기묘하게 서로 닮아있다. 기원이 서로 다르다는 사실을 염두에 둘 때 이 두 기록이 닮았다는 것은 아주 의미심장하며, 그래서 우리는 군중의 행동을 단순한 폭력이나 비폭력으로 보아서는 안 되고 이를 모방으로 보아야 한다.46)

아폴로니우스의 기적에서 거지를 악령으로 만든 뒤에 변형의 힘이 더 강했다면 그에 대한 신격화까지 연결될 수 있었을 것이다. 지라르에 따르면 아폴로니우스의 기적은 초벌 상태의 신화다. 하지만 이 이야기가 신화 발생을 이해하는 데 그야말로 정말 가치가 있는 이유는 바로 이처럼 밋밋하고 불완전한 상태 때문이다. 보통 신화에서는 그 기원이 아주 단단한 형태를 띠고 있어서 알아내기가 힘든 데 비해, 이 이야기는 하나의 기원을 두 번의 장면으로 해체하고 있다. 아폴로니우스의 기적 이야기는 첫 번째 변형만 나타나고 있어서 우리에게 공포를 주는 것이다. 두 번째 변형은 없다. 이 공백을 메우기 위해 이 이야기는 헤라클레스에게 구조를 요청하고 있다. 즉 "(그 기적 때문에) 사람들은 악령을 쫓아낸 바로 그 자리에다가 수호신 헤라클레스의 흉상을 세워주었다"라는 구절이 바로 그것이다. 지라르에 따르면 신화와 성서에는 집단 살해나 그 변형이 많이 나타나 있으며, 이런 집단 살해를 그리는 기록은 사실을 있는 그대로 묘사하고 있다. 따라서 신화에 나타나는 폭력을 순전히 상징적으로만 보는 해석은 잘못이다.47)

---

46) 지라르, 『나는 사탄이 번개처럼 떨어지는 것을 본다』, 75-79.
47) 지라르, 『나는 사탄이 번개처럼 떨어지는 것을 본다』, 87-93.

2. 성서에 나타난 모방이론

지라르는 비록 잘 알려지지는 않지만 성경에도 욕망과 갈등에 대한 생각이 들어있다고 말한다. 주목해야 할 것은 십계명 중 마지막 열 번째 계명이다. "네 이웃의 집을 탐내지 말라 네 이웃의 아내나 그의 남종이나 그의 여종이나 그의 소나 그의 나귀나 무릇 네 이웃의 소유를 탐내지 말라"(출 20:17). 지라르에 따르면 이 계명은 어떤 '행위'를 금하기보다는 어떤 '욕망'을 금하고 있다.[48]

지라르에 따르면 '탐내다'로 번역된 이 말의 히브리어는 단순히 '욕망하다'라는 의미다. 이웃의 '소유'를 탐내지 말라는 이 계명은 단지 소수의 지엽적인 욕망의 금지를 명하는 것이 아니라 모든 사람들의 욕망, 간단히 말해 욕망을 문제 삼는 것이 틀림없다.[49] 지라르는 다음과 같이 말한다.

> 이 열 번째 계명이 명시적으로 규정하고 있지 않지만 살짝 내비치고 있는 것은 실은, 욕망 이해에 있어서의 '코페르니쿠스적인 혁명'이다. 사람들은 욕망이 객관적이거나 아니면 주관적이라고 생각하고 있다. 하지만 욕망은 사실 그 대상을 가치 있게 만드는 타인에 근거하고 있는데, 이 타인은 곧 가장 가까이 있는 제삼자 즉 이웃이다. 사람들 사이의 평화를 유지하기 위해서는, '이웃의 우리 욕망의 모델'이라는 분명히 확인된 이 중요한 사실에 비추어서 금기를 보아야 한다. 이것이 바로 내가 '모방 욕망'이라 부르는 것이다.[50]

따라서 지라르는 이 열 번째 계명을 최고의 계명으로 생각한다. 십계명의 입법자는 명철하게도 앞선 네 계명(6-9계명)에서 금지하고 있는 폭력의 원인이 바로 이 욕망에 있다는 것을 알았기 때문에 제일 마

---

48) 지라르, 『나는 사탄이 번개처럼 떨어지는 것을 본다』, 19.
49) 지라르, 『나는 사탄이 번개처럼 떨어지는 것을 본다』, 20.
50) 지라르, 『나는 사탄이 번개처럼 떨어지는 것을 본다』, 22.

지막 계명으로 한 것이고, 이 열 번째 계명만 잘 지켜지면 앞선 네 계명은 없어도 되는 동어 반복이 되고 말 것이기 때문이다.[51]

지라르는 예수가 복음서에서 모방적 경쟁상태에 대해 경고하였다고 말한다. "누구든지 나를 믿는 이 작은 자 중 하나를 실족하게 하면 차라리 연자 맷돌이 그 목에 달려서 깊은 바다에 빠뜨려지는 것이 나으니라 … 만일 네 눈이 너를 범죄를 하게 하거든 빼 내버리라 한 눈으로 영생에 들어가는 것이 두 눈을 가지고 지옥 불에 던져지는 것보다 나으니라"(마 18:6-9). 그것은 바로 스캔들scandale[52]이다. 이 말의 히브리어 어원처럼 '스캔들'은 부딪쳤다가 쉽게 피할 수 있는 그런 일반적인 장애물이 아니라 거의 피할 수 없는 기묘한 장애물이다.

> 나는 신화와 성서에 나오는 폭력은 모두 실제로 일어난 사건으로 보아야 한다고 생각한다. 그런데 이런 실제 사건이 모든 문화권에서 되풀이해서 일어나고 있다. 이는 어떤 유형의 갈등이 인간 사회에 보편적으로 존재하고 있기 때문일 것이다. 이 갈등은 바로 모방적 경쟁 관계인데 이를 두고 예수는 '스캔들'이라 부른다.[53]

지라르에 따르면 베드로는 모방 전염의 좋은 예다. 예수는 베드로가 자신을 부인할 것이라고 예언하는데, 지라르는 베드로의 부인이 이 제자의 존재에서 일어나는 스캔들, 즉 갈등적인 모방 때문이라고 밝히고 있다. 베드로가 시시각각 그를 압박하는 외부의 압력을 이겨내지 못하고, 그래서 베드로 자신이 모방의 꼭두각시라는 것을 네 복음서 모두가 보여주고 있다는 것이다. 베드로는 예수를 진심으로 사랑했지만, 그

---

51) 지라르, 『나는 사탄이 번개처럼 떨어지는 것을 본다』, 25.
52) 이 말의 원뜻은 길을 가다가 '부딪치면 넘어지는 돌'(걸림돌)이지만, 성경에서는 흔히 '죄의 기회' 혹은 '죄의 유혹' 또는 '장애물'로 옮겨지는 등 문맥에 따라 달리 옮겨지고 있다. 지라르, 『나는 사탄이 번개처럼 떨어지는 것을 본다』, 30, 각주 1 참조.
53) 지라르, 『나는 사탄이 번개처럼 떨어지는 것을 본다』, 13.

가 예수를 적대시하는 무리 속에 빠져들게 되자 이 제자도 예수에 대한 군중들의 적대감을 모방하지 않을 수 없게 된 것이다.[54]

또 지라르는 모방 위기에 의한 차이 소멸과 짝패 현상을 나타내는 성경 구절로 이사야서를 들고 있다. 지라르는 "외치는 자의 소리여 이르되 너희는 광야에서 여호와의 길을 예비하라 사막에서 우리 하나님의 대로를 평탄하게 하라 골짜기마다 돋우어지며 산마다, 언덕마다 낮아지며 고르지 아니한 곳이 평탄하게 되며 험한 곳이 평지가 될 것이요 여호와의 영광이 나타나고 모든 육체가 그것을 함께 보리라 이는 여호와의 입이 말씀하셨느니라."(사 40:3-5)의 말씀을 차이가 소멸하고 모든 개인들이 '짝패'로 변하는 모방 위기를 표현하는 것이라고 해석한다. 즉, 차이가 없어지는 짝패의 과정을 산의 함몰과 골짜기의 메움, 평지가 되는 것으로 표현하고 있다는 것이다.[55] 그러나 이것은 그동안 전통신학에서 메시아의 종말론적인 오심을 말하는 것으로 해석되어 왔다. 따라서 지라르의 이런 해석이 과연 신학적으로 근거 있는 해석인지 매우 의심스러우며, 나중에 그의 십자가 이해에 대한 평가에서 살펴봐야 할 내용이다.

지라르는 살인을 저지르는 포도 소작인들에 관한 비유(마 21:33-41)가 모방 사이클[56]을 보여준다고 주장한다. 포도원 주인이 그 소작인들에게 사자(使者)를 보낼 때마다 이 소작인들은 위기를 느낀다. 그래서 이들은 그 사자를 제거하기로 만장일치로 합의함으로써 위기를 해결한다. 여기서 만장일치 합의는 바로 모방의 용광로이고, 폭력에 의한 모

---

54) 지라르, 『나는 사탄이 번개처럼 떨어지는 것을 본다』, 34-35.

55) 지라르, 『나는 사탄이 번개처럼 떨어지는 것을 본다』, 47.

56) 지라르에 의하면 모방 사이클은 모방 경쟁에 의한 위기, 집단 폭력, 그리고 신의 발현(출현)이라는 세 단계로 이루어지는 모방 메커니즘의 전체 과정을 의미한다. 지라르, 『나는 사탄이 번개처럼 떨어지는 것을 본다』, 139.

든 추방은 모방 사이클의 완성이라는 것이 지라르의 주장이다.57)

지라르는 창세기에 나오는 원죄를 모방이론과 관련하여 설명한다. 지라르에 따르면 원죄는 모방을 잘못 사용한 것이다. 그리고 모방 메커니즘은 집단적인 차원에서 모방을 잘못 사용한 중요한 결과이다.58) 지라르는 자신의 모방이론이 신학의 '인간론'에 보다 구체적인 생각을 제공한다고 본다. "모방 사이클과 희생양 메커니즘의 개념이 신학과 복음서는 '신의 이론'이기 전에 '인간의 이론' 즉 '인류학'이라는 시몬느 베유의 생각에 구체적인 내용을 제공해주고 있다."59)

비록 전통신학에서는 원죄를 죄책과 부패로 설명하지만60) 그 내용이 추상적인 데 반해 지라르의 이론은 모방 욕망과 희생양 메커니즘이라는 구체적인 내용을 가지고 있는 것이 사실이다. 하지만 문제는 죄의 개념을 오직 모방이론으로만 설명하는 데 있다. 죄의 포괄성과 심각성에 비추어 볼 때 그것을 모방이론만으로 설명하는 것은 분명한 한계가 있어 보인다.

또 지라르는 복음서가 사탄을 우리의 욕망의 모델로 제시한다고 주장한다. 예수는 사탄을 스캔들과 같다고 보신다. 예수는 자기 죽음에 대해 부정적으로 대하는 베드로를 향해 "사탄아 물러가라 너는 나의 스캔들이다"라고 말씀하신다.61) 지라르에 따르면 사탄은 실체가 없는 존재이다. "악마에게는 고정된 기초가 없으며 '존재'는 더더욱 없다. 자신이 마치 실제로 존재하는 것처럼 보이기 위해 악마는 신의 피조물

---

57) 지라르, 『나는 사탄이 번개처럼 떨어지는 것을 본다』, 63.
58) 지라르, 『문화의 기원』, 111.
59) 지라르, 『나는 사탄이 번개처럼 떨어지는 것을 본다』, 64.
60) Louis Berkhof, *Systematic Theology*, 권수경・이상원 역, 『벌코프 조직신학』, (고양: 크리스천 다이제스트, 2001), 449.
61) 지라르, 『나는 사탄이 번개처럼 떨어지는 것을 본다』, 50-51.

에 붙어서 기생해야 한다. 이렇듯 악마는 완전히 모방적인 존재라서, 존재하지 않는다고 말해도 틀린 말이 아닐 것이다."[62] 지라르에게 사탄은 강렬한 모방 그 자체일 뿐이다. 이처럼 지라르는 개선된 귀신론(demonology)을 사용하여 사탄을 비롯한 바울 서신에 나오는 "통치자들과 권세들"(principalities and powers)로부터 전통적인 인격적 특징들을 제거한다.[63]

지라르에 의하면 사탄은 자기 추방 능력을 갖추고 있다. 지라르는 마가복음 3장 23절의 "사탄이 어찌 사탄을 쫓아낼 수 있느냐"라는 말씀의 의미를 문자 그대로 받아들여야 한다고 주장한다.[64] 즉 사탄은 스스로를 쫓아낼 수 있고, 사탄이 스스로를 추방하는 것은 자기 왕국을 유지하기 위한 것이라는 주장이다.

> 추방당한 사탄은 그 사회가 스캔들의 도가니로 변할 때까지 모방의 경쟁 관계를 부추겼던 사탄이고, 추방하는 사탄은 희생양 메커니즘이 발동될 정도로 충분히 뜨거워진 바로 그 도가니다. 자신의 왕국의 파멸을 막기 위해 사탄은 그 절정에 이른 자신의 무질서를 자신을 추방하는 수단으로 삼는다. … 사탄이 단순한 파괴자였다면 그는 오래전에 자기 영역을 상실하였을 것이다. 무엇이 사탄을 이 세상 모든 왕국의 주인으로 만들었는지를 이해하려면 예수의 말을 문자 그대로 받아들여야 한다. 즉 무질서가 무질서를 물리친다는 것, 달리 말해서, 실제로 사탄이 사탄을 물리친다는 것을 그대로 받아들여야 한다는 말이다.[65]

---

62) 지라르, 『사탄이 번개처럼 떨어지는 것을 본다』, 61.

63) 부르스마, 『십자가, 폭력인가 환대인가』, 258.

64) 그러나 "예수께서 그들을 불러다 비유로 말씀하시되 사탄이 어찌 사탄을 쫓아낼 수 있느냐 또 만일 나라가 스스로 분쟁하면 그 나라가 설 수 없고 만일 집이 스스로 분쟁하면 그 집이 설 수 없고 만일 사탄이 자기를 거슬러 일어나 분쟁하면 설 수 없고 망하느니라. 사람이 먼저 강한 자를 결박하지 않고는 그 강한 자의 집에 들어가 세간을 강탈하지 못하리니 결박한 후에야 그 집을 강탈하리라."(막 3:23-27)의 말씀은 문맥상 서기관들의 비난, 즉 예수님이 사탄의 힘을 빌려 귀신을 쫓아낸다는 비난에 대해 반박하시는 말씀으로 이해해야 한다.

65) 지라르, 『나는 사탄이 번개처럼 떨어지는 것을 본다』, 53.

지라르에 따르면 "사탄은 모방의 전체 과정을 뜻할 수도 있고 그중의 한순간을 뜻할 수도 있다."66) 지라르는 "신화가 진실을 말하지 않고 거짓을 말하는 것은 공동체가 모방 회오리67)와 희생양 메커니즘에 휘둘리기 때문인데, 신화 이야기의 진정한 '주체'인 모방 회오리는 언제나 감추어져 있다. 복음서가 사탄이나 악마로 부르는 것이 바로 그것이다"68)라고 말한다.

사탄은 자신이 유발한 혼란이 너무 커지면 그 혼란을 해소하는 일종의 해독제가 된다. '만인에 대한 만인의 반대'를 '일인에 대한 만인의 만장일치적 반대'로 변화시킴으로써 이 세상의 통치자인 사탄은 군중들의 분노를 진정시켜 인간 사회를 지속시키는 데에 꼭 필요한 평온을 재건함으로써 자신의 왕국이 완전히 파괴되는 것을 막을 수 있다.69) 말하자면 희생양 메커니즘은 이 세상을 다스리는 사탄의 통치 수단인 것이다. 지라르에 따르면 "예수와 같이 사탄도 사람들이 자신을 모방하기를 바란다."70) 사탄은 분명 그리스도보다 모방하기가 훨씬 더 쉽다. 왜냐하면 사탄은 우리에게 도덕이나 금기를 무시하고 우리 자신의 기호에 따르라고 권유하기 때문이다.71)

---

66) 지라르, 『사탄이 번개처럼 떨어지는 것을 본다』, 62, 그러나 『문화의 기원』에서는 "사탄은 모방 메커니즘의 전체를 지칭"한다고 말하기도 한다. 지라르, 『문화의 기원』, 144.

67) 『나는 사탄이 번개처럼 떨어지는 것을 본다』의 영어책 번역자인 James G. Williams는 '갈수록 커져만 가는 눈덩이'에 비유해서 'mimetic snowballing'이라고 옮기고 있다. 하지만 이 책의 한국어 번역자인 김진식은 우리말 표현을 고려하여 '모방 회오리' 또는 '모방의 회오리'라고 옮기고 있다. 지라르는 "우리는 따로따로 존재하던 모든 스캔들을 하나의 희생양을 향하는 단 하나의 스캔들로 묶어내는 것을 두고 '모방의 회오리'라 부를 수 있을 것이다"라고 말한다. 지라르가 말하는 '스캔들'은 모방적 경쟁상태를 의미하는 것이므로, '모방의 회오리'는 모방적 경쟁과 갈등을 통해 '만인의 만인에 대한' 폭력인 '모방 위기'를 만들어내는 것이다. 지라르, 『나는 사탄이 번개처럼 떨어지는 것을 본다』, 40-41.

68) 지라르, 『나는 사탄이 번개처럼 떨어지는 것을 본다』, 186.

69) 지라르, 『나는 사탄이 번개처럼 떨어지는 것을 본다』, 55-56.

70) 지라르, 『나는 사탄이 번개처럼 떨어지는 것을 본다』, 50.

71) 지라르, 『나는 사탄이 번개처럼 떨어지는 것을 본다』, 50.

3. 신화와 구약성서

지라르의 이론에 의하면 고대사회에서는 희생양 메커니즘이 작동할 때마다 새로운 신이 생겨난다. 그러나 유대교는 이런 식으로 신을 만들어내는 장치를 처음부터 엄격히 거부했다. 지라르는 이스라엘의 유일신론은 그들이 자신들의 희생양을 신격화하지 못하도록 방지하였다고 말한다.[72]

지라르는 신화와 복음서에는 공통으로 세 단계의 모방 사이클(위기, 집단 폭력, 신의 출현)이 나타난다고 주장한다. 그런데 신화와 복음서에 공통으로 나타나던 모방 사이클이『구약성서』이야기에서는 부분적으로만 나타나고 있다.『구약성서』에도 모방 위기와 집단 살해는 나타나고 있지만 세 번째 단계, 즉 희생양이 신성하다는 것을 보여주는 희생양의 부활과 종교적인 것의 출현은 빠져 있다는 것이다. 다시 말해『구약성서』에는 모방 사이클의 첫 두 단계만 나오고 있다는 것이다.[73]

지라르는 신화(오이디푸스)와『구약성서』이야기(요셉 이야기)가 독자들이 생각하는 것보다 훨씬 더 가깝고 훨씬 더 닮아있다고 말한다. 오이디푸스와 요셉 이야기는 다 같이 두 주인공의 '어린 시절'부터 시작하고 있다. 둘 다 이야기의 서두는 가족에게 일어난 위기로 시작하여 어린 주인공이 가족에 의해 추방됨으로써 그 위기가 해소되는 것으로 되어있다. 지라르는 두 이야기 모두에서 모방 위기와 희생양 메커니즘, 즉 어떤 집단이 한 구성원에 대해 만장일치로 반대하여 그를 폭력적으로 추방하는 것을 쉽게 확인할 수 있다고 말한다.[74]

그러나 지라르는 이들의 공통점을 알게 됨으로써 오히려『구약성서』

---

72) 지라르,『나는 사탄이 번개처럼 떨어지는 것을 본다』, 107.
73) 지라르,『나는 사탄이 번개처럼 떨어지는 것을 본다』, 139.
74) 지라르,『나는 사탄이 번개처럼 떨어지는 것을 본다』, 140-141.

와 신화 사이의 분명한 간극, 건널 수 없는 심연을 볼 수 있다고 주장한다. 즉, 신화와 이『구약성서』이야기는 집단 폭력이 제기하는 결정적인 문제, 즉 그 정당성과 합법성의 문제에서 분명한 차이를 드러내고 있다. 신화에서 주인공의 추방은 매번 정당화되고 있지만, 이『구약성서』이야기에서 주인공의 추방은 전혀 그렇지 않다. 집단 폭력이 정당화되지 않는다는 말이다.75)

신화는 항상 "그는 유죄인가?"라는 질문을 던지고는 "그렇다"라고 대답한다. 이오카스테와 라이오스가 오이디푸스를 추방한 것은 옳은데, 그것은 오이디푸스가 곧 친부살해와 근친상간을 범할 것이기 때문이라거나 테베가 오이디푸스를 추방한 것도 옳았는데 그 이유도 마찬가지로 오이디푸스가 그런 범죄를 저질렀기 때문이라는 식이다. 그러나 요셉의 경우는 모든 것이 오이디푸스와는 역방향으로 진행된다. "그는 유죄인가?"라는 질문을 똑같이 던지지만, 그 대답은 전혀 다른 세상을 제시한다.76)

특히『구약성서』이야기에는 폭력에 관한 깊은 성찰이 들어있다. 요셉 이야기에서 요셉의 마지막 승리는 단순한 '해피엔딩'이 아니다. 이 이야기는 폭력적 추방 문제를 드러내놓고 제기하는 것이다. 그것은 신화와 달리 항상 뒤따라오는 복수가, 복수의 고리를 단번에 끊어버릴 수 있는 용서로 대체된다는 사실이다.77) 지라르에 따르면『구약성서』이야기는 집단 폭력을 정당화하는 일반적인 신화의 경향, 즉 신화가 가진 비난과 복수의 성격과 경향을 비판하려는 의도를 가진 것이다.78)

---

75) 지라르,『나는 사탄이 번개처럼 떨어지는 것을 본다』, 142. 신화에서 오이디푸스의 추방은 부친살해와 모친과의 동침을 예고하는 신탁과 페스트에 의해 정당화되지만, 성경에서 요셉의 추방은 비난받는다.

76) 지라르,『문화의 기원』, 113-114.

77) 지라르,『나는 사탄이 번개처럼 떨어지는 것을 본다』, 145.

지라르에 따르면『구약성서』의 이야기와 오이디푸스 신화 혹은 여타의 신화 이야기 사이의 간극은 사소한 것이 아니다. 오히려 이들 사이의 간극이 하도 커서 이보다 더 큰 간극이 없을 정도다. 이 간극은 자의적인 폭력이 승리를 거두면서 결코 폭력의 정체가 알려지지 않는 세계와 그 반대로 같은 폭력의 정체가 드러나면서 고발을 당하다가 종국에 가서는 용서를 받는 세계 사이의 차이다. 이를 다른 말로 표현해 보면, 한쪽은 폭주하는 모방의 전염에 굴복하여 신화라는 거짓에 빠져든 세계고, 다른 한쪽은 똑같은 모방의 전염에 저항하면서『구약』이라는 진실의 세계에 남은 것이라 말할 수 있다.[79]

지라르에 따르면,『구약성서』의 특징은 현실을 낙관적으로 묘사하고 악의 힘을 축소하는 데에 있지 않다. 모방에 의한 '일인에 대한 만인의' 박해 현상을 객관적으로 '해석'하고, 신화만 있는 세계의 틀 속에서 모방 전염의 역할을 잘 포착하고 있는 데에 있다.『구약성서』의 세계에 나오는 사람들은 대체로 신화 세계에 나오는 사람들만큼 폭력적이고 또 그 세계에는 희생양 메커니즘도 많이 들어있다. 차이가 나는 것은『구약성서』, 정확히 말하면 이런 현상에 대한『구약성서』적인 해석이다.[80] 지라르는 욥기를 그 예로 든다.

> 「욥기」에서 가장 중요한 것은 다수를 따르는 순응주의가 아니라, 망설이고 주저하다가 결국에는 다시 제정신을 차려서 집단 전체의 모방 전염을 물리치고 박해에서 신을 구(求)함으로써 결과적으로 신을 박해자의 신이 아니라 희생양의 신으로 만든 주인공 욥의 대담함이다. 마침내 "나는 믿는다. 나의 변호인이 살아 있음을"이라고 말할 때 욥이 행한 것이 바로 이것이다(「욥기」, 19:25).[81]

---

78) 지라르,『나는 사탄이 번개처럼 떨어지는 것을 본다』, 147.
79) 지라르,『나는 사탄이 번개처럼 떨어지는 것을 본다』, 148-149.
80) 지라르,『나는 사탄이 번개처럼 떨어지는 것을 본다』, 149-150.
81) 지라르,『나는 사탄이 번개처럼 떨어지는 것을 본다』, 152.

지라르는 여기서 '변호인'이라는 말이 매우 중요하다고 말한다. 성령을 뜻하는 파라클레트(paraclet)라는 말과도 관련 있는 이 단어는 어원적인 의미에서 사탄을 뜻하기도 하는 고발자[82]가 제기하는 비난에 대항하는 사람을 나타낸다. 욥에게 세 친구는 고발자이며, 곧 사탄의 목소리이다.[83] 욥은 이 목소리에 이의를 제기하는 것이다. 따라서 유죄인 희생양과 무죄인 박해자가 무죄인 희생양과 유죄인 박해자로 뒤바뀌는 것이야말로 『구약성서』의 대표적인 관점이라는 것이 지라르의 주장이다.[84]

4. 복음서의 계시

지라르에 따르면 신화에 나타나는 신격화는 모방 사이클의 작동으로 잘 설명된다. 이런 신격화는 자신에게로 폭력을 끌어모으고 또 그 갈등을 흡수하면서 진정시키는 희생양의 타고난 재능에 기반을 두고 있다. 그 희생양을 악마로 만드는 전이가 강하면 강할수록 그 후에 나타나는 화해도 아주 완벽하게 그리고 아주 순식간에 나타나므로 기적처럼 보인다. 그러면서 이 화해는 첫 번째 변형작업에 이어지는 두 번째 변형작업, 즉 신화적인 신격화를 불러일으킨다.[85]

그러나 지라르에 의하면, 그리스도의 신격화에는 흔히 그보다 먼저 나타나는 악마로 만드는 전이 과정이 빠져 있다. 어떤 기독교 신자들도 예수가 죄가 있다고는 생각하지 않는다. 그러므로 그리스도의 신격

---

82) 지라르에 따르면 사탄(Satan)은 히브리어로 '적대자' '반대자'를 뜻하는데, 70인역에 따르면 에피블로스(epiboulos: '음모를 꾸미다')로 번역된다. 이 말은 호디아볼로스(hodiabolos: 비방자, 헐뜯는 자)로 번역된 '고발자'를 뜻하기도 한다. 지라르, 『문화의 기원』, 108, 각주 1) 참조.

83) 지라르, 『문화의 기원』, 108-109.

84) 지라르, 『나는 사탄이 번개처럼 떨어지는 것을 본다』, 152.

85) 지라르, 『나는 사탄이 번개처럼 떨어지는 것을 본다』, 158.

은 신화의 신격화와 같은 과정에 근거한 것이 아니다. 그뿐 아니라 신화와는 반대로, 예수를 두고 신의 아들, 혹은 바로 신이라고 인정하는 사람들은 박해를 행하던 만장일치의 군중이 아니다. 이들은 전체에 반대하던 소수, 즉 그 사회에서 떨어져 나와 전체의 만장일치를 깨뜨리는 소그룹의 사람들로서, 예수 부활을 처음으로 목격한 사도들과 그 주위에 있던 사람들이다. 지라르에 따르면 신화에서는 이 같은 성격을 가진 소수의 사람의 예를 찾아볼 수가 없다. 신화의 신격화에서는 전체 사회가 크고 작은 두 그룹으로 나뉘면서 그중에서 작은 그룹의 사람들이 신의 신격을 주장하는 예를 찾아볼 수가 없다. 이런 점에서 기독교 계시의 구조는 독특하다고 말할 수 있다.[86]

지라르는 일단 희생양 메커니즘이 작동하면 일인에 대해 박해를 가하는 만장일치 된 만인들은 자신들이 가하는 폭력의 정체를 깨닫지 못한다고 주장한다. 왜냐하면 그들은 폭력의 강렬한 열정에 사로잡혀 있기 때문이다. 따라서 희생양 메커니즘이 정확하게 묘사되기 위해서는 우선 만장일치에 완전히 도달하거나 거의 근접해야 하되, 조금 뒤에는 이 만장일치에 작은 균열이 생겨나야 한다. 그리고 이 균열은 아주 작지만 신화 효과를 파괴하지 않고 그 뒤에 올 폭로를 가능하게 해야 하고, 또 그 폭로가 온 세상에 널리 퍼지기에 충분해야 한다. 지라르는 예수의 십자가형에 들어있는 것이 바로 이것이라고 말한다.[87]

복음서 이야기들은 말하자면, 우리 눈앞에서 만장일치에 균열이 일어나는 유일한 기록이다. 그리고 이 균열은 사도들의 무기력 다음에, 그리고 심지어는 그렇게 예수가 말했던 가르침에도 불구하고 사도들에

---

86) 지라르, 『나는 사탄이 번개처럼 떨어지는 것을 본다』, 158-159.
87) 지라르, 『나는 사탄이 번개처럼 떨어지는 것을 본다』, 160.

게서 폭력적 모방의 막강한 힘이 드러난 뒤[88])에 오는 만큼 더 놀라운 것이다. 복음서는 신화 발생의 모든 진실과 모방에 들어있는 환상적인 힘을 드러낼 뿐 아니라, 신화가 스스로 속고 있기 때문에 드러내지 못하는 모든 것을 드러내고 있다.[89]) 그러므로 지라르는 "나는 오로지 복음서에서 드러나는 계시에 힘입어서 신화 제의 체제와 인류문명 전체에 대한 일관성 있는 해석을 할 수 있었다"라고 말한다.[90])

지라르에 따르면, 신화의 작업은 '무지' 혹은 심지어 '박해의 무의식'[91])에 기초해 있는데, 이런 것을 신화는 결코 표현하지 않고 있다. 신화 자체가 거기에 젖어 있기 때문이다. 그러나 복음서는 이 무의식을 정확히 표현하고 있다. 그중 가장 중요한 기록은 「누가복음」이라고 지라르는 말한다. 십자가에서 죽어가면서 하는 다음과 같은 예수의 유명한 말이 있다. "아버지 저들을 사하여 주옵소서 자기들이 하는 것을 알지 못함이나이다"(눅 23:34). 지라르에 의하면 이것은 예수가 모방에 의해 움직인 사람들이 자신들을 움직이게 한 그 모방을 보지 못한다는 것을 말하는 것이다.[92])

지라르는 '희생양'에 관한 두 가지 유형의 텍스트가 있다고 말한다. 하나는 그 희생물이 희생양이란 것을 말해주고 있지는 않지만 우리로 하여금 그들 대신 그것을 말하게 하는 텍스트들이며, 다른 하나는 그 희생물이 바로 희생양이라고 말해주는 텍스트이다. 텍스트가 보여주는

---

88) 지라르에 따르면 예수의 두 제자가 예수의 오른편과 왼편에 앉길 원한 것이나, 베드로가 예수를 잡으러 온 대제사장의 종의 귀를 자른 것, 베드로가 예수를 부인한 것, 그리고 유다가 예수를 팔아넘긴 것 모두 모방의 꼭두각시 역할을 한 것으로 볼 수 있다.

89) 지라르, 『나는 사탄이 번개처럼 떨어지는 것을 본다』, 160.

90) 지라르, 『나는 사탄이 번개처럼 떨어지는 것을 본다』, 161.

91) 지라르는 이것을 '인지불능'으로 표현하기도 한다. 지라르, 『문화의 기원』, 95.

92) 지라르, 『나는 사탄이 번개처럼 떨어지는 것을 본다』, 161-162.

희생양은 텍스트 '안'의, 그리고 그 텍스트를 '위한' 희생양이다. 이에 비해 우리 스스로 텍스트에서 찾아내야 하는 희생양은 텍스트 '의' 희생양이다. 그러므로 희생양의 텍스트에 대해 논할 때는 언제나 그것이 텍스트 '의' 희생양(감추어진 구조 원칙)인지 아니면 텍스트 '속'의 희생양(잘 드러나 보이는 희생양)인지를 우선 따져보아야 한다. 지라르는 전자의 경우만이 박해의 기록이라고 주장한다. 이 텍스트는 희생양 효과에 의해 지배받고 있지만 희생양에 대해 말하고 있지는 않다. 반면, 후자의 텍스트는 희생양 효과를 말하고 있지만 그것에 지배받고 있지는 않다. 성서가 바로 그것이다.[93]

결론적으로 지라르의 이론에 따르면, 신화에서 희생양 메커니즘은 항상 희생양에는 불리하고 박해자에게는 유리한 쪽으로 왜곡되어 있다. 그러다가 『구약』에 들어오면 진실이 자주 암시되고 언급되고 있으며, 부분적이지만 겉으로 표현되기도 한다. 하지만 이때에도 완벽하게 표현되지는 않는다. 그러나 복음서에 와서는 상황이 완전히 달라지는데, 복음서는 전체적으로 볼 때 정말 문자 그대로 이때까지 감추어져 있던 진실의 표현이라 할 수 있다.[94] 복음서는 폭력의 정체를 명확히 드러냄으로써 진리를 온전하게 계시한다.

박해의 측면에서 보자면 예수의 수난 그 자체는 특이할 것이 하나도 없다. 세상의 권력 기관들이 모두 하나로 동맹한 것도 특이한 것이 아니다. 모든 신화의 기원에는 항상 이런 동맹이 있었다. 놀랄 만한 것은 성서 기록자들이 그런 동맹의 만장일치를 강조하고 있지만 그 강조는 모든 신화 텍스트나 정치적 텍스트, 심지어는 모든 철학 텍스트들처럼

---

93) René Girard, *Le bouc émissaire*, 김진식 역, 『희생양』 (서울: 민음사, 1998), 193-196.
94) 지라르, 『나는 사탄이 번개처럼 떨어지는 것을 본다』, 174.

그 동맹의 만장일치에 빠져들거나 아니면 그 심판에 복종하기 위해서가 아니라, 그것의 완전한 과오, 전형적인 비(非)진리를 고발하기 위해서였다는 것이다.[95]

제 3 절 지라르가 이해하는 십자가의 성격

지라르에 따르면 성서는, 구약에서부터 신약 복음서에 이르기까지 폭력의 정체를 폭로하는 점진적 과정이다. 지라르에게 희생은 폭력을 일정한 방향으로 배출시키는 일종의 "대체 폭력(violence de rechange)"인데, 구약의 희생제사 역시 그러하다. 하지만 이러한 지라르의 입장은 우리 개혁신학과의 근본적 분열을 가져오는 계기가 된다.

지라르에 따르면 신화와 마찬가지로 그리스도의 십자가 역시 위기, 집단 살해, 신성화라는 희생양 메커니즘 3단계를 적나라하게 보여준다. 하지만 만약 그리스도의 십자가가 희생양 메커니즘에 굴복했다면 우리는 이 같은 사실을 절대 알지 못했을 것이다. 지라르는 복음서가 희생양 메커니즘에 생긴 균열로 말미암아 드러나는 사탄의 희생양에 대한 비난을 폭로한다고 주장한다.

지라르에 따르면 그동안 인류는 자신이 피할 수 없는 폭력, 희생양 메커니즘에 사로잡혀 있다는 것을 까맣게 모른 채 사탄의 종노릇 해왔다. 사탄은 인간이 모방 욕망의 필연적 결과로서 모방 회오리에 따른 공동체의 위기가 올 때마다 '만인의 일인에 대한 폭력'이라는 대체 폭력을 통해 인간을 통제해왔는데, 이제는 그것이 불가능하게 되었다. 그

---

95) 지라르, 『희생양』, 189.

리스도의 십자가가 인지불능 상태에 있는 인류에게 복음서를 통해 그 것을 드러내고 폭로했기 때문이다. 따라서 희생양 메커니즘에 대한 폭로야말로 사탄에 대한 십자가의 승리가 아닐 수 없다. "십자가로 인해 진리가 승리를 거두는데, 그것은 복음서에서 예전의 비난이 헛되었음을 폭로하기 때문이다."[96] 하지만 지라르가 이해하는 십자가의 승리는 전통적인 '승리자 그리스도 이론'과는 차이가 있다. '승리자 그리스도 이론'은 그리스도의 삶, 죽음, 부활을 악마에 대한 그리스도의 승리로 보는 반면, 지라르는 희생양 메커니즘에 대한 폭로 자체를 사탄에 대한 승리로 여기기 때문이다.

한편, 지라르의 십자가 이해에 승리자 그리스도 요소만 있는 것은 아니다. 그는 우리 인간이 모방의 회오리, 즉 희생양 메커니즘에 빠지지 않는 유일한 길은 예수를 모방하는 것이라고 말함으로써 도덕 감화론적 요소도 도입한다. 그러나 그렇다고 해서 지라르가 아벨라르식의 속죄론을 본격적으로 도입하는 것은 아니다. 아벨라르는 십자가를 "하나님의 사랑의 최종적 입증"이라고 주장함으로써 우리에게 그와 같은 행위로 응답할 것을 호소하지만,[97] 지라르는 십자가에서 하나님의 사랑보다는 인간의 폭력과 사탄의 메커니즘에 대한 폭로를 발견한다.

희생양 메커니즘에 대한 폭로가 있다고 해서 그것이 곧바로 모방 폭력의 근절로 이어지는 것은 아니다. 지라르에 따르면 예수가 누가복음에서 "사탄이 번개처럼 떨어지는 것을 본다"라고 말한 것은, 사탄이

---

96) 지라르, 『나는 사탄이 번개처럼 떨어지는 것을 본다』, 175.

97) 아벨라르에 의하면, 예수의 죽음은 하나님을 달래기 위한 것이 아니라 우리를 향한 것이다. 인류를 향한 하나님의 크신 사랑을 드러낸 위대한 사건으로서 예수의 죽음은 우리를 하나님의 진노에 대한 공포로부터 해방하여 우리 안에 하나님을 사랑하고자 하는 욕구를 불붙인다. Stanley J. Grenz, *Theology of the Community of God*, 신옥수 역, 『조직신학-하나님의 공동체를 위한 신학』 (고양: 크리스천 다이제스트, 2003), 504.

그 순간 곧장 종말을 고했다고 말하는 것이 아니다. 오히려 사탄은 마지막 날이 다가오고 있기 때문에 사탄은 마지막 시간을 최대한 이용하여, 문자 그대로 맹위를 떨치고 있다. 하지만 십자가로 인해 그 정체가 드러났기 때문에 적어도 사탄은 자신이 갖고 있던 거짓 초월성, 즉 질서를 회복하는 능력(희생양 메커니즘)이 끝났다는 것을 말하는 것이다.[98]

아직도 우리 사회에는 희생양 현상이 여전히 존재한다. 하지만 "우리가 폭력에서 얻어낸 지식이 희생양 현상을 없애지는 못하지만 그것을 약화해서 그 효력을 점차로 줄여나갈 수 있다. 이것이 바로 기독교가 묵시록을 기다리는 참된 의미다."[99]라고 지라르는 말한다.

1. 승리로서의 십자가

지라르에 따르면 속죄에 관한 중세와 현대의 이론들은 모두 신의 편에서 신의 명예와 정의 혹은 신의 분노, 구원의 장애물이 되는 것을 찾고 있다. 그러나 이 이론들은 그것을 찾아 마땅한 곳, 즉 죄를 지은 인류에게서, 인간들 사이의 관계에서, 사탄과 같은 갈등적 모방에서 그 장애물을 찾아내는 데 성공하지 못하고 있다. 이 이론들은 원죄에 대해서는 많이 이야기하지만 그 생각을 구체적으로 드러내지 못하고 있다.[100]

지라르는 성경이 말하는 원죄와 모방 사이에는 밀접한 관계가 있다고 본다. 지라르에 따르면 "원죄는 모방을 잘못 사용한 것인데, 모방 메커니즘은 집단적인 차원에서 모방을 잘못 사용한 중요한 결과"이다. 성경에서 아담과 하와가 선악과를 따 먹은 것도 비록 잘못된 동기이지만 하나님처럼 되고 싶은 욕망 때문이었다. 하와도 아담도 자발적으로

---

98) 지라르, 『나는 사탄이 번개처럼 떨어지는 것을 본다』, 232.
99) 지라르, 『나는 사탄이 번개처럼 떨어지는 것을 본다』, 231.
100) 지라르, 『나는 사탄이 번개처럼 떨어지는 것을 본다』, 189-190.

욕망한 것이 아니다. 그들 모두 뱀을 통해 욕망한 것이다. 지라르는 "뱀은 모방적 욕망 혹은 매개된 욕망"이라고 말한다.101)

지라르는 사탄의 관점에서 볼 때, 희생양 메커니즘은 세상을 통치하는 자기 추방의 수단으로서 사탄 자신의 재산이라고 주장한다. 그러나 십자가에서는 사탄 자신이 평소 이 메커니즘에 대해 행사하던 통제력을 그야말로 완전히 잃었다는 것이다.

> 사탄은 예수에게 희생양 메커니즘을 작동시킴으로써 실은 정반대의 것을 행하는 줄은 꿈에도 생각지 못하고, 자신의 왕국을 보호하고 자신의 재산을 보존한다고 믿었다. 그러나 그는 정확히 하나님이 원하는 대로 행동하였다. 그 결과를 짐작도 못하면서 스스로 자신을 파괴하는 과정을 진행할 수 있는 자는 사탄뿐이다.102)

위에서 살펴본 대로 그리스도의 죽음은 희생양 메커니즘에 굴복하지 않는다. 오히려 만장일치 된 그 메커니즘에 균열을 내고 그 거짓된 정체를 폭로한다. 그러나 지라르는 십자가 자체가 이 폭로하는 힘을 가졌다고 주장하지는 않는다. 지라르는 "누구도 부활이 이르기까지는 제자들 자신을 거의 압도해버린 폭력적 전염의 반전을 예견할 수 없었다"103)라고 말한다. 속죄는 십자가와 부활의 결합이다.104) 지라르는 신적 은혜가 아니면 부활 후에 제자들이 희생의 세계에서 이의를 제기하는 소수가 될 수 있었던 것을 설명하기 어렵다고 주장한다. 예수의 부활은 거짓을 말하는 신화와 달리 희생양 메커니즘에 물들지 않은 복

---

101) René Girard, *Reading the Bible with René Girard*, ed. Michael Hardin, 이영훈 역, 『지라르와 성서 읽기』, (대전: 대장간, 2017), 86.
102) 지라르, 『나는 사탄이 번개처럼 떨어지는 것을 본다』, 190.
103) 지라르, 『나는 사탄이 번개처럼 떨어지는 것을 본다』, 187.
104) 부르스마, 『십자가, 폭력인가 환대인가』, 251-253.

음서의 증거에 의한 참 부활이다.105)

거의 거역하기 힘든 모방 회오리에 사로잡혀 만장일치의 박해가 일어나려던 순간 예수를 따르던 소수의 무리를 다시 일으켜 세워 희생양 메커니즘의 균열을 가져오게 만든 힘은 무엇이었을까? 지라르는 이 문제만큼은 자신이 그동안 제기해왔던 인류학적인 문맥에서는 해답을 찾는 것이 불가능하다고 말한다.106) 지라르는 인류학적인 차원에서는 도저히 설명될 수 없는 '성령'을 자신의 모방이론에서 진리로 계시된 복음서를 통해 받아들인다.

> 부활은 단순히 기적과 경이로움 그리고 자연의 질서에 대한 위반이 전부가 아니다. 부활은 이 지상에 모방의 회오리보다 더 막강한 힘의 등장을 보여주는 눈부신 기호다. … 폭력적 모방을 능가하는 이 힘은 과연 무엇일까? 이것은 바로 기독교가 말하는 삼위일체의 세 번째 위(位)인 성령이라고 복음서는 답하고 있다.107)

지라르는 "기독교의 탄생은 사탄에 대한 파라클리트의 승리"108)라고 말한다. 그러나 그렇다고 해서 지라르가 특별히 성령을 더 강조하는 것은 아니다. 그는 자신의 연구가 신학적 맥락이 아닌 인류학적 맥락에서 이루어진 것임을 강조하고 있기 때문에 여전히 그의 강조점은 희생양 메커니즘을 폭로하는 십자가(이 십자가는 지라르의 사고에서는 부활과 결합한 십자가이다), 엄밀히 말하자면 그러한 십자가 사건을 기록한 복음서의 계시에 있다고 보아야 한다.

지라르는 서방 교회가 '십자가에 속은 사탄'이라는 생각을 받아들이지 않음으로써 인류학에서 볼 때 돌이킬 수 없이 소중한 부분을 잃고

---

105) René Girard, "Are the Gospels Mythical?" *First Things* 62 (1996): 31.
106) 지라르, 『사탄이 번개처럼 떨어지는 것을 본다』, 236-237.
107) 지라르, 『사탄이 번개처럼 떨어지는 것을 본다』, 237.
108) 지라르, 『사탄이 번개처럼 떨어지는 것을 본다』, 238.

있다고 주장한다. 지라르는 그리스의 교부 철학자들이 사탄은 십자가라는 자기 자신의 함정에 빠져 속은 자라고 말하는 것은 적절한 표현이라고 말한다. 그러므로 지라르에게 '십자가에 속은 사탄'이라는 생각은 전혀 마술적인 생각도 아니고, 하나님의 권위에 결코 누를 끼치는 생각도 아니다. 그러나 지라르가 사탄을 속이는 신적 속임수에 관한 고대 교부들의 생각을 그대로 따르는 것은 아니다. 지라르에 따르면 그리스도는 부도덕한 속임수를 사용하지 않고 오히려 폭력을 포기함으로써 승리를 쟁취한다. 승리는 하나님의 지혜와 사탄의 무능력의 결과다.

> 때가 되면 십자가에서 죽음으로써 사탄을 이기리라 예견하고서, 하나님은 사탄이 일정 기간 동안 지배하는 것을 허락했던 것이다. 이 죽음으로 희생양 메커니즘이 힘을 잃을 것인데 사탄은 반대하기는커녕 어떻게 될지도 모르면서 거기에 동참할 것임을 하나님의 지혜는 알고 있었다. … 하나님의 관점에서 보자면 사탄이 속은 그 계책은 속임수나 폭력이 손톱만큼도 들어있지 않은 계책이다. 정확히 말해서 계책이라고 부르기 힘든 이것은 계책이라기보다는 오히려 하나님의 사랑을 이해하지 못한 지상의 통치자의 무능의 결과라고 말하는 편이 더 옳을 것이다.[109]

따라서 지라르에 따를 때 희생양 메커니즘을 해체하고 폭로하는 십자가는 희생양 메커니즘에 대한 승리이며, 그 메커니즘과 하나이고 그 자체라고도 말할 수 있는 사탄에 대한 승리이다. 나아가 십자가는 신화에 대한 승리로 이해될 수 있다. 신화는 희생양 메커니즘에 사로잡혀 만장일치 된 박해자의 시각에서 폭력을 은폐하지만, 복음서는 텍스트 '안'의 희생양을 드러냄으로써 폭력의 진실을 폭로하기 때문이다. 지라르는 성서는 "반신화"의 이야기이며, "신화의 해체"라고 주장한다. 그에 의하면 성서는 세계 신화에 대한 "의식적이고 의도적인 재작성

---

109) 지라르, 『사탄이 번개처럼 떨어지는 것을 본다』, 191-192.

(rewriting)"이다.[110] 지라르는 폭력을 은폐하고, 박해자의 시각을 취하는 신화와 희생양의 시각에서 폭력의 정체를 드러내는 복음서를 비교하면서 복음서의 계시성을 강조한다. 그가 복음서를 특별히 강조하는 것은 희생양 메커니즘의 정체가 십자가, 그리고 그것을 기록한 복음서에서 완전하게 드러났다고 보기 때문이다. 따라서 지라르에게 십자가의 승리는 복음서(계시)의 승리요, 거짓에 대한 진리의 승리, 고발자(사탄)에 대한 변호인(성령)의 승리다.

한편, 지라르에게 십자가의 승리는 원죄에 대한 승리로도 이해될 수 있는 측면이 있다. 그 이유는 지라르에 따르면 원죄는 모방을 잘못 사용한 결과이고, 희생양 메커니즘은 모방을 집단으로 사용한 결과이므로 희생양 메커니즘에 대한 승리는 결국 원죄에 대한 승리로도 볼 수 있기 때문이다. 하지만 지라르는 사탄이나 희생양 메커니즘을 어떤 실체로 인정하지도 않고, 전통신학처럼 '죄책'의 개념도 인정하지 않으므로, 그의 죄에 대한 승리가 큰 의미가 있는 것은 아니다. 문화의 기원이 폭력에 있다고 보는 그의 이론 아래에서는 폭력 외에 '죄'의 문제가 심각하게 다루어질 수 없다. 죄의 문제는 선한 창조를 인정할 때에 보다 진지한 접근이 가능하지만, 지라르는 그의 논의의 출발점을 인간 문화의 기원에 있는 폭력에 둔다. 따라서 그에게 중요한 것은 모방과 그에 따른 결과로서의 희생양 메커니즘 그리고 그것을 폭로하는 십자가(복음서)이다.

2. 희생양 메커니즘을 폭로하는 십자가

앞의 제1항 '승리로서의 십자가'에서 본 것처럼, 예수의 십자가를

---

110) 정일권, 『예수는 반신화다』, 25.

이해함에 있어 지라르가 중요하게 생각하는 메타포는 '승리'이다. 지라르는 그리스도가 십자가에서 승리를 거뒀다고 말한다. 그러나 지라르가 말하는 그리스도의 승리는 로마 개선장군의 승리와는 거리가 멀다. 그리스도는 자신의 폭력을 남에게 행사하기는커녕 오히려 타인의 폭력을 그대로 감내하였다. 그러나 이 승리라는 개념에서 우리가 주목해야 할 것은 "무력적인 면이 아니라, 모든 사람들에게 공개되는 구경거리, 즉 그 적이었다면 자신을 보호하기 위해, 또 십자가가 앗아갈 것을 지키기 위해서 분명히 감추었을 것을, 이 승리가 만천하에 공개한다는 생각"111)이라고 지라르는 말한다. 따라서 지라르가 생각하는 십자가의 승리는 사탄, 폭력 또는 희생양 메커니즘에 대한 폭로를 그 수단으로 하는 것이다.112)

예수는 사람들에게 박탈당하고, 권세와 권능에 유리하게 전개된 것이 실제 역사였지만, 역사가들이 잘 모르는 또 다른 역사가 있다. 지라르의 주장에 따르면 그것은 역사가들의 역사만큼이나 실제의 역사이고 또 객관적인 역사인데, 어떤 사건의 역사가 아니라 사건에 대한 '표현'의 역사이다. 지라르에 따르면 신화 뒤에는 실제로 일어났으며 신화를 지배하는 사건이 있는데, 신화는 그 사건을 변형시키고 있다. 그래서 우리는 신화를 통해서는 실제의 사건을 제대로 알아내지 못할 뿐이다. 그러나 복음서는 사건을 있는 그대로 '표현하고' 있어 사람들이 지금까지 결코 알아차리지 못한 이 진실을 전 인류에게 그냥 내맡겨두고

---

111) 지라르, 『나는 사탄이 번개처럼 떨어지는 것을 본다』, 177.

112) 필립 얀시는 자신의 책에서 지라르를 언급하면서 "십자가 사건은 예수님이, 사람들이 그토록 자랑스럽게 여기던 권력과 권위를 거짓 신들이라고 폭로하신 공개적인 쇼에 다름 아니었다. 당대 가장 고상했던 종교가 무고한 사람을 고소하고, 가장 이름 난 사법체계가 그분에게 사형을 집행한 것이기 때문이다"라고 말한다. Philip D. Yancey, *Reaching for the Invisible God*, 차성구 역, 『아, 내 안에 하나님이 없다』 (서울: 한국기독학생회, 2011), 198.

있다.113) 지라르는 다음과 같이 말한다.

> 그리스도를 십자가에 못 박던 권능을 가진 자들은 평소처럼 희생양 메커니즘을 작동시킨다고, 다시 말해 그들 행위의 진상이 폭로될 위험을 멀리하였다고 믿고 있었다. 그러나 그들은 그 반대, 즉 그들 자신의 붕괴에 박차를 가하고 있다는 것은 꿈에도 생각지 못하고 있었다. 말하자면 그들은 그것에 진실을 폭로할 힘이 있을 줄은 미처 짐작도 하지 못했던 십자가에 자신을 못 박고 있었다. … 십자가의 고통은 예수가 인간들이 갇혀 있는 기원에 대한 진상을 인간에게 알려주고 나아가서는 희생양 메커니즘이 더 이상 효력을 발휘하지 못하도록 하기 위해 기꺼이 받아들인 대가다.114)

지라르는 유대교와 기독교의 기록이 이런 폭력을 폭로하고 드러낸 최초의 기록이라는 것을, 스스로를 과학적이라고 칭하는 요즘의 성서 해석자들은 보지 못하고 있다고 주장한다.115) 지라르에 따르면 신화의 내용은 모방 회오리에 의해 결정된다. 그런데 신화는 모방 회오리에 너무 깊이 빠져 있어서 거기에 빠져 있다는 사실을 짐작조차 못한다. 어떤 환상의 포로가 된다는 것은 그것을 진실로 받아들인다는 뜻이며, 그래서 그것이 환상임을 알아챌 능력이 없다는 뜻이다. 따라서 지라르에게 다음 복음서의 구절은 인식론적으로 중요한 의미를 지닌다. "천지의 주재이신 아버지여 이것을 지혜롭고 슬기 있는 자들에게는 숨기시고 어린 아이들에게는 나타내심을 감사하나이다"(마 11:25).116)

지라르가 그의 저술에서 밝혔듯이 그는 "모방이론을 무엇보다도 오늘날 세계를 지배하고 있는 상대주의의 지적 토대를 전복시킬 수단으로 보고 있다."117) 상대주의는 모든 종교의 가치가 같다고 보지만, 지

---

113) 지라르, 『나는 사탄이 번개처럼 떨어지는 것을 본다』, 179.
114) 지라르, 『나는 사탄이 번개처럼 떨어지는 것을 본다』, 180.
115) 지라르, 『나는 사탄이 번개처럼 떨어지는 것을 본다』, 182.
116) 지라르, 『나는 사탄이 번개처럼 떨어지는 것을 본다』, 185.

라르는 그렇지 않다는 것이 모방이론에 의해 입증되었다고 주장한다. 지라르에 따르면 유대-기독교의 성서만이 감추어졌던 희생양 메커니즘을 폭로한다. 유대-기독교는 집단 폭력을 이야기한다는 점에서는 신화와 닮았지만, 신화가 집단 폭력의 수동적인 반영이라면, 유대-기독교는 희생양과 모방적이고 폭력적인 군중을 만들어내는 집단 장치에 대한 적극적인 폭로다. 유대-기독교에는 신화에는 빠져 있는 진실이 들어있다. 지라르는 유대-기독교가 이 진실을 그들만이 갖고 있다고 주장하는 것은 자기중심적인 어리석음이나 타 종교와의 경쟁심에서 그러는 것이 아니라고 주장한다. 지라르는 과거의 민족학자들이 유대-기독교를 신화로 축소하려 했던 시도들은 어둠으로 빛을 설명하려는 것으로 실패할 수밖에 없는 것이었고, 그들이 성공하려면 역으로, 즉 희생양에 대한 유대-기독교의 이해로부터 신화를 해석해야 한다고 말한다.[118]

그에 따르면 기독교는 구약성경에서부터 신약의 복음서에 이르는 과정을 통해 신화에서는 볼 수 없는 희생양 메커니즘의 해체를 보여주는데, 그 절정이 바로 십자가이다. 그리고 그 십자가는 표현과 해석, 즉 희생양 메커니즘에 대한 폭로를 통해서 승리를 이루는 것이다.

3. 비희생적 십자가

지라르의 십자가 이해에서 희생양 메커니즘 외에 중요한 또 다른 것은 그의 희생제의에 대한 생각이다. 그는 구약의 희생 제사를 다른 희생제의와 비교해서 특별한 의미가 있다고 여기지 않는다. 지라르의 연구는 신학자로서의 관점이 아니라 인류학자 또는 민속학자의 관점에서

---

117) 지라르, 『그를 통해 스캔들이 왔다』, 63.
118) 지라르, 『그를 통해 스캔들이 왔다』, 68-69.

의 접근이다. 지라르는 이런 접근으로 성서를 보더라도 성서에는 계시로서의 독특함이 있다고 주장하는 것이다. 즉, 그가 주장하는 성서의 독특함은 처음부터 신화와 구별되는 차별적인 것이 아니라, 유사하지만 결정적으로 희생양에 대한 생각이 정반대로 드러나는, 그래서 은밀하게 감추어진 폭력 메커니즘을 드러내는 계시로서의, 진리로서의 특별함이다.

지라르에 따르면 희생제의는 공동체를 파멸의 위기에서 구하기 위한 예방적 차원의 희생양 메커니즘의 반복, 재연이다. 따라서 그는 구약의 희생제사 역시 다른 희생제의와 마찬가지로 성스러운 폭력, 대체된 폭력이라고 주장한다. 지라르의 관점에서 구약성경은 폭력으로부터 탈출하는 과정이다. 그에 따르면, 유혈의 희생이 끝났다는 것을 복음서가 그리스도를 통해 공표하기 이전에 구약성경은 이삭의 희생을 무산시킨 이야기를 통해 희생이 진정되어 가는 과정을 보여준다. 이삭이 아버지 아브라함에게 물었다. "아버지, 불씨도 있고 장작도 있는데 하나님께 바칠 어린 양은 어디 있습니까?" 아브라함의 대답은 뜻밖이었다. "하나님께서 손수 마련하신단다"(창 22:7-8 참조). 이 구절에 대해 지라르는 "모든 희생적 폭력을 완전히 종식하기 위해 하나님이 스스로를 희생한다는 의미"라고 말한다. 지라르에 따르면 이 장면은 구약 여기저기에 깔려있던 인간 희생을 포기하고 이를 다른 동물로 대체하는 장면이다.[119] 아브라함에게 내렸던 아이를 바치라는 명령은 특별한 한 명에게 내린 명령이 아니다. 그것은 문화적 변화에 관한 것이다.[120] 이런 인간 희생에서 동물 희생으로의 대체 같은 것은 수많은 종교 제도

---

119) 지라르, 『문화의 기원』, 117.
120) 지라르, 『지라르와 성서 읽기』, 106.

에 공통으로 나타나고 있다. 하지만 다른 종교에서는 이런 대체가 은밀하게 진행되는 반면, 구약에서는 아주 강조되고 또 찬양받고 있다.[121]

지라르에게 '이삭의 희생제사-그리스도'의 관계는 '모형-성취'의 관계가 아니다. 그에게 있어 '희생'은 '폭력'과 다르지 않다. 구약의 희생제사는 대체 폭력이면서, 폭력에서 비폭력으로 가는 과정을 보여주는 것에 불과하다. 지라르에 따르면 우리는 시편에서 동물 희생의 다음단계를 목격하게 되는데, 그것은 동물 희생조차도 효력이 없게 되는 것이다. 지라르는 시편 40편 6-7절("주께서 내 귀를 통하여 내게 들려주시기를 제사와 예물을 기뻐하지 아니하시며 번제와 속죄제를 요구하지 아니하신다 하신 지라. 그때 내가 말하기를 내가 왔나이다. 나를 가리켜 기록한 것이 두루마리 책에 있나이다.")의 분석을 통해 성서는 희생 대상의 대체뿐만 아니라 스스로 자임한 희생양인 그리스도를 통하여 희생 질서 그 자체의 종식을 가져온다고 주장한다.[122]

지라르는 복음서의 텍스트가 과거의 폭력적 하나님을 희생이 아닌 비폭력을 요구하는 비폭력적 하나님으로 대체시킨다고 말한다. 복음서의 그리스도는 희생제에 저항하여 죽었으며, 그는 자기 죽음을 통해 희생제가 작동하지 않게 함으로써 그것의 기원과 본성을 드러내었고 희생적 문화가 막을 내리게 하였다는 것이다.[123]

하지만 지라르는, 안타깝게도 그리스도의 죽음 이후 기독교인들은 곧바로 통치자들과 권세들에 의해 포섭되어 예수의 죽음을 신화적, 희생적 방식으로 재해석하였다고 주장한다. 지라르에 따르면, 우리는 이미 히브리서에서 이런 희생적 해석의 시작을 볼 수 있는데, 특히 십자

---

121) 지라르, 『문화의 기원』, 121.
122) 지라르, 『문화의 기원』, 117.
123) 부르스마, 『십자가, 폭력인가 환대인가』, 247.

가를 흔히 하나님의 진노를 달래기 위한 인간의 희생으로 설명하는 안셀름 전통(만족설, 형벌대속론)이 그러하다.[124]

희생 언어에 대한 지라르의 해석에 대해 라이문트 슈바거를 비롯한 여러 학자들은 히브리서에 있는 희생 언어가 하나님의 진노를 푸는 예수의 희생을 말하는 보상 속죄설의 핵심이라고 생각할 필요가 없다고 주장한다. 슈바거에 의하면 히브리서의 희생 언어는 "희생물로 바쳐지는 짐승들이 도살장에 끌려갔던 것처럼 나사렛의 예언자도 적대자들의 폭력에 의해 살해되었다"라는 것을 보여주는 것에 불과하다.[125] 따라서 예수의 죽음은 하나님의 진노가 결코 요구할 수 없는 자발적인 자기희생적 행위인 것이다.[126]

정일권에 따르면, 지라르는 "그리스도의 죽음을 이교적이고 신화적인 의미에서 희생제사sacrifice로 부르는 것조차도 거부했지만, 이후 슈바거와의 신학적 대화 속에서 십자가의 스캔들과 역설의 차원에서 단 한 번의 영원한 희생제사로서의 그리스도의 죽음과 대속을 받아들인다."[127] 부르스마 역시 "히브리서를 다르게 독해하려는 이러한 시도들로 말미암아 지라르는 생각을 바꾸어 점점 더 희생의 개념에 대한 다른 여지를 남기게 되었다"라고 말한다. 실제로 지라르는 『문화의 기원』에서 구약성경의 솔로몬의 재판을 언급하면서 '희생'의 개념을 두 가지 의미로 나누어 설명하고 있다.

> 두 창녀의 차이는 결코 극복할 수 있는 성질의 것이 아닙니다. 이보다 더한 차이는 없을 것입니다. 하나는 타인을 죽이는 희생이며, 다른 하나는 타인을 죽이

---

124) 부르스마, 『십자가, 폭력인가 환대인가』, 261.
125) 슈바거, 『희생양은 필요한가』, 331.
126) 부르스마, 『십자가, 폭력인가 환대인가』, 263.
127) 정일권, 『십자가의 인류학』, 44.

지 않기 위해, 즉 타인을 죽이는 그런 의미의 희생에 가담하지 않기 위해서 필요하다면 자기 죽음마저 받아들이는 희생입니다. 이 두 가지 희생은 근본적으로 상반된 것이기도 하지만 동시에 불가분의 관계에 있기도 합니다. 둘 사이에는 객관적인 시각에서 모든 것을 묘사할 수 있는 희생과 무관한 공간은 어디에도 없습니다. 인류 정신의 역사는 첫 번째 의미의 희생에서 두 번째 의미의 희생으로 이행한 것이라고 볼 수 있습니다. 그런데 두 번째 의미의 희생은 그리스도에 의해 완성되었지 인간이 완성한 것이 아닙니다.[128]

하지만 지라르의 '희생'에 대한 온건한 입장이라는 것은 그가 십자가에 관한 형벌적이거나 유화적 관점을 용인한다는 말이 아니다. 지라르가 받아들이는 '희생'의 개념은 비록 '자기희생'일지는 몰라도, 결코 신적인 형벌적 정의는 아니다.[129] 따라서 속죄론에 있어서 지라르의 입장은 도덕 감화론이나 승리자 그리스도 테마와는 비교적 잘 어울릴지 몰라도 특별히 하나님의 정의나 진노를 만족시키기 위해 하나님이 자기 아들을 죄에 대한 희생양이나 희생 제물로 내세운다고 생각하는 안셀름 전통과는 정반대의 관점에 서 있다.[130]

이러한 지라르의 인식에 따르면 구약의 희생제사는 바로 위 인용 단락에서의 첫 번째 의미의 희생(타인을 죽이는 희생)에 불과한 것이다. 따라서 지라르에게 구약의 희생제사와 그리스도의 십자가는 희생양 메커니즘을 보여준다는 측면에서는 관련이 있을지 모르지만, 전자는 희생양 메커니즘의 재연인 데 반해 후자는 그것을 드러낼 뿐만 아니라 그것을 종식한다는 점에서 상반된다.[131] 따라서 지라르에게 십자가는 그리스도의 희생제사가 아니다. 그에게 십자가는 비희생적인 것이다.

---

128) 지라르, 『문화의 기원』, 132.
129) 부르스마, 『십자가, 폭력인가 환대인가』, 263.
130) 부르스마, 『십자가, 폭력인가 환대인가』, 260.
131) 그리스도의 죽음은 모든 폭력을 종식하는 마지막 폭력이다. 그것은 죄, 죽음, 악 그리고 정사와 권세들의 감추어진 계획을 폭로한다. John E. Phelan Jr. "Rene Girard and Paul Peter Waldenström: Reconsidering the Atonement," *The Covenant Quarterly* 64/1 (2006): 92.

하나님은 그리스도를 제물로 받으시는 분이 아니라 십자가를 통해 폭력을 드러내고 종식하는 분이다.

그런데 박만은 "폭력과 속죄 죽음: 르네 지라르의 예수의 십자가 죽음 이해에 대한 비판적 고찰"이란 글에서 희생제의로 이해된 예수의 십자가 죽음과 지라르의 비폭력주의적 성경 읽기가 양립 가능하다고 주장한다. 그에 따르면 예수의 십자가 죽음을 결코 희생제사로 볼 수 없다는 학자들 사이에 공통으로 발견되는 것은 십자가에 달린 예수와 그의 죽음을 목도하고 있는 하나님 사이에 어떤 분열이 있음을 전제하는 것이다. 즉 "지라르가 예수의 죽음을 희생제의적 사건으로 볼 수 없다고 할 때, 그가 이해하는 '희생제의'에는 철저한 희생물로서의 희생자와 이 희생물을 받는 냉정한 초월자 사이에 건널 수 없는 단절이 존재하고 있는" 것이다.[132]

박만에 따르면, 예수의 십자가 죽음은 삼위일체 하나님이 모두 주체와 객체로 참여한 희생제의적 사건이자 철저한 비폭력과 평화에 의해서만 하나님이 원하시는 세계가 이루어질 수 있음을 말하는 사건이다. 따라서 그는 예수의 십자가 죽음을 희생제의적 사건으로 이해해서는 안 된다는 지라르의 주장에 반대하여, 그것을 하나님 앞에서 이루어진 희생제의적 사건으로 이해할 때 예수의 삶과 죽음은 비폭력적인 사회 건립의 전범이라는 지라르의 논지가 더욱 강화될 수 있다고 주장한다.[133]

이런 박만의 견해는 일견 타당성이 있어 보인다. 하지만 그는 지라르가 예수의 십자가 죽음을 희생제사로 보지 않는 가장 큰 이유가 그의 모방이론과 희생양 메커니즘과의 관계 속에서 희생제사를 희생양

---

132) 박만, "폭력과 속죄 죽음", 128.
133) 박만, "폭력과 속죄 죽음", 132.

메커니즘의 재연, 반복이라는 대체 폭력으로 보기 때문인 점을 간과하고 있는 것 같다. 지라르에게 '희생제의'는 '폭력'과 동의어인 것이다. 그리고 위에서 살펴본 대로 지라르가 '희생'의 개념을 두 가지로 나누어 생각할 때도 그의 '희생' 개념 속에서 형벌적 의미는 전혀 찾아볼 수 없는 것이다. 지라르에게 있어 하나님은 화해할 필요가 없으며, 오히려 사람들이 그들의 모방 폭력을 깨달아야 하고, 이를 통해 하나님과도 화해해야 한다. 폭력적인 것은 하나님이 아니라 인간 군중이다.134) 박만이 그리스도의 희생제사와 지라르의 이론과의 화해를 시도한 것은 높이 평가할 만한 일이지만, 지라르의 이론 안에서는 어떤 경우에도 십자가는 희생제의적 사건일 수 없다는 점에서 이러한 시도는 무리가 있어 보인다.

4. 모방의 대상인 십자가

지라르에게는 희생양 메커니즘의 폭로가 십자가 승리의 수단이다. 하지만 십자가에 대한 지라르의 설명은 승리자 그리스도 전통 외에 도덕 감화 속죄론의 전통에도 잘 들어맞는다. 왜냐하면 지라르 역시 십자가의 희생제사적 성격을 부정하면서, 예수가 십자가의 폭력에 철저한 비폭력으로 대응한 점과 또 우리가 모방의 회오리에 그리고 희생양 메커니즘에 빠지지 않기 위해서는 예수를 모방해야 함을 말하기 때문이다. 그는 아주 흥미로운 방식으로 자신의 독특한 승리자 그리스도론을 도덕 감화론의 주제와 연결하고 있는 것이다.135) 하지만 분명한 차이점도 존재한다.

---

134) 부르스마, 『십자가, 폭력인가 환대인가』, 261.

135) Ted Peters, "Atonement and Final Scapegoat," *Perspective in Religious Studies* 19/2 (1992): 178.

아벨라르적인 속죄 해석은 대개 십자가를 하나님의 사랑의 표적으로 여긴다. 지라르도 하나님의 사랑이나 십자가에서의 그리스도의 사랑을 부정하지는 않지만, 이 사랑을 하나님의 구속적 능력의 주안점으로 보지는 않는다. 십자가는 하나님의 사랑을 보여줌으로써가 아닌 모방 폭력을 보여줌으로써 사람들을 구원하는 것이기 때문이다. 십자가는 인류가 예수 그리스도의 십자가 처형에서 작동한 희생양 메커니즘을 알게 될 때, 또한 모방 과정의 폭력적 유산에 대해 깨닫게 될 때 그들을 구원한다. 그 결과 지라르는 구원을 지식으로 강조하게 된다.[136]

지라르는 "하나님과 사탄은 두 개의 원형 모델"이라고 말한다. 하나의 모델은 탐욕이 적어서 어떤 것도 경쟁적으로 욕망하지 않기 때문에 절대로 그 추종자들이 장애물이나 경쟁자가 되지 않고, 또 다른 모델은 탐욕이 아주 많아서 그 추종자들을 곧 악마와 같은 장애물로 변하게 한다.[137]

지라르에 따르면 예수가 우리에게 모방하라고 권하는 것은 바로 그 자신의 '욕망'이다. 예수의 욕망을 모방하라고 권하는 것은 하나의 모순처럼 보일 수도 있다. 왜냐하면 예수는 자신의 욕망, '자신에게 속한' 욕망을 가지려 하지 않았기 때문이다. 그의 목표는 완전한 하나님의 '이미지'가 되는 것이다. 그래서 그는 아버지를 모방하는 데에 온 힘을 바친다. 우리에게 그를 모방하라고 권하는 것은 결국 그의 모방을 모방하라고 권하는 것이다.[138]

지라르는 사탄도 예수와 같이 하나님이라는 모델을 모방하고 있지만, 오만한 마음과 권력을 향한 경쟁 속에서 모방하는 점이 다르다고

---

136) 부르스마, 『십자가, 폭력인가 환대인가』, 251-252.
137) 지라르, 『나는 사탄이 번개처럼 떨어지는 것을 본다』, 59.
138) 지라르, 『나는 사탄이 번개처럼 떨어지는 것을 본다』, 27.

한다. 그에 의하면 "사탄의 왕국은 신의 왕국에 대한 서툰 모방이고 사탄은 신의 모방꾼이다."139) 결국, 지라르는 우리가 모방 위기, 모방의 소용돌이에 빠지지 않으려면 예수를 모방하는 것 외에 다른 길이 없다고 주장한다.

> 우리가 예수를 모방하지 않게 되면, 우리의 모델은 우리의 살아 있는 장애물이 되고 우리는 또 그 모델의 장애물이 될 것이다. 이리하여 우리는 모두 지옥 같은 소용돌이에 빠져버린다. 이 소용돌이는 우리를 전면적인 모방 위기로 치닫게 하고 마침내는 모방에 의한 '일인에 대한 만인의 반대'에 빠뜨린다.140)

지라르에 따르면 예수를 모방한다는 것은 폭력으로 이끄는 모방 욕망에 사로잡히지 않는다는 것, 그리고 예수의 비폭력적 행동을 모방한다는 것을 의미한다. 만약 예수가 모방 욕망에 사로잡혀 자신 역시 폭력으로 대응했다면, 십자가에서 희생양 메커니즘이 드러나는 일은 없었을 것이다. 또 예수를 모방한다는 것은 우리에게 그러한 자유, 희생양 메커니즘에 저항할 가능성이 있다는 것을 의미하는 것이다. "예수와 사탄은 모두 모방을 부추긴다. 모방은 자유를 가르치는데, 겸허하고 순종하는 마음으로 그리스도를 모방하거나 경쟁 정신으로 우상을 모방하거나 간에 그 모든 것은 우리의 자유이다."141)

> 욕망은 언제나 모방적이다. 그렇지만 어떤 사람들은 이런 욕망을 이겨내고 있는데, 이것이 바로 기독교인이 된다는 것의 이로운 점이다. 사회에는 많은 개인들이 있다 보니 거기에 모방적 폭력이 없을 수가 없다. 그렇다고 모든 개인이 다 모방적 욕망에 무방비상태로 끌려다니는 것은 아니다. 예수도 여기에 저항했다. 자유를 말한다는 것, 그것은 곧 인간은 모방적 메커니즘에 저항할 가능성

---

139) 지라르, 『나는 사탄이 번개처럼 떨어지는 것을 본다』, 65.
140) 지라르, 『나는 사탄이 번개처럼 떨어지는 것을 본다』, 59.
141) 지라르, 『문화의 기원』, 144.

을 가지고 있음을 상기시키는 것이다.[142]

우리가 모방 욕망에 저항한 예수의 비폭력을 모방하는 것, 지라르는 이것을 '개종'이라는 독특한 표현을 통해 설명한다. "참된 자유는 사탄에서 그리스도로 개종하는데 있다." '개종'은 자신이 폭력의 악순환에 빠뜨리는 모방 욕망에 사로잡혀 있음을 깨닫는 것이다.[143] 그리고 개종한다는 것은 자신이 박해자라는 것을 인정한다는 것을 뜻할 뿐 아니라 그리스도나 그리스도와 비슷한 사람을 우리 욕망의 모델로 선택한다는 것이다.[144] 따라서 지라르의 속죄 이론에서는 인식론적인 문제가 중요한 화두로 떠오른다.

제 4 절 결론

르네 지라르는 "나는 소설, 신화 그리고 그리스 비극에서 얻은 생각들을 확인하기 위해 성경을 연구하기로 결정했고, … 복음서를 연구했을 때 나는 곧바로 복음서가 많은 진리를 담고 있다는 것을 깨달았다. 그래서 나는 기독교에 매혹되었고 마침내 기독교인이 되었다"[145]라고 말한다. 그는 자신이 신화와 복음서의 비교를 통하여 복음서의 계시를 발견했다고 주장한다.

---

142) 지라르, 『문화의 기원』, 141.

143) 지라르, 『문화의 기원』, 142-143. 그리스도를 모방하는 것은 자유의 길에 들어선다는 것이다. 그래서 기독교의 많은 성인들은 그리스도를 모방하면서 참다운 자신을 찾았고, 자유로운 삶을 살았다. 김성민, "인간의 욕망과 모방", 260.

144) 지라르, 『문화의 기원』, 142-143.

145) Stiring and Burton: Rene Girard Interview, "Scandals, Scapegoats, and the Cross: An Interview with Rene Girard" *DIALOGUE: A JOURNAL OF MORMON THOUGHT* 43 no 1 (2010): 112.

지라르에 따르면 유대-기독교의 성서에는 신화와 마찬가지로 모방 욕망에 관한 내용이 많이 들어있다. 베드로의 부인은 모방 전염의 좋은 예다. 지라르는 창세기에 나오는 원죄를 모방이론과 관련하여 설명하는데, 그에 따르면 원죄는 모방을 잘못 사용한 것이다. 그는 복음서가 사탄을 우리의 욕망의 모델로 제시한다고 주장한다. 예수는 사탄을 스캔들과 같다고 보신다. 지라르에 따르면 사탄은 실체가 없는 존재이다. 그에게 사탄은 강렬한 모방 그 자체일 뿐이다. 지라르에 의하면 사탄은 자기 추방 능력을 갖추고 있다. 그는 마가복음 3장 23절의 "사탄이 어찌 사탄을 쫓아낼 수 있느냐"라는 말씀의 의미를 문자 그대로 받아들여야 한다고 주장한다.[146] 즉 사탄은 스스로를 쫓아낼 수 있고, 사탄이 스스로를 추방하는 것은 자기 왕국을 유지하기 위한 것이라는 주장이다. 이러한 주장은 다소 파격적이지만 희생양 메커니즘이 대체된 폭력으로서 위기에서 다시 질서를 가져오는 것처럼, 사탄도 스스로를 추방하여 자신의 왕국을 유지한다는 것이다. 지라르에게 있어 희생양 메커니즘과 사탄은 하나다.[147]

그는 신화와 복음서에는 공통으로 세 단계의 모방 사이클(위기, 집단 폭력, 신의 출현)이 나타난다고 주장한다. 그런데 신화와 복음서에 공통으로 나타나던 모방 사이클이 『구약성서』이야기에서는 부분적으로만 나타나고 있다. 즉 『구약성서』에도 모방 위기와 집단 살해는 나타나고 있지만 세 번째 단계, 즉 희생양이 신성하다는 것을 보여주는 희생양의 부활과 종교적인 것의 출현은 빠져 있다는 것이다.[148]

지라르에 따르면 『구약성서』에는 폭력에 관한 깊은 성찰이 들어있

---

146) 지라르, 『나는 사탄이 번개처럼 떨어지는 것을 본다』, 53.
147) 지라르, 『나는 사탄이 번개처럼 떨어지는 것을 본다』, 186.
148) 지라르, 『나는 사탄이 번개처럼 떨어지는 것을 본다』, 139.

다. 즉, 『구약성서』에는 집단 폭력을 정당화하는 일반적인 신화의 경향, 다시 말해 신화가 가진 비난과 복수의 성격과 경향을 비판하려는 의도를 가진 것이다. 『구약성서』의 세계에 나오는 사람들은 대체로 신화 세계에 나오는 사람들만큼 폭력적이고 또 그 세계에는 희생양 메커니즘도 많이 들어있지만 결정적으로 차이가 나는 것은 『구약성서』, 정확히 말하면 이런 현상에 대한 『구약성서』적인 해석이다. 신화에서 유죄인 희생양과 무죄인 박해자는 『구약성서』에서 무죄인 희생양과 유죄인 박해자로 뒤바뀐다.[149]

지라르는 신화에서는 희생양 메커니즘을 통해 신격화가 일어나지만 복음서에 나타나는 예수의 신격화는 희생양 메커니즘에 의한 것이 아니라고 주장한다. 어떤 기독교 신자들도 예수가 죄가 있다고는 생각하지 않는다. 그러므로 그리스도의 신격은 신화의 신격화와 같은 과정에 근거한 것이 아니다. 그뿐 아니라 신화와는 반대로, 예수를 두고 신의 아들, 혹은 바로 신이라고 인정하는 사람들은 박해를 행하던 만장일치의 군중이 아니다. 말하자면, 복음서는 우리 눈앞에서 만장일치에 균열이 일어나는 유일한 기록이다. 지라르에 따르면, 신화의 작업은 '무지' 혹은 심지어 '박해의 무의식'에 기초해 있는데, 이런 것을 신화는 결코 표현하지 않고 있다. 신화 자체가 거기에 젖어 있기 때문이다. 그러나 복음서는 이 무의식을 정확히 표현하고 있다. "아버지 저들을 사하여 주옵소서 자기들이 하는 것을 알지 못함이나이다"(눅 23:34).[150]

결론적으로 지라르의 이론에 따르면, 신화에서 희생양 메커니즘은 항상 희생양에는 불리하고 박해자에게는 유리한 쪽으로 왜곡되어 있

---

149) 지라르, 『나는 사탄이 번개처럼 떨어지는 것을 본다』, 149-150.
150) 지라르, 『나는 사탄이 번개처럼 떨어지는 것을 본다』, 161-162.

다. 그러다가 『구약』에 들어오면 진실이 자주 암시되고 언급되고 있으며, 부분적이지만 겉으로 표현되기도 한다. 하지만 이때에도 완벽하게 표현되지는 않는다. 그러나 복음서에 와서는 상황이 완전히 달라지는데, 복음서는 폭력의 정체를 명확히 드러냄으로써 진리를 온전하게 계시한다.

그에 따르면 기독교는 구약성경에서부터 신약의 복음서에 이르는 과정을 통해 신화에서는 볼 수 없는 희생양 메커니즘의 해체를 보여주는데, 그 절정이 바로 십자가이다. 지라르에 따르면 그리스도의 죽음은 희생양 메커니즘에 굴복하지 않는다. 오히려 만장일치 된 그 메커니즘에 균열을 내고 그 거짓된 정체를 폭로한다. 이렇듯 희생양 메커니즘을 해체하고 폭로하는 십자가는 희생양 메커니즘에 대한 승리이며, 그 메커니즘과 하나이고 그 자체라고도 말할 수 있는 사탄에 대한 승리이기도 하다. 하지만 고대 교부들의 승리자 그리스도 견해와 달리 지라르에 따르면 그리스도는 부도덕한 속임수를 사용하지 않고 오히려 폭력을 포기함으로써 승리를 쟁취한다.

지라르의 연구에 따르면 희생제의는 공동체를 파멸의 위기에서 구하기 위한 예방적 차원의 희생양 메커니즘의 반복, 재연이다. 따라서 그는 구약의 희생제사 역시 다른 희생제의와 마찬가지로 성스러운 폭력, 대체된 폭력이라고 주장한다. 지라르는 구약의 희생제사에 대한 신적 기원을 부정한다. 그에 따르면 속죄론에서 안셀름 전통은 통치자들과 권세들에 의해 포섭되어 예수의 죽음을 신화적, 희생적 방식으로 잘못 해석하고 있는 것이다. 하나님은 그리스도를 제물로 받으시는 분이 아니라, 십자가를 통해 폭력을 드러내고 종식하는 분이다.

지라르는 우리가 모방 욕망에 의한 폭력의 메커니즘에 빠지지 않기 위해서는 예수를 모방해야 함을 역설한다. 예수가 바로 십자가에서 비폭력으로 대응하심으로 희생양 메커니즘의 정체를 드러내셨기 때문이다. 예수 그리스도는 사탄과 함께 우리의 원형 모델이다. 누구를 모방할지는 우리의 선택에 달려 있다. 그리고 참된 자유는 사탄에서 그리스도로 '개종'하는 것이다. 예수를 모방한다는 것은 모방 욕망에 사로잡히지 않는다는 것이고, 예수의 비폭력적 행동을 모방한다는 것이다.

제 4 장

신학적 영향

지라르의 비폭력적 십자가 이해는 기독교 속죄 신학에 지대한 영향을 주었다. 이하에서 우리는 그의 영향을 받은 신학자들을 살펴봄으로써 지라르의 이론과 그의 십자가 이해를 더 잘 이해할 수 있게 될 것이다. 왜냐하면 지라르 스스로 자신의 이론이 과학적인 것임을 주장하면서, 그리고 자신은 신학자가 아님을 강조하면서 초월적인 것에 대해서는 가급적 논의하지 않기 때문에 그의 영향을 받은 신학적 주장들을 살펴볼 때, 그의 이론에 대한 더욱 선명한 신학적 평가를 할 수 있기 때문이다.

이하에서 살펴볼 세 명의 학자는 그 정도는 다르지만 모두 지라르에게서 영향을 받은 신학자들이다. 월터 윙크(Walter Wink)는 자신의 저작 『사탄의 체제와 예수의 비폭력』[1]에서 지라르의 이론에 대부분 동감한다고 밝히면서, 사실상 십자가를 자신이 대적으로 삼고 있는 지배체제에 대한 승리로, 그리고 그 승리의 중요한 요소로서 십자가에서 그 정체가 '폭로된 것'을 들고 있다. 데니 위버(Denny Weaver) 역시 지라르의 승리자 그리스도 테마를 받아들여 자신의 신학 이론 "내러티브 승리자 그리스도"를 주창한다. 위버는 성경이 하나님을 사랑의 하

---

1) Walter Wink, *Engaging the Powers: Discernment and Resistance in a World of Domination*, 한성수 역, 『사탄의 체제와 예수의 비폭력』(서울: 한국기독교연구소, 2004).

나님, 비폭력의 하나님으로 계시한다고 주장하는데, 이에 대해 지라르의 이론은 든든한 지지를 제공해준다.

또 지라르와 가장 오랫동안 교류하면서 신학적 대화를 나누었고,[2] 그의 이론을 적극적으로 지지할 뿐만 아니라, 비판적으로 수용[3]하여 지라르의 연구가 신학자로서가 아닌 인문학자로서의 연구이기 때문에 가질 수밖에 없는 한계를 넘어 그 이상을 말하고자 시도했던 인물이 바로 라이문트 슈바거(Raymund Schwager)이다. 그는 『희생양은 필요한가?』에서 지라르의 이론을 수용, 이를 성경해석의 도구로 삼아 지라르의 이론이 가진 성경 해석적 가치를 보이려고 노력하였을 뿐만 아니라, 지라르가 말하지 않은(또는 못한) 것을 신학적으로 주장하기도 하였다. 따라서 이하에서는 먼저 슈바거를 중심으로 지라르의 이론에 따른 그의 성경해석과 신학적 주장을 살펴보고, 차례로 위버와 윙크의 신학 이론을 살펴봄으로써 지라르의 모방이론과 십자가 이해가 그를 따르는 신학자들의 신학에 어떠한 영향을 주었는지를 살펴보고자 한다.

제 1 절 라이문트 슈바거(Raymund Schwager)

라이문트 슈바거(Raymund Schwager, 1935-2004)는 오늘날 "신학이 세분되고 지성 일변도로 흐름으로써 이른바 전공 문제에만 몰두하게 되고, 그럼으로써 현대인의 삶과 오늘날의 사회에 중요하고 시급하

---

2) 정일권은 그의 책에서 "지라르에게 가장 중요한 신학적 대화 상대자였던 슈바거와의 대화와 토론을 통해서 지라르는 초기의 반희생제의적 강조를 후기에는 다소 완화하기도 했다."라고 소개한다. 정일권, 『십자가의 인류학』, 56.

3) 『희생양은 필요한가?』의 한국어 역자인 손희송 신부는 슈바거 외에도 한스 우르스 폰 발타살(Hans Urs von Balthasar), 루돌프 페쉬(Rudolf Pesch), 노베르트 로핑크(Nobert Lohfink) 등이 지라르의 이론을 수용하였다고 말한다. 슈바거, 『희생양은 필요한가』, 9.

게 당면한 문제들을 대체로 회피하는 방향으로 나갔다"라고 비판한다. 하지만 "지라르의 작품은 구약성경과 신약성경을 새로운 관점에서 보도록 요청하고, 성경의 주요 주제들의 내적인 통일성을 새롭게 통찰할 수 있게 할 뿐만 아니라, 오늘날 신학의 지배적인 추세인 세분화와는 달리 새로운 종합의 윤곽이 드러난다"라고 말한다. 슈바거는 지라르의 이론을 따라 구약성경과 신약성경을 해석하면서 지라르의 이론이 성경을 종합적으로 해석하는 데 유용함을 말하고자 하였다.[4]

슈바거에 따르면 지라르의 성경해석 방법론은 역사-비평적 성경해석과는 다른 것이다. 역사적 방법론은 무엇보다도 현재의 텍스트가 어떠한 전(前) 단계를 거쳐서 형성되었는지를 연구한다. 여기서는 거의 자동으로 최종 텍스트보다는 원래의 표현들(로 추정되는 것)을 선호한다. 이와는 달리 지라르의 방법론을 따르는 성경해석은 전적으로 현재의 텍스트에 의존하면서 성경의 텍스트를 성경 바깥에 있는 원천이나 전 단계들(로 추정되는 것)에 의존하여 해석하지 않고, 개별 텍스트를 전체 텍스트, 곧 구약성경의 나머지 모든 부분에 의존하여 해석한다. 슈바거는 지라르의 이러한 성경해석 방법을 수용하여 구약성경에 나타난 중요한 주제들을 새로운 이론에 비추어 고찰한 뒤, 마침내 구약성경을 기반으로 형성된 해석을 신약성경에 적용함으로써 예수 그리스도의 십자가 의미를 밝히고자 한다.[5]

슈바거에 따르면 예수는 이 땅에서 하나님의 나라를 선포했으며, 자신의 말씀과 행동을 통하여 아버지 하나님이 어떠한 분이신가를 분명하게 드러냈다. 예수가 '압바, 아버지'라고 부른 하나님은 당신의 원수

---

4) 슈바거, 『희생양은 필요한가』, 20-22.
5) 슈바거, 『희생양은 필요한가』, 89.

인 죄인들을 선행(先行)하는 사랑으로 만나고, 그들이 회개하기도 전에 먼저 구원을 제시하는 분이라는 것이 드러난다. 따라서 예수가 선포한, 조건 없이 용서하는 하나님을 받아들여 그분의 행동 양식을 따르면 구원된 삶이 가능하고, 새로운 하나님 백성이 형성될 것이다. 그러나 받아들이지 않으면, 인간은 보상과 보복의 원칙이 지배하는 기존의 옛 질서에 머물러 비구원의 상황 속에 자기 스스로를 가두어 두는 결과를 초래하게 된다. 슈바거에 따르면, 예수의 속죄의 죽음은 예수의 하나님 나라 선포와 상충하지 않는다. 속죄란 신적인 보상 질서를 충족시켜야 한다는 것을 의미하지 않는다. 예수의 속죄 행동은 하나님의 다스림을 받아들여야 했으나 이를 거부한 이들을 대신해서 한 행동이었다. 그들이 겪어야 할 심판의 운명을 몸소 겪었고, 자신의 선포에 대한 거부의 결과도 짊어짐으로써 완고한 인간에게 다시 한번 구원의 가능성을 열어주려는 행동인 것이다.[6]

슈바거는 지라르의 이론을 받아들여 사고하지만 신학자답게 지라르보다 더 멀리 나아간다. 그는 지라르의 이론을 신학에 가장 적극적이고 포괄적으로 수용하려는 입장이다. 뿐만 아니라, 그는 지라르가 설명하지 않는 것 또는 못하는 것을 신학적으로 설명하려고 애쓴다. 하지만 그러한 시도는 늘 성공적인 것은 아니다. 왜냐하면 지라르의 연구가 (성서의 계시성을 전제하지 않는) 수평적 차원에서 이루어진 것인 만큼, 지라르의 이론은 반드시 수직적 차원의 계시에 의해 보완될 필요가 있는데, 슈바거는 자신의 신학적 관점에서만 이를 수행하기 때문에 지라르의 이론이 그의 신학적 견해를 지지하는 수단으로 이용될 뿐이라는 비판이 제기될 수 있기 때문이다.

---

6) 손희송, "예수의 하느님 나라 선포와 십자가 죽음 그리고 인간의 구원", 『신학과 사상학회』 48 (2004): 61-68.

1. 구약성서 해석

슈바거에 의하면, 지라르는 구약성경을 폭력과 투사의 세계로부터의 길고도 힘겨운 탈출 과정으로 이해한다. 그리고 이 과정은 퇴보를 거듭하였고, 구약성경 내에서는 결국 목표에 이르지 못했다고 주장한다.[7] 그러므로 지라르는 구약성경 내에서는 애초부터 최종적 명료함을 지닌 내용을 기대할 수 없다고 본다. 진실한 계시는 복음서에 와서야 비로소 드러나는 것이다. 이러한 구약성경 해석에 대한 지라르 이론의 타당성을 확인하기 위해 슈바거는 지라르의 이론을 도구로 해서 구약성경의 다양한 텍스트와 흐름이 공통된 근본 구조를 지니고 있는지, 그리고 그 구조가 명료하게 드러나는지를 묻고자 한다. 물론 슈바거는 지라르의 이론만으로 구약성경의 모든 근본적인 문제들이 해결될 수 있다고 생각하지는 않는다. 그가 의도하는 것은 지라르의 이론을 바탕으로 구약성경을 새롭게 해석함으로써 지라르의 이론에 의거한 구약성경의 텍스트 연구가 가치 있는 것임을 보여주는 것이다.

가. 폭력적인 하나님

슈바거에 따르면, 구약성경의 후기 문헌, 특히 예언서에서 하나님의 폭력적 활동은 전적으로 심판의 사상과 연결된다.[8] 슈바거는 많은 텍스트들이 하나님이 어떻게 마음이 상하고 화를 내며 반응하는지를 묘사하는데, 에스겔서 21장에서는 "하나님이 사람을 죽이면서 은밀하게 기쁨을 누리는 듯이 보이고, 살기에 눈이 멀어서 의인과 죄인의 구별조차 잊어버린 듯 보인다"라고 말한다.[9]

---

7) 슈바거, 『희생양은 필요한가』, 88.
8) 슈바거, 『희생양은 필요한가』, 102.
9) 슈바거, 『희생양은 필요한가』, 102-103.

슈바거의 주장에 따르면 구약성경에서는 심판에 대해 언급하는 대목에서 하나님은 항상 격앙되고 격정적인 지배자로 나타난다. 그리고 하나님의 잔인한 복수에 대한 주제가 인간의 폭력 문제보다 더 자주 발견된다. 슈바거는 대략 천 개의 대목에서 하나님의 분노가 타오르고, 그가 죽음과 멸망으로써 인간을 처벌하며, 집어삼키는 불처럼 심판을 행하고, 복수를 하며, 멸망시키겠다고 위협하는 말이 나온다고 한다.10)

그런데 슈바거는 이렇게 하나님의 폭력에 대해 언급하는 대단히 많은 텍스트들을 서로 다른 표현을 근거로 네 그룹으로 세분한다. 첫 번째는 하나님이 아무 납득할 만한 이유 없이 사람을 죽이거나 죽이기를 원하는 비이성적 모습으로 나타나는 경우이다. 슈바거는 사무엘하 6장에서 하나님이 수레에서 떨어지는 하나님의 궤를 붙들려던 웃사를 죽이신 텍스트와 출애굽기 4장에서 아무 이유 없이 하나님이 모세를 죽이려고 하신 텍스트를 그 예로 든다.11)

두 번째 텍스트 그룹은 하나님이 인간들이 저지른 악행에 대해 반응하셔서 당신 스스로 (직접) 복수를 행하시는 경우이다. 레위기 26장에서는 하나님의 백성이 계명을 지킬 때 하나님이 그들에게 베풀어 줄 은혜들을 열거한 다음에, 역으로 불순종할 때 받게 될 처벌을 경고하는 구절이 길게 이어진다. 그리고 신명기 30장에도 모세가 이와 비슷한 내용으로 백성들에게 경고하는 내용이 나온다. 이런 텍스트에 따르면 하나님의 폭력 행동은 항상 인간이 저지른 악행에 대한 직접적 결과다. 하나님이 격분하는 것은 하나님이 살인을 즐기거나 비이성적 존재이기 때문이 아니다. 하나님의 분노를 유발하는 원인은 바로 인간이다.12)

---

10) 슈바거, 『희생양은 필요한가』, 105.
11) 슈바거, 『희생양은 필요한가』, 105-106.
12) 슈바거, 『희생양은 필요한가』, 106-108.

세 번째 텍스트 그룹은 분노한 하나님이 악인들을 다른 (무자비한) 자들에게 넘겨줌으로써 그들을 처벌하시는 경우이다. 여기서 인간은 더 이상 하나님의 폭력을 야기하는 존재가 아니라 하나님의 폭력을 실행하는 자로 나타난다. 하나님은 몸소 악인들을 처벌하지 않고 다른 인간들을 이용하여 처벌한다. 율법을 어긴 자들을 무자비한 자들에게 넘기신다(시 44:11-12; 사 19:2; 겔 21:31 등 참조). 하나님은 인간들이 서로 맞서도록 부추기고 선동한다. 하나님은 한 민족을 섬멸하기 위해서 다른 민족을 이용한다(렘 51:20-24 참조).[13]

네 번째 그룹의 텍스트는 악인들의 행동이 그들 머리 위로 되돌아옴으로써 악인들이 스스로를 처벌하게 되는 경우이다. 여기서 하나님은 완전히 뒤로 물러선다. 물론 무자비한 처벌의 사상은 그대로 남아 있지만 하나님 스스로 더 이상 벌을 주려고 직접 개입하지 않고, 악인들을 멸하기 위해 다른 사람의 손도 빌리지 않는다. 그보다는 악인들의 악한 행동이 그들 머리 위로 되돌아옴으로써 그들에 대한 보복이 이루어진다(사 50:11; 렘 44:8; 시 7:13-17; 잠 8:36, 26:27 등 참조).[14]

슈바거에 따르면, 첫 번째 그룹의 텍스트는 그 수가 매우 적다. 슈바거는 이런 텍스트들은 예전의 원시적 상상의 잔재라고 할 수 있고, 기껏해야 구약성경에서의 하나님 이해는 여러 뿌리를 통해 전래된 성스러운 상상과 연결되어 있다는 것을 입증할 뿐이라고 주장한다. 그리고 특별한 근거 제시 없이 두 번째와 세 번째 그룹 사이의 차이는 실제적 차이라기보다는 언어적 차이에 불과하다고 주장한다. 또 하나님의 직접적인 개입을 이야기하는 텍스트는 매우 드물기 때문에 하나님이 직

---

13) 슈바거, 『희생양은 필요한가』, 109-111.
14) 슈바거, 『희생양은 필요한가』, 112-114.

접 복수를 한다고 진술하는 텍스트를 대할 때에는 항상 글자 그대로 사건이 일어났다고 생각해서는 결코 안 되며, 따라서 하나님의 직접적, 그리고 간접적인 (처벌의) 폭력에 대해 언급하는 두 개의 텍스트 그룹은 본질에서 같은 내용이라고 할 수 있다는 것이다.15) 하지만 슈바거는 이런 결론에 이르게 된 이유에 대해서는 아무런 언급도 하지 않는다.

그렇다면 앞의 텍스트들과는 달리 악한 행동은 단지 그것을 행한 자들의 머리 위로 되돌아올 뿐이라고 말하는 네 번째 그룹의 텍스트들에 대해서는 어떻게 해석해야 할까? 슈바거에 따르면, 자기 처벌과 하나님을 통한 처벌은 서로 별개의 사실이 아니다. 사실상 구약성경에서 이런저런 방식으로 자기 처벌에 관해 언급된 모든 대목에서 자기 처벌은 동시에 하나님 분노의 실현을 의미한다는 것이 드러난다. 물론 하나님이 직접 하늘에서 유황과 불을 퍼부어서(창 19:24) 멸망시킨 소돔과 고모라의 이야기 또는 땅이 갈라져서 집어 삼켜진 고라, 다단과 아비람의 이야기(민 16:31-33)가 있지만 이런 것들은 전승에 보존되어 있는 신화적-원시적 이야기에 불과하다는 것이 슈바거의 생각이다.16)

따라서 슈바거에 의하면 하나님이 직접 또는 간접적으로 행하는 복수에 대한 말과 폭력 행위자들의 자기 처벌에 관한 진술은 결국 같은 내용을 말하는 것이다. 즉, 폭력은 항상 인간들에 의해 저질러진다. 그러므로 하나님의 복수에 대해 말하는 많은 텍스트들은 단지 인간의 폭력에 대해서만 말하는 텍스트에 포함되어야 한다. 비록 하나님의 심판과 진노에 대한 구약성경의 텍스트들을 네 가지로 구분할 수 있지만 그 모든 텍스트들은 하나님에 의해서가 아니라 인간 스스로에 의한 폭

---

15) 슈바거, 『희생양은 필요한가』, 105-117.

16) 슈바거, 『희생양은 필요한가』, 121.

력과 복수를 나타내는 것이다. 폭력은 인간에 의해 저질러지는 것이지 하나님과는 상관없는 것이다. 이것이 슈바거의 결론이다. 이로써 슈바거는 지라르의 이론과 마찬가지로 구약성경에서도 폭력, 그것도 인간의 폭력이 대단히 핵심적인 주제라는 사실을 더욱 분명히 한다.[17]

나. 희생제사

지라르에 따르면 성스러운 상상들은 희생양 메커니즘을 통해서 형성된다. 사람들이 자신들의 공격성을 우연한 희생물에 집단으로 전이함으로써 그 희생물은 성스럽게 된다. 희생물은 공동체에 위기를 가져온 저주의 대상이다. 그러나 이 희생물은 심각하게 위협을 받던 공동체에 평화를 가져온 신비로운 인물로 여겨지기도 한다. 그는 저주받은 자이며 동시에 축복의 전달자다. 지라르는 성스러운 상상의 기원을 이런 방식으로 설명하면서 최초의 폭력의 집단적 전이가 후에 희생제의를 통해서 예식적으로 실감 나게 체험된다고 주장한다.[18] 슈바거는 만약 이런 지라르의 이론이 옳다면, 참된 하나님에 대한 계시가 진전되면서 희생제의는 하나님의 명령에 의한 것이 아니라 한낱 인간의 투사에 불과하다는 것이 점점 더 분명하게 드러나야 한다고 주장한다.[19]

지라르에 따르면 성스러운 투사는 내면의 공격성을 희생양에 집단으로 전이하는 데에 그 기원을 두고 있다. 이러한 집단 전이에 대한 생각은 구약성경 내에서도 잘 드러나는데, 특히 사제 혹은 제물 봉헌자가 속죄를 위해 짐승이나 사람의 머리 위에 손을 얹는 것이 요구될 때 이 같은 내용이 암시되어 있다(레 16:21-22, 레 24:10-14 참조)고 지라

---

17) 슈바거, 『희생양은 필요한가』, 117-122.
18) 지라르, 『폭력과 성스러움』, 35, 59.
19) 슈바거, 『희생양은 필요한가』, 146.

르는 주장한다.20) 마찬가지로 슈바거도 본질적으로 성스럽고 예식적인 모든 희생제의에서 중요한 점은 공격성이 외부로 옮겨지는 것이라고 말한다.21)

하나님은 "피를 흘린 죄, 곧 단지 제물로 인해서 겉으로 피가 묻은 손이 아니라 중한 범죄를 뜻하는 피를 흘린 죄" 때문에 희생 제물을 거부한다(이사야 1:11-15). 이사야서에 의하면, 폭력 행동은 더 이상 외적으로 염소에게 옮겨 놓음으로써 공동체에서 제거될 수 있는 그런 해악으로 간주되지 않는다. 그러므로 희생 제물은 더 이상 전과 같은 목표를 달성하지 못한다. 하나님은 희생 제물에 "물렸다", 그것을 "싫어한다." 그 대신에 숨겨진 진실이 드러난다. 즉, 희생 제물을 드리는 이들의 손은 피로 가득하다. 슈바거에 따르면, 이 같은 사실은 희생 제물은 폭력의 본모습이 아직 간파되지 않은 한도에서만 중요한 역할을 한다는 점을 간접적으로 암시하는 것이다.22)

슈바거는 '최초의 살인'도 희생 제물과 폭력과의 관계를 간접적으로 드러내고 있다고 주장한다. 카인이 동생인 아벨을 죽인 창세기의 텍스트에 따르면, 카인은 자신의 제물이 제 기능을 발휘하지 못했고, 그래서 살인자가 되었다. 카인이 화가 났기 때문에 제물이 거절된 것이 아니라, 카인의 제물이 원했던 효과를 내지 못했기 때문에 경쟁자인 아벨의 살인자가 된 것이다.23)

그러므로 슈바거는 구약성경의 텍스트들이 지라르의 이론과 정확히 상응해서 희생 제물을 이중의 시선으로 바라본다고 주장한다. 즉, 한편

---

20) 지라르, 『나는 사탄이 번개처럼 떨어지는 것을 본다』, 195.

21) 슈바거, 『희생양은 필요한가』, 154-155.

22) 슈바거, 『희생양은 필요한가』, 156.

23) 슈바거, 『희생양은 필요한가』, 157.

에서는 일부 텍스트들이 희생 제물이 더 이상 효력을 내지 못하는 곳에서 폭력이 일어난다는 것을 말하고, 다른 한편에서는 더 깊은 통찰에서 희생 제물로써는 더 이상 폭력이 공동체에서 제거될 수 없음을 확인한다는 것이다.[24]

다. 희생양 메커니즘

지라르의 이론에서 가장 핵심적인 것은 희생양 메커니즘 즉, 인간들은 자신들의 공격성을 우연한 한 희생양에 집단으로 쏟아 놓는다는 주장이다. 이러한 지라르의 이론이 기독교 속죄 신학에 포괄적인 해석의 틀을 제공하려면 구약성경에서도 폭력의 집단적 전이에 대한 문제가 발견되어야 한다. 시편 69편은 시편 기자의 목숨을 노리는 원수들에 대해서 그들은 대단히 많고, 거짓되며, 까닭 없이 미워한다고 말한다. 슈바거에 따르면, 이 세 가지 요소들은 원수들에 대한 묘사에서 거듭해서 발견되고,[25] 지라르의 이론과 정확히 일치한다.[26]

지라르의 이론에 따르면 박해를 받는 사람은 허황된 상상에 빠지지 않는다. 그가 말하는 원수들은 실제로 존재한다. 그것이 신화든 성경이든 박해의 텍스트는 상상이 아니라 실제로 일어난 사실이다.[27] 다만 그 해석에서 차이가 날 뿐이다. 악인들은 서로 결속해서 자신들의 숨겨진 공격성을 희생자에게 투사한다. 이 문제에 대해서 구약성경의 여러 텍스트들은 많은 이들이 판단하는 데 문제가 있다는 사실을 강조한

---

24) 슈바거, 『희생양은 필요한가』, 157.

25) 수많은 원수들: 시편 25:19; 38:20; 55:19; 56:3; 63:10; 119:157. 거짓말: 시편 12:3; 28:3; 52:5; 55:22; 116:11; 120:2; 144:8. 까닭 없는 미움: 시편 35:19; 38:20; 63:10.

26) 슈바거, 『희생양은 필요한가』, 172-173.

27) 지라르, 『나는 사탄이 번개처럼 떨어지는 것을 본다』, 87. 이에 대해 정일권은 "지라르가 그의 동료 프랑스 포스트모더니즘 철학자들의 언어학적 허무주의와는 달리 사건의 진실을 믿는 리얼리스트다"라고 평가한다. 정일권, 『붓다와 희생양』, 44.

다. 시편에서는 악인들과 폭력 행위자들의 생각이 뒤틀렸고, 그들은 참된 길을 알지 못한다는 것이 여러 번 강조된다. 그들은 의인들과 하나님에 대해 그릇된 판단을 내린다.[28] 그들은 혀로 거짓을 말하고,[29] 자신들이 꾸며낸 흉계에 빠져 든다.[30] 그들은 깨달음이 없고,[31] 교만에 차서 행동한다.[32]

슈바거는 야훼 신앙은 자신을 까닭 없이 미워하는 수많은 거짓말쟁이 원수들에 대해 얘기할 때, 결코 공상을 한다거나 과장한다고 생각하지 않았다고 말한다. 오히려 현실과 일치하는 판단을 내린다고 확신하였다. 야훼 신앙은 자신의 반대자들이 눈이 멀어 현혹되었다고 생각했다. 물론 야훼 신앙이 이런 판단을 하면서 스스로 착각에 빠진 것은 아닌가 하는 의문은 분명히 남아 있다. 무엇보다도 복수를 열렬하게 청하는 시편들을 대하면 그런 생각을 하게 된다. 하지만 슈바거는 지라르의 관점에서 이런 사실은 결코 놀라운 것이 아니라고 말한다. 지라르의 이론에 의하면 구약성경 내에서는 폭력의 세계로부터의 탈출이 아직 완전히 이루어지지 않았기 때문에 "의인들"도 거듭 어떤 공격적인 투사에 빠졌다고 추정할 수 있기 때문이다. 그러므로 정말 중요한 문제는 잔존해 있는 폭력적 경향을 극복할 수 있는 길이 구약성경 내에 암시되어 있느냐 하는 것이다.[33]

슈바거에 따르면, 수많은 구약성경의 기록들은 서로 규합한 원수들의 무리가 눈이 멀고 미쳤다고 분명하게 말하고 있다. 지라르 이론과

---

28) 시편 2:2-3; 10:6-7; 22:7-9; 27:12; 35:11-12; 41:6-7; 70:4; 79:4.

29) 시편 12:3; 28:3; 50:19; 52:5; 55:22; 64:4; 109:2; 116:11; 120:2; 144:8.

30) 시편 10:2; 35:8.

31) 시편 14:2-4; 82:5.

32) 시편 10:2; 17:10; 31:9; 59:13; 73:6; 75:5; 140:6.

33) 슈바거, 『희생양은 필요한가』, 181-182.

정확하게 일치해서, 원수들이 현혹과 망상에 빠졌다고 말하는 것이다. 따라서 구약성경은 현혹됨Verblendung이 오늘날 우리가 투사라고 부르는 것과 관련이 있다는 사실을 분명하게 말하고 있지는 않지만, 원수들이 망상에 사로잡히고 눈이 멀었다고 말하는 텍스트들을 지라르의 이론과 관련해서 해석하는 것은 정당하다는 것이 슈바거의 주장이다.[34] 다시 말해 그러한 텍스트들은 지라르의 희생양 메커니즘 이론으로 잘 설명될 수 있다는 것이다.

라. 하나님의 계시와 폭력의 극복

슈바거에게 하나님은 비폭력적인 분이시다. 하나님이 약속의 말씀, 믿음을 요구하는 말씀을 통해서 활동한다고 할 때, 이 말씀은 사랑에서 나오는 사랑의 말씀이다. 하지만 슈바거는 하나님의 말씀에 대한 구약성경의 진술이 하나의 노선으로 통일되지 않는다는 점을 인정한다. 많은 텍스트에서 하나님 말씀의 능력은 폭력적인 진노와 거의 동일시된다. 따라서 이런 상이한 진술들을 직접 조화시키는 것은 불가능하다는 점을 슈바거도 인정한다. 그런데도 슈바거는 호전적이지 않은 말씀들(호 1:7; 렘 21:8-9; 시 40:7-8)을 근거로 하나님의 행동을 정의, 평화, 사랑의 활동으로 강조한다.[35]

슈바거에 따르면 하나님은 마음속에 있는 충동으로 말미암아 지속해서 거짓과 폭력으로 기우는 인간들을 불러 모아서 평화로운 공동체를 형성함으로써 당신이 하나님임을 계시한다. 따라서 하나님의 계시는 폭력이 극복되는 과정과 동일시된다. 새롭게 불러 모으는 것은 온

---

34) 슈바거, 『희생양은 필요한가』, 185-186.
35) 슈바거, 『희생양은 필요한가』, 192-198.

전히 하나님의 작품이다. 하나님은 "너희에게 새 마음을 주고 너희 안에 새 영을 넣어 주겠다"(겔 36:26)라고 말씀하시고, "아무도 자기 형제에게 '주님을 알아라' 하고 가르치지 않을 것이다"(렘 31:34)라고 말씀하신다. 인간이 다른 이를 통해서 가르침을 받아야 하는 한, 항상 본보기가 필요하다. 그러나 지라르의 이론에 따르면 교사와 스승에 대한 모방은 자신도 모르게 경쟁으로 귀착된다. 적어도 가장 깊고 가장 개인적인 사항과 관련해서 어떤 사람도 가르칠 필요가 없는 곳이어야지만 폭력적인 경향이 그 뿌리에서부터 극복될 수 있다. 슈바거는 인간은 하나님의 영을 통해서 자신의 가장 내밀하고 깊은 개인적 갈망을 채울 때에만, 모방의 마력과 모방에서부터 생겨나는 질투로부터 자유로워질 수 있다고 말한다.36)

그렇다면 하나님의 약속, 말씀을 통한 하나님의 도움이란 과연 무엇일까? 슈바거는 이 질문에 대한 실제적인 대답은 신약성경에서 비로소 제시될 수 있다고 보지만, 이미 구약성경의 차원에서도 이 대답을 준비하는 텍스트가 있다고 말한다. 그것은 바로 이사야서에서 제시되는 '고난 받는 종'의 텍스트다.

이사야 53장에서는 근본적으로 다른 두 가지 시각이 동일한 한 인간의 삶에서 드러난다. 처음에 사람들은 그 종을 벌 받은 자로 여겼지만, 나중에 가서야 비로소 그들의 눈과 귀가 열려 그가 찔린 것은 그들 자신의 악행 때문이었다는 것을 알게 되었다. 슈바거에 따르면, 구약성경의 거의 모든 부분에서 악행은 그것을 행한 자의 머리 위로 되돌아온다는 생각이 발견된다. 그러나 이사야 53장 4-5절의 텍스트에서는 이와는 대조적으로 전적으로 새로운 진술이 나타난다. 많은 이들의 죄악

---

36) 슈바거, 『희생양은 필요한가』, 201-210.

이 그것을 범한 자들에게 되돌아오지 않고, 무죄한 사람(사 53:9)이 이들을 대신해서 고난을 겪는다. 하지만 슈바거는 히브리어에서는 능동적인 원인 제공과 수동적인 허용 사이에 본질적인 구분이 없음을 이유로 들어, 이 구절을 '형벌대속'의 의미로 해석하지 않고, "하나님께서 우리가 우리 모두의 죄악을 그에게 떨어뜨리는 것을 허락하셨다"라는 의미로 해석한다.37) 형벌대속에서는 우리의 '죄책(형벌)'을 그분이 대신 짊어지신다는 의미가 있지만, 슈바거가 말하는 대속은 '죄책'이 아니라 우리가 우리 죄로 말미암아 당해야 할 '폭력'을 그분이 대신 당하셨다는 의미이다.

2. 신약성서 해석

슈바거는 구약성경이 지라르의 이론을 지지하고 있으며, 지라르의 이론에 따라 구약성경을 해석하는 것은 정당하다고 말한다. 하지만 구약성경의 텍스트에는 모순되는 진술들이 분명히 존재하기 때문에 구약성경만으로는 분명한 진리에 도달할 수 없고, 구약성경의 텍스트는 예수 그리스도의 운명에 비추어 해석될 때 비로소 명확해진다고 주장한다. 따라서 슈바거에 따르면, 진노하시는 하나님과 비폭력적인 하나님에 관한 구약성경의 모순적인 진술들은 신약성경을 근거로 해서 볼 때 비로소 명확해진다. 그러므로 신약성경을 분석하면서 앞에서 제시한 해석이 과연 타당한지에 대한 판단을 내려야 한다.

---

37) 슈바거, 『희생양은 필요한가』, 220-221. 그러나 이사야 53장에 나타나는 하나님의 종의 대리적 고난 사상은 후기 유대교에서 순교자 신학과 의인의 고난 사상으로 계승 발전하였으며, 초기의 그리스도인들은 이러한 사상을 받아들여 예수 그리스도가 우리를 위하여 대신 고난을 겪었다고 이해했다. 즉 십자가는 우리의 죄 용서와 구원을 위한 대리적 죽음을 의미한다. 윤철호, "구속교리에 대한 해석학적 고찰- '승리자 그리스도' 모델을 중심으로",「장신논단」44/1 (2012): 137-138.

가. 현혹됨과 폭력

슈바거는 공관 복음이 해석의 문제가 특별히 부각되는 비유들을 "보아도 보지 못한다"라는 주제와 연결한다고 주장한다(막 4:11-12; 마 13:11-12; 눅 8:10 참조). 복음서가 제기하는 해석학적 문제는 바로 이해와 인식의 문제인 것이다. 복음서에 따르면 사람들이 이해하지 못하는 이유는 잘못된 종교 역사적 비교에 있다거나, 시대에 뒤진 세계관에 있는 것이 아니라, 청중의 마음이 굳어진(마 3:15 참조) 데에 있다. 그러므로 신약성경에서 제기된 해석학적 문제의 결정적인 요인은 완고함과 현혹됨Verblendung이다. 완고함이 단지 개인적인 차원에서 윤리적으로 그릇된 태도를 말하는 것이라면 학문 연구에서는 그것을 도외시하는 것이 마땅하지만 집단으로 현혹된 경우라면 -신약성경은 그렇게 생각한다- 해석학적 문제는 다른 방식으로 제기되어야 한다는 것이 슈바거의 생각이다.[38]

슈바거에 따르면, 지라르의 이론은 인간을 격정적인 존재로 이해하면서 인간의 이성은 거듭해서 사회적 흐름에 사로잡히고 속아 넘어간다고 본다. 그러므로 지라르의 이론에서는 집단적 현혹이 어느 정도 당연한 일이다. 따라서 지라르와 신약성경은 둘 다 집단적 현혹의 가능성과 사실성을 명확하게 인식한다는 점에서 일치점이 있다.[39]

지라르의 이론에 따를 때 신약성경의 수많은 텍스트들 중에서 완전한 인식의 길을 열어주는 해석학적 열쇠 같은 텍스트는 "집 짓는 이들이 내버린 돌, 그 돌이 모퉁이의 머릿돌이 되었다."라는 구절이다.[40] 슈바거에 따르면 여기서는 같은 사실에 대해서 근본적으로 다른 두 가

---

38) 슈바거, 『희생양은 필요한가』, 232-233.
39) 슈바거, 『희생양은 필요한가』, 234.
40) Girard, *Things Hidden Since the Foundation of the World*, 187.

지 해석이 서로 대립하고 있다. 즉, 집 짓는 자들의 시각과 신약성경 텍스트의 시각이다. 그러나 두 가지 해석이 아무런 연관 관계도 없이 병립해 있는 것은 아니다. 그 두 가지 해석은 돌을 내버리는 사건[41]에서 서로 만난다. 집 짓는 자들이 집단으로 현혹된 것은 그 돌이 모퉁이의 머릿돌이 되는 과정에 필수적인 한 부분이다.[42]

슈바거는 집 짓는 자들에 대한 구절이 공관 복음 모두에 나올 뿐만 아니라, 그 구절은 악한 포도밭 소작인의 비유와 바로 이어지면서 그 비유를 요약하고 해석하는 역할을 한다고 본다. 따라서 악한 포도원 소작인의 비유가 예수와 그의 반대자들 간의 충돌 전체를 요약하는 데에 도움이 되었다면, 비유를 종결하는 마지막 말씀인 집 짓는 자들에 대한 말씀은 비유의 최종 핵심을 드러낸다는 것이다. 말하자면 복음이 요약된다. 그러므로 슈바거는 내버려진 돌에 대한 말씀에 핵심적인 해석학적 의미가 부여될 수 있고, 그리고 그 말씀은 예수가 사람들로부터 배척당하는 데에는 폭력이 중심적인 역할을 한다는 것을 보여준다고 말한다.[43] 말하자면, 신약성경의 해석학적 의미가 부여되는 핵심적인 말씀에 폭력에 관한 내용이 들어있다는 말이다.

나. 폭력과 거짓을 드러냄

지라르에 따르면 모든 인간들에게는 쉽게 폭력으로 기우는 경향이 있다. 그러므로 '모두가 모두를 반대하는 전쟁'이라고 표현할 수 있는 어떤 은밀한 상태가 근본적으로 존재한다. 성경의 예언자들 역시 이스

---

41) 돌을 내버리는 사건이란 십자가의 사건, 즉 일인에 대한 만인의 박해 사건, 희생양 메커니즘의 폭력을 의미한다.
42) 슈바거, 『희생양은 필요한가』, 235.
43) 슈바거, 『희생양은 필요한가』, 235-243.

라엘 백성과 다른 백성들이 사람을 죽이는 짓을 반복하고 있다고 거듭 비난하는데, 슈바거는 이런 점에서 구약성경과 지라르의 이론이 일치한다고 주장한다.[44]

지라르는 형제 관계가 본능적으로 적대적인 관계로 변하고, 모든 인간들이 자연 발생적으로 폭력으로 기운다는 분석 결과를 제시하였는데, 이에 대해 일상적인 체험은 이와는 정반대라는 반론이 제기되기 쉽다. 왜냐하면, 경험적으로는 남편과 아내, 부모와 자녀 간의 자연적인 애정 덕분에 서로 화목하게 지내는 가정이 많기 때문이다. 그러나 슈바거는 지라르와 마찬가지로 신약성경의 시각에서도 많은 이들이 인용하는 '일상적 체험'이라는 것은, 단지 인간 상호관계의 심연을 아직 들여다보지 못한 채 피상적으로 바라본 결과일 뿐이라고 말한다.[45]

슈바거에 의하면 인간의 깊이 숨겨진 격정과 은밀한 살인 의지는 단지 윤리적인 노력을 통하여는 극복될 수 없다. 지라르가 인간이 자율적으로 욕망을 갖는다는 것은 환상이라고 한 것과 마찬가지로 슈바거도 인간은 궁극적으로 자율적인 존재가 아니라고 말한다. 인간은 격정에 예속되든지 아니면 하나님의 행동에 힘입어서 비로소 자기 자신의 주인이 될 수 있다.[46]

슈바거는 원수 사랑은 원수가 행하는 바와 모든 면에서 대조되는 구체적인 태도를 통해서 입증되어야 한다고 주장한다. 미움에는 선행으로, 저주에는 축복으로, 학대에는 기도로 응답해야 한다. 이런 고차원의 윤리적 요구들은 구약성경과 신약성경의 분석을 통해 올바로 이해될 수 있는데, 그것은 원수 사랑이야말로 모방과 폭력의 악순환을 단

---

44) 슈바거, 『희생양은 필요한가』, 244.

45) 슈바거, 『희생양은 필요한가』, 260-261.

46) 슈바거, 『희생양은 필요한가』, 281.

절시킬 수 있는 유일한 길이라는 것이다.[47]

슈바거에 따르면 지라르의 분석은 도처에서 작용하는 모방심리가 어떻게 인간들을 드러나지 않게 경쟁과 폭력 행위로 유인하는지를 밝혀 준다. 어떤 폭력이든 그것은 자신을 모방하도록 유혹한다. 그러므로 누군가가 폭력과의 전면 투쟁에 접어들었다면, 그것은 드러나지 않게 이미 폭력에 굴복한 것이 된다. 폭력은 직접 폭력에 맞서는 사람을 유인해서 그 사람도 불가항력적으로 똑같은 폭력적 수단을 써서 반격을 하게 할 정도로 전염성이 매우 크다. 비록 이런 수단들이 수많은 정당한 이유를 근거로 정당화된다고 하더라도 그것은 결국 악의 수단인 것이다.[48] 이러한 슈바거의 견해에 의하면 흔히 말하는 정당한 전쟁 역시 모방 폭력에 의한 것으로서 지양되어야 한다는 결론에 이른다.

다. 희생양이신 예수 그리스도

슈바거에 따르면, 복음서 전체는 예수를 배척한 책임을 개인이 아닌 이스라엘 전체에게 지우는 경향을 보이는데, 이는 신약성경의 핵심적인 텍스트들이 모든 인간들 안에 숨어 있는 거짓과 폭력적 경향을 폭로하기 때문이다. 악한 포도원 소작인들의 비유에서 소작인들은 주인이 보낸 종들과 주인의 사랑을 받는 아들을 거슬러 행동하는데, 그들은 개별적으로 행동하지 않고 자기들끼리 서로 상의하고 함께 행동한다(막 12:7). 그들은 -나중에 모퉁이의 머릿돌이 된- 돌을 내버린 건축자들이다. 베드로 역시 이들 집 짓는 자들을 믿지 않는 모든 인간들과 동일시한다(벧전 2:7-8).[49]

---

47) 슈바거, 『희생양은 필요한가』, 283-284.
48) 슈바거, 『희생양은 필요한가』, 285.
49) 슈바거, 『희생양은 필요한가』, 306-307.

이처럼 원수들 간의 연합이 개별적이 아닌 보편적 차원을 지닌다는 것은 슈바거에게 중요한 일이다. 왜냐하면 지라르의 분석에 따르면 희생양 메커니즘은 항상 모든 인류에게 공공연하게 혹은 숨겨진 채로 반복되는 보편적 차원을 지니는 것이기 때문이다. 지라르의 이론은 결코 성경의 내용 전체를 해석한 것은 아니다. 하지만 슈바거의 주장에 따르면 그의 이론은 성경의 진술들을 전체 내용에 따라서 올바로 평가할 수 있도록 개념적인 전제를 제공해준다.50)

지라르는 희생양 메커니즘에서 희생양의 선택이 순전히 우연으로 이루어진다고 설명한다. 그는 이런 설명을 통해서 돌발적인 폭력은 객관적인 이유에서가 아니라 모방을 통해 유발된다는 것을 분명하게 보여준다. 그러나 신약성경은 예수를 우연적인 희생양으로 이해하지 않는다는 점에서 지라르의 이론과는 근본적으로 차이가 있다고 슈바거는 주장한다. 예수는 고통을 "당했어야 했고", 돌발적인 폭력은 그를 향해 "분출되었어야" 했다는 것이다. 율법에 대한 예수의 태도와 죄인들에 대한 그의 행동은 율법 학자들과 바리새인들에게 처음부터 심각한 도전이었다. 반대자들이 예수에게 적의를 품었을 때, 예수는 그들에게서 숨겨진 살인 의지를 밝혀내어 질책함으로써 다시 한번 그들을 자극하였다. 예수는 반대자들의 증오가 자신을 향해 분출되도록 충분한 계기를 제공한 것이다.51)

그러나 슈바거에 의하면 예수의 반대자들이 예수를 향해 폭력을 분출한 것은 예수가 그들의 숨겨진 살인 의지를 드러냈기 때문만은 아니다. 그것도 중요한 이유 중의 하나이지만 결정적인 이유는 예수가 자

---

50) 슈바거, 『희생양은 필요한가』, 311.

51) 슈바거, 『희생양은 필요한가』, 311-312.

신이 하나님의 아들이라는 엄청난 자기주장 때문이다.[52] 그러므로 적대자들의 보편적인 결탁은 우연한 한 인간을 겨냥한 것이 아니다. 사도행전은 유대인들과 이방인들이 하나님으로부터 기름 부음을 받은 "거룩한 종 예수"를 반대하여 서로 규합하였다(행 4:27)고 말한다. 따라서 슈바거에 의하면 예수는 실제로 희생양이었고 폭력이 우연히 그에게 분출된 것이 아니라 폭력의 정체를 드러내기 위한 불가피한 희생양이다.[53]

그러나 지라르가 희생양의 선택을 우연적인 것으로 본다는 슈바거의 설명은 보충되지 않으면 오해의 소지가 있다. 지라르는 신학적 관점이 아닌 인문학적 관점에서 복음서를 보기 때문에 예수를 "폭력의 정체를 드러내기 위한 불가피한 희생양"이라고까지 표현하지는 않고 있으나 예수가 순전히 우연적인 희생양이라고는 하지 않는다. 지라르의 주장은 희생양은 희생양으로 선택될 하나 이상의 우선적인 징후를 갖고 있으며, 이 우선적인 징후에 반드시 필연적인 이유는 없다는 것이다. 지라르는 순수하게 인문학적 관점에서 자신의 연구를 진행한다고 주장하므로 신학자인 슈바거와 같은 주장은 하기 어렵다. 『문화의 기원』에서 지라르는 희생양은 무작위로 선택되어야 하나? 라는 질문에 다음과 같이 대답한다.

> 꼭 그렇지 않습니다. 그것은 다른 무엇보다도 박해자들과 희생양의 이해 수준에 달려 있습니다. 희생양은 이 메커니즘의 작용을 방해한 사람이 될 수도 있습니다. 한 가지 예를 들어봅시다. 예컨대 어떤 사람이 희생양 메커니즘을 고발했지만 이 메커니즘이 결국 우세해지면, 그런 혼란을 일으킨 사람은 모두에게 희

---

52) 슈바거, 『희생양은 필요한가』, 315-317.
53) 슈바거, 『희생양은 필요한가』, 319. 우리는 이미 앞의 제3장 제2절 3항에서 지라르가 슈바거와의 신학적 대화를 통해 '희생'에 대한 온건한 입장을 갖게 되었다는 주장을 살펴보았다.

생양으로 지목되는 것이 그것입니다. 복음서에 나오는 그리스도에게 일어난 일이 바로 이런 것입니다. 그래서 저는 그리스도를 근거 없이 선택된 희생양으로 보지 않았던 것입니다. … 그리스도는 박해자들에게 또다시 폭력을 행사하여 무고한 희생양들을 처벌하고 있다고 비난했는데, 이것은 곧 그리스도가 스스로를 희생양으로 지목한 것과 같습니다. 방금 제기한 질문에 대해 말하자면, 희생양은 우연히 선택된다고 말해도 안 되지만 그렇다고 우연히 선택되지 않는다고 말해도 안 되는 것 같습니다.[54]

라. 신약성서의 진리성

슈바거에 따르면, 지라르는 인간의 폭력적인 성향이 인간 상호관계의 가장 핵심적인 문제라고 보고 있지만 그의 서술은 미완성인 채로 남아 있다. 그는 인간의 공격성을 생물학적 충동으로 이해하거나 인간 본성에 속하는 것으로 이해하는 것에 분명하게 반대한다.[55] 그렇다면 인간의 폭력성은 인간 본성에 필연적으로 속하는 경향이 아니면서도 완전히 인간에게 속하는 것처럼 보인다. 그러면 그것은 과연 무엇일까? 이 질문에 대해 지라르는 아무런 대답도 하지 않고, 대답하려는 시도조차 하지 않는다.

하지만 슈바거는 지라르와는 대조적으로 신약성경은 어떻게 폭력이 인간 마음의 중심에 뿌리를 두고 있으면서도, 인간 본성에 속하지는 않는지를 보여준다고 말한다. 슈바거에 따르면, 지라르가 분석한 대로 폭력성은 궁극적으로 이유가 없는데, 이런 이유 없는 공격성은 인간의 이유 없는 행동의 결과, 곧 자유의지로 하나님을 배신한 결과다. 성경은 인간들이 도저히 달리 어떻게 행동할 수 없을 정도로 매우 완고하며, 그런데도 그들의 행동은 본성적 필연성에 의한 것이 아니라 사악

---

54) 지라르, 『문화의 기원』, 84.
55) 지라르는 모방이 인간의 속성이긴 하지만 본능은 아니라고 한다. 모방 욕망의 결과인 폭력도 마찬가지다. 지라르, 『문화의 기원』, 66.

한 의지의 결과라는 것을 증언한다.[56]

슈바거는 지라르의 이론에 있는 또 다른 문제도 성경을 통해 잘 설명할 수 있다고 말한다. 지라르는 성스러운 상상들이 인간들의 만장일치에 따른 집단 폭력이 어떤 우연한 한 희생자에게 쏟아 부어짐으로 말미암아 형성된다고 본다. 비록 지라르가 자신의 주장을 뒷받침하는 근거들을 많이 제시하고 있지만, 이런 지라르의 설명이 모든 것을 해명해 주는 것은 아니다. 왜냐하면 세속적인 것과 성스러운 것 사이에는 매우 근본적인 차이가 있기 때문이다.[57]

슈바거에 따르면 신약성경은 이런 미해결의 문제에 대해 분명한 대답을 준다. 신약성경은 인간의 폭력적 성향의 배후에는 하나님에 대한 깊은 원한이 자리하고 있다고 알려 준다.[58] 하나님에 대한 어슴푸레한 상상이 그 우연한 희생자에게 투사된다. 따라서 모든 집단적 망상에서 참된 하나님에 대한 왜곡된 상상이 발견된다. 즉, 희생양이 성스러운 특성을 보이는 것은 하나님과 그분의 사랑받는 아들에 대한 원한이 은밀하게 희생양들에 분출되기 때문이다.[59]

그러나 슈바거의 이런 주장에 따르면 인간은 희생양에 대한 폭력과 투사를 통해 하나님에 대한 원한을 분출하기 때문에 그 희생양에 대한 성스러운 상상을 갖게 된다는 것인데, 무슨 근거로 이 같은 주장을 하는 것인지, 원한이 하나님을 향한 것이라는 이유만으로 어떻게 희생양에 분출한 원한이 성스러운 상상으로 발전할 수 있는 것인지 의문이다.

---

56) 슈바거, 『희생양은 필요한가』, 323-324. 하지만 개혁신학은 인간의 타락을 본성의 타락이라고 말한다. 필자가 보기에 인간의 폭력성에 대한 설명은 개혁신학의 전적 타락 교리로 접근하는 것이 더 적절해 보인다.

57) 세속적인 폭력과 성스러운 폭력 사이에는 차이가 없다는 것이 지라르 이론의 핵심이다. 지라르는 이것을 희생양 메커니즘을 통해 설명한다.

58) 행 4:25-26, 요 15:23-24, 눅 20:9-16 등 참조.

59) 슈바거, 『희생양은 필요한가』, 324-325.

인간에게 하나님에 대한 깊은 원한이 자리한다는 설명은 오히려 개혁 신학처럼 인간의 타락(본성의 타락)과 전적 부패를 인정할 때에만 가능한 신학적 주장이다. 그러나 슈바거는 인간의 전적 부패를 인정하지 않는 듯하다. 그는 인간이 자신의 의지로 얼마든지 폭력의 정체를 드러내는 하나님의 말씀 앞에 결단하고, 돌아설 수 있다고 말하기 때문이다. 슈바거의 주장은 뚜렷한 근거가 없을 뿐만 아니라, 처음부터 야훼 신앙을 갖고 있던 민족으로서의 이스라엘의 특수성에 대한 고려가 전혀 없이, 하나님에 대한 원한이라는 감정적 요소를 보편화한 것이어서 문제의 소지가 있다.

3. 비폭력적 구원의 하나님

슈바거에 따르면 십자가는 속죄양 기제를 폭로할 뿐만 아니라, 하나님께서 심지어 예수 안에 구현된 자신의 사랑이 폭력적으로 거절될 때조차도 계속해서 사랑하신다는 것을 드러내 보여준다. 슈바거에게 하나님은 무한히 용서하시는 분이시고, 폭력에 비폭력으로 대응하시는 분이다. 슈바거는 지라르의 이론을 받아들여 "폭력의 완전한 폭로가 제의적 희생의 모든 의미를 제거한다"[60]라고 말한다.

하지만 슈바거의 이러한 생각에 히브리서는 강력한 반박 자료가 된다. 히브리서는 예수의 죽음을 희생제사로, 그리고 예수를 대제사장으로 칭하고 있기 때문이다. 그렇다면 슈바거는 지라르의 이론과 관련해서 이러한 히브리서를 어떻게 이해할까?

슈바거의 분석에 의하면 히브리서에서는 구약성경의 희생제사와의 상세한 비교가 있지만 연속성보다는 비연속성이 훨씬 더 강조된다. 예

---

60) 슈바거, 『희생양은 필요한가』, 326.

수 그리스도의 사제직은 아론의 계통에 따른 것이 아니다(히 7:11). 예수는 사람이 만든 성소에 들어가지 않았다(히 9:24). 그는 구약성경의 계약에 근거한 직무를 수행한 것이 아니다(히 8:1-13). 그는 단번에 죄를 없앴고, 인간을 하나님과 화해시켰다(히 9:1-28).[61] 그렇다면 둘 사이의 공통점은 무엇인가? 그에 대한 대답으로 슈바거는 "구약성경의 제사와 그리스도의 행동 모두 피와 관련되어 있다는 것"이라고 말한다.[62] 즉 사실적인 공통점만 있을 뿐이라는 것이다. 하지만 이런 공통점에서도 일치점보다는 차이점이 더 크다고 슈바거는 주장한다. 구약성경의 제사장들은 (염소와 송아지에서 나오는) 남의 피를 쏟았지만(히 9:25; 10:4), 예수는 자기 자신의 피로 화해의 업적을 이루었다(히 9:12; 10:4). 비록 피라는 말이 옛 계약과 새 계약 간의 연속성을 보여주는 듯하지만, 바로 여기에서 다시 한번 근본적인 차이가 나타난다고 슈바거는 말한다. 즉, 예수는 자기 자신의 피로 모든 이들의 죄를 없애버림으로써 항상 남의 피를 쏟은 제의적 희생에 종지부를 찍었다는 것이다.[63]

슈바거에 따르면, 구약성경에서 멜기세덱이란 이름은 단지 두 번만(창 14:18; 시 110:4) 나타나고, "멜기세덱과 같은 영원한 사제"(시 110:4)라는 말은 오직 한 번만 발견된다. 따라서 슈바거는 "영원한 제사장"이라는 것은 고립된 표현으로, 구약성경과의 내적인 연속성을 뒷

---

61) 예수 그리스도의 제사장직은 아론의 계통에 따른 것이 아니었고, 레위 계통의 제사장이 아니었다(히 7:11). 예수는 사람이 만든 성소에 들어가지 않았다(히 9:24). 그는 구약성경의 계약에 근거한 직무를 수행한 것이 아니다(히 8:1-13). 그는 제물을 바치는 이들의 양심을 완전하게 해주지 못하는 구약성경의 제물을 바치지 않았다(히 9:1-28). 오히려 예수는 새롭고 더 나은 계약의 중개자였다(히 8:6-13; 9:15). 그는 단 한 번에 죄를 없앴고, 인간을 하나님과 화해시켰다(히 9:1-28).

62) 슈바거, 『희생양은 필요한가』, 327.

63) 슈바거, 『희생양은 필요한가』, 327-328.

받침하기에는 불충분하다고 주장한다. 말하자면, 히브리서가 구약성경에서 "멜기세덱과 같은 영원한 제사장"(시 110:4)과 같은 완전히 고립된 표현을 받아들여 계속 사유한다는 것은, 이 표현을 통해 구약성경의 제사와의 내적인 연관을 암시한 것이 아니라, 구약성경의 제사에서는 파생될 수 없는 어떤 새로운 것을 가리킨다는 것이다.[64]

그러므로 슈바거는 그리스도의 구원 업적은 예식적인 희생제사에 비추어서 이해되어야 할 것이 아니라 내쫓겨서 죽임을 당한 예언자들과 의인들의 운명에 근거해서 이해되어야 한다고 주장한다. 그리스도의 희생제사와 구약성경의 제의적인 희생과의 유사점은 기껏해야 외적인 측면에서, 곧 희생물로 바쳐지는 짐승들이 도살장에 끌려갔던 것처럼(렘 11:19; 사 53:7), 나사렛의 예언자도 적대자들의 폭력에 의해 살해되었다는 데에 있을 뿐이다. 말하자면 그리스도의 십자가는 우리의 죄를 사하기 위한 희생제사가 아니라는 것이다.

슈바거에 따르면, 히브리서의 관점에서 그리스도와 그의 행동을 이해하는 데에 가장 결정적인 부분은 희생제사가 아니라, 예수가 죄인들의 저항을 통해서, 그리고 십자가에 못 박히는 폭력적인 운명을 통해서(히 2:2-3) 순종을 배웠고(히 5:8), 그럼으로써 믿음의 영도자와 완성자가 되었다(히 12:2)는 것이다.[65] 이러한 슈바거의 진술은 예수의 대제사장으로서의 직무를 인정하지 않고, 그의 선지자로서의 사명만을 인정하는 것으로, 개혁주의가 인정하는 그리스도의 삼중직을 명백히 부정하는 것이다.

슈바거에 의하면 중세 초기 이래로 신인(神人)인 그리스도는 자기 죽

---

64) 슈바거, 『희생양은 필요한가』, 329.
65) 슈바거, 『희생양은 필요한가』, 331.

음을 통해서 성부께 무한한 보속(補贖)을 드렸다고 주장되어 왔다. 무한한 보속 이론에 따르면, 그리스도의 공로가 회개하는 모든 죄인들에게 이전된다고 정당하게 말할 수 있다. 하지만 슈바거는 이 이론에서는 죄에 대한 벌만이 아니라 죄 자체도 거룩한 한 분에게 이전되었다는 사실이 간과된다고 주장한다. 게다가 오랜 동안 통용되어 온 이 보속론의 배경에 있는 하나님 상은 예수가 신약성경에서 계속 알려 주었던 아버지와 거의 일치하지 않는다. 되찾은 아들의 비유(눅 15:11-13), 매정한 종의 비유(마 18:23-35)는 하나님은 보상과 보속을 요구하지 않고 용서하신다는 사실을 분명하게 밝혀 준다.66)

슈바거가 생각할 때, 예수가 사람들에게 제한 없이 용서하라고 요구한다면(마 18:22), 그가 선포한 하늘의 아버지는 더욱 기꺼이 용서하는 분임에 틀림이 없다.67) 산상수훈에 따르면 보상해 줄 만한 사람들만 사랑하고, 그들에게만 선행을 베푸는 것은 세리와 이방인들이 하는 행동이다(마 5:43-47). 그러므로 하나님이 보상을 요구하는 분이라는 생각은 이방인들에게 그 기원이 있다는 것이다.68)

슈바거는 하나님의 진노가 아들의 속죄 행위를 통해서 진정된다는 신학적 생각은 하나님은 무한한 사랑이라는 신약성경의 진술과 인간 자신의 은밀한 투사와의 타협이라고 주장한다. 다시 말해, 슈바거에게 있어서 하나님이 피 흘리는 속죄를 요구한다는 사상은 인간의 상상 속에서 일어나는 은밀한 투사에 불과하다.69) 나사렛 예수는 이 땅에서

---

66) 슈바거, 『희생양은 필요한가』, 334.

67) 마크 하임은 "형벌대속 교리의 주장과 달리 하나님은 희생 제물을 원하시는 분이 아니다. 예수는 그의 죽음 전에 희생 없는 용서를 공개적으로 선포하고 실제로 부활하셨다. 이것을 통해 하나님은 희생양 메커니즘을 거절하고 드러내셨다"라고 말한다. S. Mark Heim, "Visible victim: Christ's death to end sacrifice," *Christian Century* 118/9 (2001): 21.

68) 슈바거, 『희생양은 필요한가』, 335.

69) 슈바거, 『희생양은 필요한가』, 373.

하나님의 나라를 선포하였다. 그리고 예수의 말씀과 치유, 기적은 바로 이에 대한 체험의 장이다. 예수의 행위 안에서 시작된 하나님의 구원 작용은 이스라엘의 하나님이 진정 누구인지를 드러낸다. 그것은 다름 아니라 그 어떤 인간적인 희생도, 그 어떤 속죄 행위도 요구하지 않는 하나님이다. 죄인들을 자발적인 사랑으로 받아주는 인격적이고 무조건 자비로운 "아빠(Abba)"로서의 하나님이요, 그들에게 상상할 수도 없을 정도로 용서를 베푸시는 하나님이다.[70]

무한히 용서하는 하나님의 사랑이 완전히 드러나게 되면, 더욱 급박하게 제기되는 질문이 있으니, 그것은 하나님의 무한한 용서와 사랑에도 불구하고 그리스도의 구원 행동이 왜 여전히 필요했었는지, 왜 많은 이들의 죄가 거룩한 한 분에게 떠넘겨져야 했느냐는 것이다.[71]

슈바거에 따르면, 이미 구약성경의 몇몇 대목이 이스라엘 백성은 회개할 수 있는 능력이 없다고 대담하게 진술하였던 것처럼, 신약성경도 완고함이라는 주제를 통해서 이 백성이 자기 힘으로는 좋은 것을 원할 수 있는 능력이 원래 없다고 지적한다. 이 무능력함은 인간 안에 있는 살인 의지와 밀접하게 연결되어 있다. 즉, 인간에게 구원이 필요하다는 사실은 바로 그들이 폭력적인 성향을 갖고 있음에도 불구하고 자신의 완고함 때문에 스스로는 그 폭력에서 벗어날 능력이 없기 때문이다.[72]

슈바거에 따르면, 죄의 결과는 '생물학적 죽음'이 아니다. 그것은 '폭력에 의한 죽음'이다. 예언자들이 심판에 대한 위협의 말을 할 때에도 그것은 생물학적 죽음이 아니라 항상 폭력에 의한 죽음이었다. 무엇보다 예수는 죄의 진정한 결과, 곧 폭력에 의한 죽음을 감수하였지

---

70) 김진규, "인간의 폭력과 구원의 드라마", 「누리와 말씀」 15 (2004): 21.

71) 슈바거, 『희생양은 필요한가』, 337.

72) 슈바거, 『희생양은 필요한가』, 337-339.

만 사람들은 이런 죄와 폭력에 의한 죽음 사이의 분명한 연관 관계를 보지 못했다(또는 내심 보기를 원치 않았다).[73]

슈바거에 따르면 십자가에서 하나님의 아들이 살해되었지만, 하나님은 전혀 다른 방식을 보여준다. 하나님은 죄스러운 인간들이 몸서리치며 두려워 떠는 복수의 하나님이 아니다. 복수와 폭력의 모습은 오로지 인간들의 죄스러운 관습과 실존의 투사요 객관화일 뿐이다. 하나님은 인간 구하기를 포기하지 않는다. 오로지 인간들 스스로 자신들의 세계에서 하나님의 사랑과 자비를 완고하게 거부하고 스스로 폐쇄된 채 살아간다. 그리고 그것이 종국적으로는 자기 스스로에게 내리는 심판이 된다.[74]

슈바거가 이해하는 구약성경에 따르면, 악한 행동은 그것을 행한 자의 머리로 되돌아와서 떨어진다. 그러나 예수에게 가해진 보편적인 해악이 악인들의 머리 위로 되돌아와 떨어지는 일은 일어나지 않았다. 오히려 예수는 집단적인 악행을 자신이 온전히 짊어지고서 그것을 자기 자신의 몸 안에서 자신의 비폭력적이며 용서하는 사랑을 통해 변화시켰다. 하나님은 인간들의 악한 행동이 잘못된 정점에 이르기까지 진행되도록 그냥 내버려 두었지만, 그들의 악행이 더 이상 그들에게로 되돌아오도록 하지 않음으로써 인간들을 구원하였다. 따라서 그리스도의 구원 행동은 순수한 비폭력의 하나님, 사랑의 하나님을 통해서 인간을 그릇된 자기 속박에서 해방하는 것이라고 해석할 수 있다.[75]

하지만 예수의 구원의 초대에 인간들의 거절은 점점 커져만 가고 기대되었던 인간의 회개는 찾아볼 수 없다. 사람들의 경직된 마음으로부

---

73) 슈바거, 『희생양은 필요한가』, 370.
74) 김진규, "인간의 폭력과 구원의 드라마", 25.
75) 슈바거, 『희생양은 필요한가』, 344-347.

터 일어나는 복음에 대한 반항과 거절에 대해 예수는 심판과 책벌의 언사를 통해 경고한다. 그러나 그렇다고 해서 그것이 단순히 인간의 폭행자들과 싸우는 하늘의 폭력적 대응을 의미하지는 않는다. 예수의 위협적인 심판 언사에도 불구하고, 예수는 지극히 선하신 하나님의 복음을 흐트러뜨리거나 무의미하게 만들지 않았다. 오히려 이 속에서 예수는 인간 스스로 거부하여 나타나는 내적인 귀결, 즉 자비로운 용서에 무조건 내맡기지 못하고 다른 이들에게 씌워진 판단과 비판 안에서 결국은 그 스스로 심판하고 마는 메커니즘을 드러냈던 것이다.[76]

슈바거에 따르면 예수의 구원 업적은 오로지 그 자신의 비폭력적 행동의 마지막 결과다. 이 구원 업적은 한 번에 모든 악이 송두리째 사라져 버리는 식의 마술적 실재처럼 작용하지 않고, 오히려 십자가에 못 박힌 분을 믿는 모든 이들에게 그분의 길을 따르도록 요청한다. "누구든 내 뒤를 따라오려면, 자신을 버리고 제 십자가를 지고 나를 따라야 한다"(마 16:24). 슈바거에 의하면 제 십자가를 지는 것은 거짓과 폭력에 예수와 똑같이 비폭력으로 대응하는 것을 의미한다. 구원은 막연한 어느 곳에서가 아니라 바로 우리가 악한 행동에서 돌아서는 데에서 온다.

4. 문제점

슈바거는 지라르가 제시한 해석학적 틀이야말로 성경을 새로운 관점에서, 구약성경과 신약성경의 큰 주제들의 내적인 일치를 좀 더 잘 이해하는 데에 매우 유용하다고 말한다. 슈바거에 따르면 폭력은 자신의 참된 실체를 은폐하는 능력이 너무 출중하기 때문에 그리스도인을 미혹시켜서 그 자체로 명백한 성경 텍스트를 편파적으로 읽게 만든다.

---

76) 김진규, "인간의 폭력과 구원의 드라마", 21-22.

이것이 그동안 우리가 지라르의 해석학적 틀을 발견하지 못한 이유라는 것이다.[77] 하지만 이러한 슈바거의 견해는 지라르에 대한 부르스마의 비판처럼, 어떻게 기독교가 그동안 이러한 사실을 까맣게 몰랐던 것일까 하는 의문을 제기하지 않을 수 없게 만든다. 오랜 기독교 전통 가운데 지라르만이 유일한 발견자라는 것은 좀처럼 믿기 어려운 것이다.

슈바거는 성경에서 하나님이 진노하신다는 생각은 단지 인간들의 투사에 불과하다는 것을 주장하기 위해 해석학적 접근을 시도한다. 위에서 살핀 대로 그는 구약성서에서 하나님의 폭력에 대한 텍스트들을 네 그룹으로 나누지만, 결국에는 모든 텍스트를 별다른 근거 없이 인간의 자기 처벌이라는 하나의 유형으로 수렴시킨다. 하지만 그도 뚜렷한 근거 없이 그렇게 처리한 것에 부담을 느낀 탓인지, 하나님이 인간의 행동에 어떻게 관여하는지에 대해서는 해명할 수 없다고 솔직하게 인정한다.[78] 사실 하나님이 인간의 행동에 관여하는 방식을 알지 못하는 한, 슈바거가 성경에 나오는 폭력에 관한 텍스트에 대하여 분류한 네 그룹의 텍스트 중 두 번째 그룹(하나님이 직접 처벌하심)이나 세 번째 그룹(악인을 더 무자비한 자에게 넘겨주심)은 물론, 네 번째 그룹(인간의 악행이 스스로에게 되돌아오도록 하심)까지도 하나님의 개입 없이 일어나는 일인지 아니면 하나님의 개입으로 일어나는 일인지 분명하게 해명하기는 어렵다. 우리가 '하나님의 섭리'나 '하나님의 주권'을 인정한다면, 인간의 악행이 자신에게 되돌아온다는 자기 처벌의 사상 역시 하나님을 완전히 배제하고 논하기는 어렵다고 봐야 한다.

그렇다면, 슈바거가 이러한 텍스트들의 명확한 해명 없이 자신이 분

---

77) 슈바거, 『희생양은 필요한가』, 367.
78) 슈바거, 『희생양은 필요한가』, 123.

류한 네 가지 텍스트들 중 하나님이 비이성적으로 행동하시는 첫 번째 경우 외에 나머지 텍스트들 모두를 하나님이 아닌 인간 스스로의 폭력에 의한 것으로 결론짓는 것은 너무 성급한 결정일 뿐만 아니라, 성경을 하나님의 말씀으로 신앙하는 데 있어 심각한 해석의 문제를 야기하는 것이다.

슈바거는 하나님의 진노에 대한 텍스트뿐만 아니라 구약성경에서 발견되는 현혹됨Verblendung 역시 투사와 관련 있다고 말한다. 구약성경에서 원수들이 현혹과 망상에 빠지고 눈이 멀었다고 말하는 텍스트들이 바로 그것이다. 슈바거에게는 성경에서 폭력의 '투사'가 일어나고 있음을 보여줌으로써 하나님이 진노하신다는 생각 역시 인간의 투사에 불과하다는 주장을 강화하려는 의도가 있는 듯하다. 하지만 이처럼 성경 텍스트의 문자적 의미를 넘어, 폭력과 관련된 모든 것을 인간의 심리적인 것(투사)과 연결 지으려는 슈바거의 방식은 문제가 있다. 이것은 성경의 영감성을 부정하는 것일 뿐만 아니라, 일부 그럴듯한 주장을 통해 전체를 근거 지으려는 것으로서 자의적 해석이라는 비난을 면하기 어렵다.

또 슈바거는 공관 복음이 "보아도 보지 못 한다"(막 4:11-12; 마13:11-12; 눅 8:10 참조)는 이해와 인식의 문제를 해석학적 문제와 연결하여 제기한다고 주장한다. 복음서에 따르면 사람들이 이해하지 못하는 이유는 청중의 마음이 굳어진(마 3:15 참조) 데에 있다. 그러므로 신약성경에서 제기된 해석학적 문제의 결정적인 요인은 완고함과 현혹됨Verblendung이다.

슈바거는 "우리는 지라르와 신약성경이 서로 일치하는 점이 있다는 것을 이미 확인할 수 있었는데, 그것은 바로 둘 다 집단적 현혹의 가능성과 사실성을 명확하게 인식하고 있다는 점이다. 더욱이 지라르는 집단적 기만을 야기하는 바로 그 메커니즘을 폭로했다고 확신한다"라고 말한다.[79] 슈바거의 견해대로 확실히 이해와 인식의 문제, 집단적 현혹의 문제가 신약성경과 지라르의 이론 둘 다에 있다는 것을 부정할 수는 없다. 하지만 필자가 보기에 그 내용은 서로 같지 않다. 신약성경 (막 4:11-12[80]; 마 13:11-12; 눅 8:10 참조)은 예수님이 비유로 말씀하시는 이유에 대해서, 하나님 나라에 들지 못한 사람에게 있는 진리에 대한 인식의 장애에 관한 말씀이다. 그리고 이 장애는 예수의 제자들에게는 해당하지 않는 것이다. 따라서 이러한 이해와 인식의 문제를 희생양 메커니즘이라는 폭력의 문제와 직접 연결하는 것은 무리가 있는 해석이다. 지라르와 마찬가지로 슈바거 역시 끼워 맞추기 식의 해석이라는 비난을 피하기 어렵다.

이러한 슈바거의 성경 해석학적인 문제들을 볼 때, 슈바거의 선행하는 사랑과 용서로 구원하는, 비폭력적 구원의 하나님 개념이나 예수 그리스도의 십자가에 대한 이해는 성경적인 것이라 말할 수 없다. 이것은 슈바거가 지라르의 이론을 전적으로 수용하여 성경을 해석한 결과이므로 제5장에서 지라르의 십자가 이해에 대한 비판을 검토할 때 자세히 살펴보도록 하겠다.

---

79) 슈바거, 『희생양은 필요한가』, 234.

80) "이르시되 하나님 나라의 비밀을 너희에게는 주었으나 외인에게는 모든 것을 비유로 하나니 이는 그들로 보기는 보아도 알지 못하며 듣기는 들어도 깨닫지 못하게 하여 돌이켜 죄 사함을 얻지 못하게 하려 함이라 하시고"(막 4:11-12)

제 2 절 데니 위버(Denny Weaver)

재세례파 신학자인 데니 위버는 그리스도교 신학에 내재한 폭력의 문제를 다루면서 속죄론이 교회와 기독교 사회에서 나타나는 폭력성과 밀접한 관련이 있다는 전제 아래에서 연구를 시작한다.[81]

교회가 하나님의 이름으로 십자군 전쟁을 일으킨 중세의 상황이나 오늘날의 세계 속에 비일비재한 폭력과 전쟁에 그리스도인들이 침묵하거나 동조하는 상황은 그리스도교 신앙의 본질에 맞지 않을 뿐 아니라 성서의 메시지에도 모순된다. 위버는 이러한 결과가 그동안 기독교 속 죄론이 실제 역사와는 분리된 채, 아버지 하나님과 아들 예수 간의 관계를 추상적인 법적 관계로만 인식한 데서 비롯된 것이라고 주장한다. 이에 위버는 르네 지라르의 희생양 메커니즘 이론과 존 하워드 요더(John Howard Yoder)[82]의 『예수의 정치학』(*The Politics of Jesus*)[83]에 나타난 예수 그리스도의 비폭력 이미지에 영향을 받아 예수의 비폭력 이미지를 그의 신학 전반에 해석학적 프레임으로 상정하여 "내러티브 승리자 그리스도(Narrative Christus Victor)"를 제창하기에 이른다.

1. 만족설 비판

데니 위버는 "그리스도교 역사 속에서 발생한 폭력의 문제는 안셀름

---

81) J. Denny Weaver, "Violence in Christian Theology," *Cross Currents* vol. 51 no. 2 (summer 2001): 150.

82) 요더는 지라르의 이론이 자신의 비폭력 주장에 도움이 될 것이라고 말하면서도, 지라르의 이론이 여러 면에서 잘못된 것이라고 말한다. "그와 같이 아주 새로운 종합 이론(프랑스 사람 특유의 번뜩임과 가리지 않고 취합하는 능력으로 기획한)은 너무 단순해서 진리일 수 없다. 그런데도, 지라르는 폭력을 영적 힘으로 이해하는 새롭고 계몽적인 방법을 만들어냈다." John H. Yoder, *The War of the Lamb: The Ethics of Nonviolence and Peacemaking*, 서일원 역, 『어린 양의 전쟁』 (대전: 도서출판 대장간, 2012), 350.

83) John Howard Yoder, *The Politics of Jesus: Vicit Agnus Noster* (Grand Rapids: Eerdmans, 1993).

이 예수 그리스도의 십자가 사건에서 사탄을 제거함으로써 발생하기 시작했다"라고 주장[84]함으로써 속죄론과 폭력의 상관관계를 설명한다. 그는 안셀름이 이레니우스에게서 세상 속에 실재하는 악의 힘으로 인식되던 사탄을 제거해버림으로써 예수의 죽음에 대한 책임을 인간에게 돌려버렸다고 주장한다. 이로 인해 예수 죽음의 의미는 하나님과 인간의 직접적인 관계 안에서 이야기될 수밖에 없게 되었다. 그러나 인간은 속전을 갚을 능력이 없는 존재이기 때문에 하나님의 침해된 명예로 인해 하나님이며 사람이신 예수의 죽음이 요구되었고, 그의 죽음이 속전으로 작용함으로써 하나님의 명예와 우주적 질서를 회복하게 되었지만, 그 결과 예수 죽음의 책임은 전적으로 하나님에게 있는 꼴이 되어버렸다. 즉 하나님의 뜻을 실행하는 주된 세력(그것이 무리이든 로마제국이든) 역시 '악의 권세'이므로, 만족설을 따를 때, 속전이신 예수뿐 아니라 예수를 죽인 세력인 악의 권세 모두가 하나님의 뜻을 실행하였다는 결론이 된다는 것이다. 이로써 하나님은 보복자, 처벌자의 이미지를 벗을 수 없으며, 그 결과 하나님의 신적인 사역 안에 폭력성이 내재하게 되었다는 것이 위버의 주장이다.[85]

위버는 만족설의 바-역사적인(a-historical) 성격과 바-윤리적인(a-ethical) 성격 역시 그리스도교의 역사 안에 내재하는 폭력성에 책임이 있다고 한다. 만족설이 하나님과 인간의 관계를 비-역사적이며 추상적이고 법정적인 형식으로 만들었을 뿐 아니라, 예수의 전 생애 중 '죽음'에만 집중하게 만듦으로써 예수의 죽음이 현실의 윤리나 정의의 문제와는 무관한 것으로 인식되게 하였고 그로 인해 일상의 비윤리적인 폭력성

---

84) Weaver, "Violence in Christian Theology," 152.

85) Weaver, "Violence in Christian Theology," 152-155.

을 정당화하게 되었다는 것이다. 위버는 이와 같은 상황을 콘스탄티누스 이후 교회의 위상 변화와 관계된 것으로 이해한다. 그때부터 교회는 '소수'로 머무르기를 거부하고 교회 스스로의 정체성을 '사회적 질서' 자체와 동일시하기 시작했다. 로마제국이 '기독교 제국(Christendom)'이 됨으로써 교회는 예수께서 무엇을 말씀하고 어떻게 행동하셨는가가 아니라 기독교 사회를 유지하기 위해 무엇이 선하고 이로운 것인가를 생각하게 되었기 때문이다.86) 위버는 교회가 세상의 사회체제를 지지하고, 교회의 문제에 정치 권력의 개입을 허용하고, 정치 권력으로부터 찬조와 보호를 제공받기를 기대하게 되었을 때 승리자 그리스도의 내러티브는 논의에서 사라졌다고 주장한다.87)

그는 속죄 신학에서 이런 현상이 특히 니케아(325년)와 칼케돈(451년) 공의회에서 구체화되었다고 본다. 그는 이러한 신학적 교의들이 존재론을 선호하여 윤리학을 포기하도록 했으며, 예수의 죽음에 집중하기 위해서 예수가 이 땅에서 자기 삶을 통해 무엇을 했으며 무엇을 가르쳤는지에 대한 관심을 버리도록 했다고 주장한다. 그 결과로 속죄 신학은 사법화, 개인화, 탈역사화되었다는 것이다.88)

하지만 부르스마는 위버의 이런 판단에는 다소간 역사적이고 신학적인 결함이 있다고 비판한다. 먼저, 정말 4세기 콘스탄틴 합의가 승리자 그리스도 테마의 종말에 책임이 있다면, 왜 그것은 11세기에 이르러 안셀름 모델이 적합한 대안으로 나타나기까지 지속하였는지 묻지 않을 수 없다. 더구나 그리스도의 위격에 대한 질문들에 대하여 정적이거나 존재론적이라고 주장되는 니케아와 칼케돈의 접근법에 대한 책

---

86) Weaver, "Violence in Christian Theology," 159-160.

87) J. Denny Weaver, *Nonviolent Atonement* (Grand Rapids: Eermands, 2001), 86-87.

88) Weaver, *Nonviolent Atonement*, 91.

임을 콘스탄틴 합의에 지우는 것은 어불성설에 가깝다. 부르스마에 따르면, 소중한 정통으로 여겨지는 아타나시우스파보다 훨씬 더 제국 권력과 친밀했던 것은 예수 그리스도의 완전한 신성을 부인했던 아리우스파였다. 아리우스주의자들은 그리스도를 단지 하나님과 같은 분으로 보았기 때문에 그들은 보다 쉽게 그리스도의 지위와 황제의 지위가 유사한 것으로 여길 수 있었다. 둘 사이의 차이가 좀처럼 심각한 것으로 여겨지지 않았기에 교회에서 황제의 권위는 그리스도의 권위와 함께 더 신속히 받아들여졌다.[89]

윌리엄스(D. H. Williams) 역시 역사 기록학의 타락 모델-콘스탄틴의 기독교 포용을 교회의 타락으로 보는 관점-이 교회사에 대한 오해에서 비롯되었으며, 지울 수 없는 역사 훼손을 유발했다고 주장한다. 그는 대부분의 콘스탄틴주의에 대한 비판은 기독교 지도자들과 교회들이 지배적인 제국 권력으로부터 떨어져서, 때로는 그에 반대하여 신실하게 교리적 정통성을 보존하였던 다양한 방식들을 무시한다고 주장한다.[90]

어쨌든 위버는 이와 같은 철학적, 추상적, 사변적, 비역사적인 신조들은 신학과 윤리를 분리하게 되었고 이로써 교회가 세상의 폭력에 대해 "예수로 하여금" 침묵하게 만들었다고 진단한다. 물론 그리스도론적 신조들이 폭력을 적극적으로 조장하지는 않지만 그것을 문제시하지도 않으며, 그 신조들의 비-윤리적인 성격은 그것들을 신앙의 기초로 받아들이는 사람들로 하여금 폭력에 순응하도록 했다는 것이다.[91] 위버가 보기에 그리스도인에게 중요한 것은 예수의 존재론적 위상이 아

---

89) 부르스마, 『십자가, 폭력인가 환대인가』, 271-272.

90) D. H. Williams, *Retrieving the Tradition and Renewing Evangelicalism: A Primer for Suspicious Protestants* (Grand Rapids: Eerdmans, 1999), 124, 재인용. 부르스마, 『십자가, 폭력인가 환대인가』, 273.

91) Weaver, "Violence in Christian Theology," 160-161.

니라 그의 가르침과 삶이다.

2. 내러티브 승리자 그리스도(Narrative Christus Victor)

데니 위버는 속죄론에 폭력성이 내재하게 된 이유를 그리스도교 신학이 예수의 죽음에만 관심을 기울여 왔기 때문이라고 판단한다. 위버의 고유한 속죄 이론인 "내러티브 승리자 그리스도" 이론은 기존의 만족설이 실제 역사와는 동떨어진 채 아버지 하나님과 아들 예수 사이의 추상적인 법적 속죄 관계만을 설정하는 경향을 비판하면서, 속죄의 핵심은 그런 추상적인 관계가 아니라, 인간 역사 속에서 계시된 죄로부터의 승리자, 즉 예수의 삶, 죽음, 부활을 성경적 내러티브 안에서 포괄적으로 보는 것이다.92) 그는 주로 요한계시록과 복음서의 내러티브를 중심으로 예수 그리스도 사건의 속죄적 의미를 파악한다. 뿐만 아니라 그리스도교 윤리는 예수 그리스도의 내러티브가 그 해석과 실천을 위한 규범이 되기에 예수 그리스도의 인성과 생애가 강조되어야 하며, 따라서 그리스도교 속죄론과 윤리는 같은 근거, 즉 예수 그리스도 내러티브를 통해 상호 유기적으로 형성되어야 함을 주장한다.93)

위버에 따르면 만족설은 예수 그리스도 안에서의 구원의 결과인 새로운 삶과는 상관없이 동떨어져 있다. 따라서 만족설은 신학과 윤리를 분리하는 결과를 낳는다. 만족설 안에서의 사람들은 단순히 그리스도의 구속 사역의 수동적인 수령인으로 전락할 수밖에 없고, 오로지 그리스도의 구속 행위에 대한 동의만을 감당하는 자들이 될 수밖에 없다. 그러므로 이러한 수동성에 근거하고 있는 만족설 안에서 활동적인 기

---

92) Weaver, *Nonviolent Atonement*, 69.

93) Weaver, *Nonviolent Atonement*, 316-321.

독교의 윤리적 요소는 찾아보기 어렵다. 또한 만족설은 하나님과 개인적 죄인들 간의 개별적이고 개인적인 관계에 대한 이야기이기 때문에 사회적 요소가 심각히 결여되어 있고, 그 결과 사회 구조 전반에 대한 구원과 회복에 관한 이야기는 부차적인 논의로 전락할 수밖에 없다.[94]

말하자면, 만족설 안에서는 기독교적 윤리가 꽃피울 공간이 제약되어 있으며, 인간이 윤리적으로 어떠한 구체적인 행동을 할 공간이 제한되어 있다는 것이다. 따라서 만족설은 논리적으로 혹은 필연적으로 신적 폭력을 담지한 채 진행되는 구조를 내포하고 있기 때문에, 그 안에 있는 폭력성과 죽음으로 향하는 지향성을 자신의 "내러티브 승리자 그리스도" 모티브를 통해 삶으로 향하는 지향성으로 바꾸어야 한다고 위버는 역설한다.[95]

그러나 박재은에 따르면 위버의 속죄론의 기준점의 범위는 상당히 제한적이다. 위버는 그 기준을 속죄 사건이 역사 안에서 일어났는지 아니면 역사 밖에서 벌어졌는지에 따라 판단한다. 하지만 기독교 윤리의 기준점의 범위는 위버가 생각하듯 그렇게 제한적이지만은 않다. 오히려 특정 기독교 교리의 윤리적 타당성을 확보하는 기준은 다양한 윤리적 기준점들을 균형 있게 유기적 관계 속에서 바라보는데 근거한다.[96]

예를 들면, 헨리 스토브(Henry Stob)가 말한 것처럼 십자가는 "판단의 십자가" 뿐만 아니라 "사랑과 은혜의 십자가"이기도 하다. 또 존 칼빈(John Calvin)에 있어서 "그리스도와의 연합"(unio cum Christo) 교리와 "신비적 연합"(unio mystica) 모티브는 그리스도의 속죄를 이해

---

94) J. Denny Weaver, "Pacifism and Soteriology: A Mennonite Experience" *Christian Scholar's Review* 15, no. 1 (1986): 53-54, 재인용. 박재은, "속죄와 윤리: 데니 위버의 만족설 비판과 조안 브라운의 '신적 아동 학대' 모티브에 대한 비판적 고찰", 「기독교 사회윤리」 30 (2014): 170.

95) 박재은, "속죄와 윤리", 171.

96) 박재은, "속죄와 윤리", 176-177.

함에 있어서 중요한 개념이다. 그 이유는 "그리스도와의 연합"을 통해서 그리스도의 속죄의 유익이 그리스도인들의 실제 삶에서 칭의와 성화의 모습으로 열매 맺는다고 칼빈은 생각했기 때문이다. 또 칼 바르트(Karl Barth)에게 있어서 속죄 사역은 하나님과 인간의 "화해"이다. 이 화해는 죄에 대한 정복으로 구체화할 수 있는데 바르트에게 있어서 기독교 윤리의 근본적인 뿌리는 바로 이 화해사건이다. 그러므로 위버처럼 단순히 역사적인가 초역사적인가만이 중대한 윤리적 기준점이 아니라, 사랑과 정의, 용서, 연합, 화해 등도 교리를 윤리적으로 판단함에 있어 중요한 기준점들이 될 수 있다.97)

위버의 만족설에 대한 비판은 "객관적 속죄"와 "주관적 속죄"의 측면을 혼동하거나 오해함에서도 비롯된다. 박재은에 따르면, "객관적 속죄"의 측면이란 그리스도의 죽음의 주된 효과가 일차적으로 인간이 아닌 신에게 미치는 것을 의미한다. 즉 만족설 안에서는 그리스도의 죽음이 일차적으로 하나님의 불명예를 회복시키고, 형벌대속설 안에서는 하나님의 정의와 거룩함을 회복시킨다. 즉, 객관적 속죄의 방정식은 인간 역사를 초월한 하나님과 아들 사이의 신적 관계에 주목한다. 반대로 "주관적 속죄"의 측면이란 그리스도 죽음의 주된 효과가 신이 아닌 인간에게 미쳐서 역사 속에서의 인간들의 실제적 삶에 윤리적 영향을 끼치는 것을 의미한다.98)

위버의 만족설에 대한 비판 속에서, 객관적 속죄의 측면은 추상적이며 초역사적이기 때문에 거부된다. 만족설과 형벌대속론에 내포된 이미지들은 초역사적이고 추상적인 신들 간의 신적 속죄 관계에 주목하

---

97) 박재은, "속죄와 윤리", 177-178.
98) 박재은, "속죄와 윤리", 185.

기 때문에 인간들의 실제적 윤리적 삶과는 상관없다는 것이다. 그러나 교회사 전반에서 살펴볼 수 있는 것처럼, 만약 객관적 속죄의 측면과 주관적 속죄의 측면 둘 다 고려하지 않고 둘 중의 어느 하나만을 지나치게 강조한다면, 그리스도의 속죄 이미지는 왜곡될 수밖에 없다. 예를 들면, 만약 객관적 속죄의 측면보다 주관적 속죄의 측면만이 강조되면 피터 아벨라르(Peter Abelard, 1079-1142)나 파우스투스 소시누스 (Faustus Socinus, 1539-1604)의 "도덕 감화/모범설"로 발전하게 된다. 아벨라르나 소시누스는 그리스도의 죽음을 완전한 도덕적 표본으로 본다 거나, 인간의 내적인 도덕적 기준의 변화의 원인 정도로만 생각했다.[99]

그러나 만약 "객관적 속죄"의 측면을 인간의 행동이나 반응과는 분리된 창조 전의 구속사적 신적 계획과 실행으로 본다면, 이러한 객관적인 측면은 "주관적 속죄"의 측면보다 논리적으로 선행할 뿐만 아니라 주관적 측면의 전제가 된다. 신학적으로 표현하자면, 구원 역사 가운데 "성화"(속죄의 주관적인 측면)는 "칭의"(속죄의 객관적인 측면)에 근거하는 것이다. 만약 위버처럼 객관적 속죄의 측면을 속죄의 방정식에서 제거하려 한다거나, 혹은 객관적 속죄의 측면을 주관적 측면으로 전부 다 치환시키려고 한다면, 신적 관계로 대변되는 속죄의 객관적 의미와 그 의미의 결과로서의 주관적인 윤리적 적용점에 대한 포괄적이고 균형 잡힌 이해가 불가능하게 된다. 객관적 속죄의 측면을 역사 밖에서의 하나님과 그리스도 사이의 구속사적 신적 관계로 보고, 주관적 속죄의 측면을 이러한 신적 구속사적 관계가 인간에게 미치는 윤리적 효과와 도덕적 결과로 본다면, 객관적 속죄의 측면과 주관적 속죄의 측면은 분리됨 없이 동일하게 중요성이 확보되어야 한다.[100]

---

99) 박재은, "속죄와 윤리", 186.

박재은에 의하면 객관성이 담보되지 않은 윤리적 기준은 대단히 주관적인 감정적 기복으로 표현될 수밖에 없다. 그리스도의 속죄 사역을 고도의 윤리적 기준으로 볼 수 있는 이유는 그리스도의 속죄가 궁극적으로 객관적 속죄의 측면, 즉 영원으로부터의 삼위일체 하나님의 사랑과 자비에 근거한 신적 구속사적 계획에 근거하고 있기 때문이며, 이러한 초역사적 객관적 측면이 그리스도의 십자가 사역으로 역사 속에서 가시화됨으로 인간들의 실제 삶에서의 성화와 도덕적 행위의 근거가 되어 주관적 속죄의 측면으로 그 효과가 치환되었기 때문이다. 즉 객관적 속죄(신적 속죄 계획과 사역)는 주관적 속죄(인간적 도덕적 영향)의 원류이며 뿌리다.101)

박재은의 위버에 대한 비판은 합리적이고 타당하다. 위버가 속죄 사건이 역사적이냐 비역사적이냐에 따라 윤리적 기준점을 설정한 것은 기독교 내의 다른 풍성한 규준 요소들(사랑, 정의, 용서 화해, 연합 등)을 간과한 것이다. 하지만 위버가 속죄의 객관적 측면을 떠나 주관적 측면으로 치우친 데는 그의 윤리적 기준점 문제 이외에도 십자가 사건을 통한 그의 하나님 이해에서도 비롯한 것이다. 복음서는 예수의 죽음을 로마제국과 예루살렘의 종교 지도자들뿐만 아니라 무리와 심지어 예수의 제자들까지 모두 가담한 사건으로 그려내고 있다. 위버는 복음서들이 우리가 예수의 죽음에 함께 참여한 존재임에도 불구하고 하나님의 통치에 참여하도록 초대되었다는 사실과 억압받던 자들뿐만 아니라 억압하던 자들까지도 함께 초대되었다는 사실을 통해 하나님의 보편적인 사랑이 계시된다고 한다.102)

---

100) 박재은, "속죄와 윤리", 187.

101) 박재은, "속죄와 윤리", 188.

102) Weaver, "Violence in Christian Theology," 168.

위버에 따를 때, 예수의 죽음은 하나님이 원하시거나 하나님께 드려지는 것이 아니라, 하나님의 비폭력적 나라와 사탄의 폭력적 나라 사이의 차이를 '폭로'하는 사건이다. 만족설은 예수의 죽음에만 집착하였지만 실제로 예수의 죽음을 원하는 것은 사탄이며, 죄인들과 하나님의 통치는 예수의 부활을 원한다는 사실에서 예수 그리스도의 사건은 예수의 죽음만이 아닌 그의 삶과 부활까지도 포괄적으로 고려되어야 한다는 사실을 알 수 있다.103)

위버가 만족설과 달리 예수 그리스도의 죽음에 대한 책임을 하나님이 아닌 전적으로 사탄에게만 있는 것으로 봐서, 하나님을 '신적 폭력'으로부터 자유롭게 하려고 주장하는 데에는 지라르 이론의 영향이 크다. 그는 지라르의 인류학을 자신의 내러티브 승리자 그리스도 모델에 대한 중요한 지지로 소개하고 있다. 내러티브 승리자 그리스도는 폭력과 인류문화의 기원에 대한 지라르의 이론, 그리고 복음서들에 나타난 예수 내러티브에 대한 지라르의 독법에서 크게 지지를 받고 있다고 그는 말한다. 자신의 주장에 있어서 특히 중요한 것은 지라르가 예수의 비폭력, 하나님과 하나님의 통치의 비폭력적 성격을 주장하고, 그리고 예수 그리스도의 죽음이 신적으로 승인되고 신적으로 의도된 희생제사로 해석될 수 없다는 사실을 강조하는 것이라고 말한다.104) 하지만 위버는 승리자 그리스도의 개념에 "서사"(이야기, Narrative)를 첨가하면서, 이 세상의 악한 권세에 대한 투쟁과 승리에서 예수의 죽음뿐만 아니라 삶의 역할도 강조한다. 이런 점에서 위버는 지라르를 넘어선다.

위버는 기독교가 주장하는 백인들의 가부장적 권력과 함께 불평등

---

103) Weaver, "Violence in Christian Theology," 171.

104) Weaver, *Nonviolent Atonement*, 46-49, 재인용. 정일권, 『십자가의 인류학』, 172.

한 멍에를 메는 것을 반대하여 여성주의와 여성 신학 그리고 흑인 신학을 지지한다. 위버에 따르면 예수의 죽음이 권세들-사회적 불의의 억압하는 체제-을 극복하는 것은 죽음 자체에 의해서가 아니라, 어떤 특정한 방식의 삶을 통해서다(그래서 예수의 이야기 narrative가 중요하다).105) 예수는 자신의 삶, 죽음, 그리고 부활을 통해 현재의 죄악시된 시대에 대한 다가오는 시대의 승리를 보여준다. 구원받는 것은 그런 폭력적인 권세들과 관계된 어떤 것으로부터 해방되는 것이며, 예수 그리스도의 (서사적인) 길을 향해 해방되는 것이다. 그 길은 수동적 희생자의 길이 아니라 비폭력적 용서의 길이다.106) 그 길은 억압받는 사람들의 인간성을 확증하고 그 인간성을 이론적 또는 실천적으로 부정하는 구조와 체제를 폭로함으로써 하나님의 통치를 증언한다. 예수께서 폭력에 응답하기를 거부하신 것은 무기력한 항복이 아니라 선택된 행동이다.107)

이런 위버의 입장은 앞서 본 슈바거의 입장과 다를 바 없는 것이다. 구원은 하나님과 아들 간의 신적 관계에서 이루어지는 것이 아니라, 이 땅에서 우리가 폭력적인 것으로부터 해방되는 것이다.108) 예수 그

---

105) 슈라이너는 오늘날 많은 학자들, 특히 급진적인 여성 신학자들이나 비폭력적 속죄론을 주창하는 학자들, 그리고 현대적인 사유에 적합하지 않다는 이유로 형벌대속 이론을 거부하고 비판하는 학자들이 존재하기 때문에라도 더욱 이 이론은 포기될 수 없다고 주장한다. 그것은 분명 거슬리는 것이기 때문이다. 그는 형벌대속 이론이 "인간의 죄성과 죄책," "하나님의 거룩하심," 그리고 "그리스도의 희생"을 강조함을 밝힌다. Thomas R. Schreiner, "Penal Substitution View," in *The Nature of Atonement: Four Views*, eds. James K. Beilby and Paul R. Eddy (Downer Grove, IL: InterVarsity Press, 2006), 72.

106) 미로슬라브 볼프는 "죄 앞에서 마치 그것이 없는 것처럼 행동하는 것은 아무 죄가 없는 미래의 천국을 기대하는 행위일 것이다. 하지만, 그런 기대의 대가는 세상을 지옥의 어두움에 내맡기는 것이다. … 그렇게 되면 구속에 대한 주장은 공허한 이데올로기로 퇴행하고, 더 나아가 위험한 것이 되고 만다"라고 비폭력주의에 대한 문제를 제기한다. Miroslav Volf, *Exclusion and Embrace: A Theology Exploration of Identity, Otherness, and Reconciliation*, 박세혁 역, 『배제와 포용』 (서울: 한국기독학생회출판부, 2012), 467.

107) 밴후저, "속죄", 329.

108) 같은 재세례파 신학자인 요더 역시 "만약 십자가를 받아들인 예수가 보이지 않는 하나님의

리스도의 십자가는 폭력(희생양 메커니즘)을 폭로함으로써 인식론적인 구원의 단초를 제공하지만, 진정한 구원은 예수를 따라 비폭력적 용서의 길로 나설 때 비로소 이루어지는 것이다.

십자가의 신적 기원을 부정하고 성경이 폭력, 즉 희생양 메커니즘을 폭로한다는 생각은 지라르를 따르는 학자들에게서 공통으로 발견된다. 마크 하임(S. Mark Heim) 역시 지라르의 이론을 바탕으로 로마서 3장 21-26절을 사탄이 율법을 통해 희생양을 만들어내는 방식과 하나님께서 예수의 십자가 사건과 부활을 통해 그것을 무효화시키시며 의를 드러내는 것으로 설명한다. 말하자면 신약성경이 희생양 메커니즘을 폭로하고 있다는 것이다.[109] 하임은 성서가 피 흘리는 희생을 명령하지 않는다고 주장하면서, 십자가는 모든 희생을 끝마치는 사건이라고 해석한다. 하임에 따르면 희생제의는 인간의 모방 욕망에서 비롯한 희생양 메커니즘이 작용하는 장소이며, 그것은 더 이상 힘을 발휘할 수 없다는 사실이 하나님에 의해 십자가에서 폭로되었다. 십자가의 효력은 하나님을 달래는 것이 아니라, 우리가 더 큰 폭력을 행사해서 폭력을 해결할 수 있다는 신화를 버리도록 하는 데 있다. 십자가 자체는 정사와 권세에서 "좋은" 폭력이라는 신화를 제거하는 것을 목표로 한다. 그렇게 할 때, 희생자들은 더 이상 속죄양이 아니라 정말로 희생자들인 것이 시야에 드러난다. 하임은 십자가가 단지 속죄양 기제를 폭로하기 위한 것이 아니라, 희생 제물 없이 공동체적 삶을 살아가는 길을 지시하기 위해 필요하다고 확신한다. 그 점에서 그는 지라르보다 더

아이콘이라면, 그와 같은 사랑에 우리가 참여하는 것은 인류가 하나님의 형상으로 변화하는 데 핵심이 된다"라고 말한다. 요더, 『어린 양의 전쟁』, 350-351.

109) S. Mark Heim, *Saved from Sacrifice: A Theology of the Cross* (Grand Rapids: Eerdmans, 2006), 140-142.

나아갔다.[110)

3. 문제점

위버가 주장하는 내러티브 승리자 그리스도는 그리스도의 죽음보다
는 그분의 삶을 주목하며, '죽음'에만 집착하는 만족설과 달리, 그리스
도의 승리가 그리스도의 삶, 죽음, 부활 모두에서 이루어진다는 것이
다. 예수는 그의 삶을 통하여도 사탄에 대해 승리를 이루셨는데 그것
은 권세들의 폭력에 비폭력으로 대응하는 방식으로 이루어진 것이다.
따라서 복음서를 통해 계시된 하나님은 우리의 죄악에도 불구하고 우
리를 초대하시는 보편적 사랑의 하나님이시다. 위버는 이런 주장이 설
득력을 얻기 위해서 하나님은 십자가에서 폭력적으로 개입하시는 분이
아니어야, 즉 예수 그리스도의 십자가는 하나님께 드려지는 희생제사
가 아니어야 한다고 생각했다. 위버는 이 문제를 해결할 아이디어를
지라르에게서 얻었다. 왜냐하면 지라르의 십자가는 예수 그리스도가
폭력에 맞서 또 다른 폭력으로 대응하시지 않고 오직 비폭력으로만 대
응하심으로 폭력의 정체를 드러낸 사건이기 때문이다. 그에 따르면 예
수의 십자가 죽음은 결코 '희생적'으로 읽힐 수 없다.

위버는 이런 시각에서 주관적 속죄의 측면을 강조했는데, 이것은 슈
바거와 마찬가지로 그의 잘못된 성경해석과 하나님 이해에서 비롯된
것이며, 지라르의 십자가 이해를 무비판적으로 받아들인 결과이다. 지
라르 자신이 인정하듯이 지라르의 연구는 처음부터 거듭난 이성에 의
해 시작된 것이 아니라 그의 문화인류학적 호기심에서 비롯된 것이다.
그가 비록 신화와 달리 진리를 계시하는 복음서의 빛에 끌려 기독교인

---

110) 밴후저, "속죄", 324-325.

이 되었다 할지라도 그의 성경해석은 온전한 것이라 볼 수 없다. 위버는 이런 지라르를 따라 십자가가 폭력의 정체를 폭로한다는 것 이외에 다른 풍성한 기독교 진리를 포함하고 있음을 보지 못하고 있다.

제 3 절 월터 윙크(Walter Wink)

악의 실재성을 인정하지 못하는 현대의 과학 문명과 근대의 합리적 이성의 문화 속에서 월터 윙크(Walter Wink, 1935-)는 오늘날 여전히 인간과 창조세계의 생명과 평화를 짓밟는 근본적인 악의 세력들에 대한 연구를 진행하였다. 3부작[111]으로 진행된 이 연구에서 그는 성경에 등장하는 "사탄"(Satan), "마귀"(demons), "천사"(angels), 그리고 "권세"(powers)와 같은 영적 실재들의 의미와 양태를 현대의 언어로 재해석하였다. 윙크는 유물론적 사고가 저물어가는 탈근대적 상황에서 영성은 물질적, 유기적, 그리고 사회적 실체들의 내면성으로 인식될 수 있기에 영적인 실재들의 회복이 필수적이라고 말한다.[112]

윙크는 권세들을 형이상학적 차원이 아닌 현상학적 차원에서 다루려고 한다. 그의 관심은 죄나 악의 형이상학적 실체를 밝히는 데 있지 않고 인간의 삶에 지대한 영향을 미치는 하나의 실제적인 힘으로 경험되고 인식되는 악에 있다. 그는 권세들의 전체 네트워크가 우상(偶像)의 가치를 중심으로 통합되었을 때 일어나는 것을 지적하고자 "지배체

---

111) Water Wink, *Naming the Powers: The Language of Power in the New Testament* (Philadelphia, PA: Fortress Press, 1984); *The Invisible Force that Determine Human Existence* (Minneapolis, MN: Augsburg Fortress, 1986); *Engaging the Powers: Discernment and Resistance in a World of Domination* (Minneapolis, MN: Augsburg Fortress, 1992).

112) Water Wink, *Unmasking the Powers*, 박만 역, 『사탄의 가면을 벗겨라: 인간의 삶을 결정하는 보이지 않는 힘들』 (서울: 한국기독교연구소, 2005), 38-39.

제"(Domination System)라는 표현을 사용하며, 지배체제가 이 세계를 그 안에 둘러싸고 있는 정신(영)을 "사탄"(Satan)이라고 부른다.113)

윙크에 따르면 폭력은 우리 시대의 시대정신이며, 현대 세계의 영성(spirituality)이다. 폭력은 종교의 위치까지 차지하여 그 추종자들에게 절대적 복종을 요구한다. 특히 구원하는 폭력(Redemptive Violence)이라는 신화는 바벨론이 지배하기보다도 훨씬 오래 전부터 인간 존재를 특징짓는 지배체제의 뿌리에 근원을 두고 있다고 말한다.114) 윙크는 이 지배체제의 뿌리에 있는 폭력을 분석하는 데 지라르의 이론을 비판적으로 받아들여 사유하면서, 예수 그리스도가 자신의 삶을 통해 보여준 비폭력의 길로 나아갈 때만 권세들로부터 우리가 자유롭게 될 수 있다고 주장한다.

1. 사탄과 지배체제

월터 윙크는 오늘날 사탄의 이미지가 하나의 인격적 존재 정도로 축소되어 단지 성적 난잡, 범죄, 열정, 탐욕 등으로 축소 이해됨으로써 사회 구조 속에 나타나는 악은 인식하지 못하는 현실을 지적한다.115) 인격 개념이 개인(individual)에게 고착되어 이해되는 오늘날, 사탄을 인격적인 것으로 이해하게 될 때, 사탄으로 표현되는 악의 실재성의 의미와 무게는 많은 부분 흐려지게 된다. 윙크는 이것이 어쩌면 그리스도교 신앙이 비역사적이며 비윤리적인 성격을 띠게 된 이유 중 하나일 것이라고 말한다.116)

---

113) 윙크, 『사탄의 체제와 예수의 비폭력』, 36.
114) 윙크, 『사탄의 체제와 예수의 비폭력』, 43-44.
115) 윙크, 『사탄의 가면을 벗겨라』, 52-53.
116) 윙크, 『사탄의 가면을 벗겨라』, 25-26.

윙크는 사탄을 포함한 영적 권세들이 단지 천상적인 실체들이 아니라 물질적이거나 눈에 보이는 방식으로 현시된 권력의 내면적 양상이라고 말한다. 이와 같은 영적 존재들은 물리적인 대응 없이는 실존할 수 없기 때문에 우리의 욕망과 그에 기인한 선택으로부터 독립해서, 오직 영적인 실존만을 취할 수는 없다. 따라서 우리 그리스도인들에게는 사탄의 지속적인 시험과 유혹에 직면하여 대항할 수 있는 용기와 세상에 존재하는 악의 현실을 바르게 인식할 수 있는 영적 지혜가 끊임없이 요구된다.[117] 윙크는 우리가 맞서는 대상이 단지 육체와 피가 아니라 권세, 즉 사람들을 의식적, 무의식적으로 '거짓의 아비'의 종이 되게 만드는 체제, 구조, 가치, 이데올로기임을 강조한다.[118]

윙크는 폭력을 하나님의 승리가 아니라 우리를 억압하여 하나님께서 해방하고자 하셨던 "정사 및 권세"와 연결한다. 윙크는 문화의 기원에 폭력이 있다고 생각한 지라르처럼 지배체제 역시 폭력에 그 뿌리를 두고 있다고 주장한다.[119] 그리고 이 폭력은 '구원하는 폭력'이라는 신화[120]로서 우리의 문화와 체제에 깊이 뿌리내려 왔으며, 심지어 성경에까지 스며들어 있다. 구약성경의 폭력성은 항상 기독교의 걸림돌(scandal)이 되어 왔다. 교회는 흔히 구약의 폭력성에 대해 기피하고 우화화(寓話化)하거나, 마르시온주의[121] 같은 방식으로 그 문제를 회피

---

117) Water Wink, *Naming the Powers*, 104-105.

118) Water Wink, *Jesus and Nonviolence: A Third Way*, 김준우 역, 『예수와 비폭력 저항: 제3의 길』 (서울: 한국기독교연구소, 2003), 114.

119) 윙크, 『사탄의 체제와 예수의 비폭력』, 43-44.

120) 대표적으로 바빌론 신화, 여기서 질서(order)는 혼돈(chaos)에 대한 폭력, 정복에 의해서 이루어진다. 윙크, 『사탄의 체제와 예수의 비폭력』, 44-51.

121) 2세기 중반 시노페(Sinope)의 마르시온(Marcion)은 구약과 신약의 관계에 대한 교회의 관점에 문제를 제기했는데, 이로 말미암아 마르시온은 가장 악명 높은 이단이 되었다. 그는 자기 이론의 논리적 결론을 끝까지 밀고 나가서, 자신의 성경 목록에서 구약을 제거했으며, 자신의 이론과 일치하지 않는다고 여기는 신약의 일부도 함께 제거했다. David L. Baker, *Two*

하여 왔다. 하지만 윙크에 따르면 구약의 폭력성은 부분적으로는 일반적인 인간의 과거로부터 넘어온, 하나님에 대한 잘못된 생각의 찌꺼기이면서, 그것은 또한 희생양 제도를 통해 하나님에게 투사한 것들을 철회하려는 과정의 시작이기도 하다.122)

2. 십자가의 승리

윙크는 구약성경을 폭력의 세계로부터 탈출하는 과정으로 이해하는 지라르의 견해에 동의한다. "지라르는 히브리 성경이 폭력과 거룩한 투사(投射)의 세계에서 뛰쳐나오는 길고도 지루한 탈출로 이해했는데, 그 탈출은 수많은 역행(逆行)으로 시달렸고 그 목표에 미달한 것이었다. 즉 폭력과 투사의 기제가 아직도 부분적으로 숨어 있다. 계시의 과정에도 불구하고, 옛날의 그 거룩한 개념이 그 참다운 의미대로 충분히 드러나지 않았다.123) 그런데도 여기에서 오직 여기에서만, 그 과정이 시작된 것이다."124)

> 히브리 성경에서는 모두가 전설적인 몇 개의 예외를 빼놓고는 하나님이 처벌하려고 할 때는 하나님은 인간들을 시켜서 서로 공격하도록 만든다. 이것이야말로 사람을 죽이는 실제의 주도권은 하나님에게서 나온 것이 아니라, 복수를 하려는 사람들이 하나님에게 투사한 것임을 증명하는 것이라고 쉬바거는 지적한다. 야훼의 추종자들은 자기들의 질투를 하나님에게 투사하여 하나님을 자기들처럼 질투하는 하나님으로 만들어버렸다. 그런데도 뭔가 새로운 것이 나타난다. 즉, 야훼는 이 질투를 공공연히 주장하는데, 이는 야훼의 이스라엘에 대한 독특한 관계가 사랑의 관계임을 드러내기 시작한 것이다.125)

Testaments, One Bible-The Theological Relationship Between the Old and New Testaments, 임요한 역, 『구약과 신약의 관계』 (서울: 부흥과개혁사, 2016), 39-40.

122) 윙크, 『사탄의 체제와 예수의 비폭력』, 280.

123) Schwager, *Must There Be Scapegoats?*, 43 재인용. 윙크, 『사탄의 가면을 벗겨라』, 280.

124) 윙크, 『사탄의 가면을 벗겨라』, 279-280.

윙크에 의하면 성경의 폭력은 그 의미를 점차로 인식하기 위한 한 전제조건이다. 희생양 제도는 오직 폭력적인 사회에서만 감지되는 것이며, 폭력의 문제는 폭력의 한복판에서만 생겨나는 것이다. 오늘날 우리를 당황스럽게 만드는 성경의 폭력은, 거룩한 폭력(sacred violence)이 어떤 것인지를 계시하는 수단이 되었는데, 거룩한 폭력이란 희생자들을 향한 거짓말, 즉 폭력을 통하여 폭력이 어떤 것인지를 폭로하며, 신의 본성이 비폭력적임을 계시하는, 하나님의 이름으로 희생자를 향하여 하는 거짓말이다. 그런데 이러한 폭력은 신약성경에 와서야 비로소 희생양의 기제가 완전히 폭로되었고 무효화되었다.126)

윙크는 예수의 비폭력적 대응이 어떻게 지배체제에 대한 승리를 가져왔는지를 승리자 그리스도 테마를 인용하여 설명한다. 하지만 그의 승리자 그리스도 관점은 신화적인 것이 아닌 지라르와 마찬가지로 폭로하는 십자가로서의 승리다.

> 지배체제는 하나님의 새로운 질서의 냄새를 맡기만 해도 자동적인 반사작용으로 그 자신의 모든 힘을 다하여 그 질서를 억누르려고 한다. 예수도 그를 향한 분노의 전모를 경험하기 전에 이미 분명히 그 결과를 예견하고 있었다. 악의 권세들은 너무도 강력하고 반대는 너무도 약하여 모든 근본적 변화를 위한 시도는 실패할 수밖에 없어 보인다. 권세들은 단지 이기는 것만으로는 만족하지 않고, 압도적으로 이겨서 다시는 반대세력이 추진력을 얻기도 전에 사기를 꺾어버리려고 한다. 하지만 이것이 예수에게서는 잘못되었다. 그들은 예수를 벌거벗기고 수치스럽게 십자가에 처형했는데, 모두들 바로 이 행동이 그들의 폭력이 지켜준 그들의 삶 전체의 크나큰 잘못을 가려준 가면의 마지막 은폐를 벗겨버린 것을 몰랐던 것이다.127)

---

125) Schwager, *Must There Be Scapegoats?*, 43 재인용. 윙크, 『사탄의 체제와 예수의 비폭력』, 281.

126) 윙크, 『사탄의 체제와 예수의 비폭력』, 281.

127) 윙크, 『사탄의 체제와 예수의 비폭력』, 268.

지라르와 마찬가지로 윙크는 예수가 결코 박해자의 관점에 굴복하지 않았다고 말한다. 즉 긍정적으로 그의 처형인에게 동의하지도 않았고, 부정적으로 처형인의 범죄를 흉내 내어 그대로 복수를 반복하려고 하지도 않았다. 예수 안에는 긍정적이든 부정적이든 폭력에 연루함이 전혀 없었다. 그의 체포, 재판, 십자가형, 그리고 죽음에서 마침내 희생양 기제가 온 세상에 결정적으로 드러났다. 십자가는 인간이 그 권세들과 공범 관계임을 폭로하고, 그리고 이익을 얻기 위해서라면 기꺼이 자유를 처분하려는 우리들의 마음을 폭로하였다. 십자가는 우리가 지금 어떤 유한한 것을 절대적인 것처럼 주장하거나, 혹은 하부 조직이 전체인 것이라고 주장하는 것을 자유롭게 거부할 수 있음을 보여준다. 또한 권세들이 예수로 하여금 그들이 원하는 사람이 되게 만들 수 없음을, 혹은 그의 사람됨을 중지시켜 버릴 수 없음을 폭로한다.[128]

예수의 비폭력적 대응은 우리의 자유를 축소하지 않는 유일한 방법으로서의 십자가를 통하여, 배반하는 인간에게 손을 내밀어 접촉하려는 하나님의 본성을 그대로 반영하였다. 십자가는 하나님이 또 다른 예상치 않은 방식으로 승리하는 것이다. 즉 권세들의 모습을 있는 그대로 폭로하는 행동에 있어서도 예수는 하나님에 의해 세워진 그들의 권위에 복종한다. 예수의 비폭력적 방법은 억압하는 율법에 저항하는 행동에 있어서도 그 율법의 규정을 준수한다. 권세들의 권위에 복종함으로써, 예수는 그들의 필요성을 인정하였지만, 그러나 그들의 거짓된 주장의 합법성을 부정했다. 그를 처형하는 권세에 복종하였지만, 그러나 그렇게 함으로써 그들에게 복종한 예수에게 오히려 그들이 복종하

---

128) 윙크, 『사탄의 체제와 예수의 비폭력』, 270.

는 것임을 보여주어서, 그들을 비우상화, 비절대화, 그리고 상대화하였다.[129]

윙크는 권세들이 은밀하게 행동한다고 말한다. "그들이 우리를 눈에 띄지 않게 구속하고 있을 때, 그들의 강제력이 가장 결정적이다. 예수를 처형한 권력자들은 지배체제 그 자체가 주문한 필요성에 의해서 그를 처형하였다. 분명한 이유가 알려지지 않은 채로 예수가 처형되는 것이 중요한데, 이는 그것이 알려지면 그 지배체제의 가면을 벗겨버릴 것이기 때문이다."[130]

윙크가 비록 지라르와 같이, 예수 그리스도가 십자가에서 폭력에 대해 비폭력으로 대응하심으로 폭력의 정체를 드러냄을 통해 승리를 가져왔다고 주장하고 있지만, 그에게 있어 승리자 그리스도 테마는 지라르나 슈바거, 위버에 비해 특별히 강조되지는 않는다. 왜냐하면 그는 자신이 대립 구도 속에 놓고 있는 권세들이 하나님에 의해 선하게 창조되었고, 타락되었지만, 그러나 그것 역시 마침내는 구원될 것이라고 말하고 있기 때문이다.[131] 따라서 승리자 그리스도 테마의 특징 중의 하나가 이원론적이라는 것인데, 윙크에게서는 이것이 약화되어 나타난다.

3. 예수의 제3의 길

윙크에 따르면 인간의 진화과정은 폭력에 대해 두 가지 매우 본능적인 대응을 이루어냈다. 즉 회피(flight)와 응전(fight)이 그것이다. 하지만 예수는 제3의 길을 제공한다. 즉 비폭력적인 정면 행동(nonviolent direct action)이 그것이다.[132] 윙크는 예수의 비폭력을 "폭력을 회피하

---

129) 윙크, 『사탄의 체제와 예수의 비폭력』, 272-273.
130) 윙크, 『사탄의 체제와 예수의 비폭력』, 214.
131) 윙크, 『사탄의 체제와 예수의 비폭력』, 170-175.

기 위한 완전주의자의 길이 아니라, 분쟁에 관련된 쌍방 모두의 인간성을 회복하기 위한 창조적 투쟁의 길"이라고 말한다.133) 윙크가 "예수의 제3의 길: 비폭력적으로 맞붙기"라고 이름 붙인 데서 알 수 있듯이 윙크가 말하고자 하는 비폭력의 개념은 단순한 평화주의가 아니다.

예수의 생애와 죽음에서 드러나는 예수의 비폭력성은 단순한 무저항을 말하는 것이 아니다. 무저항은 단지 갈등을 피하는 것이며 지배체제의 불의한 억압을 묵인하고 동조하는 것이다. 예수의 가르침은 악에 악으로 맞서고 폭력에 폭력으로 맞서는 옛 질서와 세상의 방법은 더 이상 유용하지 않다고 선포한다. 그러나 예수가 악에 대항하는 일 자체를 폐기하지는 않았다. 그는 율법이나 선지자를 폐하러 오신 것이 아니기 때문이다(마 5:17). 윙크는 마태복음 5장 39절 "악을 악으로 갚지 말라"라는 말씀의 해석을 통해 예수의 비폭력 대응은 무행동(inaction)과 과잉반응(overreaction), 항복과 살인적인 대응폭력을 넘어서서, 새로운 대응, 곧 사랑의 도가니에 불을 질러서 억압받는 자들을 악으로부터 해방하고, 마찬가지로 억압하는 자들도 죄에서 자유롭게 만드는 새로운 대응이라고 말한다.134) 윙크는 예수의 제3의 길을 생생하게 보여 줄 수 있는 행동강령을 다음과 같이 제시한다.

1. 도덕적인 주도권을 잡아라. 2. 폭력에 대한 창조적인 대안을 발견하라. 3. 당신의 인격과 존엄성을 주장하라. 4. 폭력에 조롱이나 유머로 맞서라. … 7. 체제의 불의함을 폭로하라. 8. 권력의 역동성을 장악하라. 9. 억압자가 회개하도록 수치스럽게 만들어라. … 16. 부당한 법은 위반하고 기꺼이 처벌을 받아라. 17. 케케묵은 질서와 규칙들을 두려워하지 말라. 18. 억압자의 변화를 찾아라.135)

132) 윙크, 『사탄의 체제와 예수의 비폭력』, 323.

133) 윙크, 『예수와 비폭력 저항: 제3의 길』, 65.

134) 윙크, 『사탄의 체제와 예수의 비폭력』, 343-348.

135) 윙크, 『사탄의 체제와 예수의 비폭력』, 348-349.

윙크에 따르면 예수의 제3의 길은 진공 속에서 생겨난 것이 아니다. 그것은 이스라엘의 이상화된 거룩한 전쟁의 논리적인 발전이었다. 윙크에 의하면 그 발전은 굴복에서 거룩한 전쟁으로 그리고 예언자적인 평화 만들기로 움직여간다. 하나님은 칼이 아닌 말벌, 공포, 공황, 혹은 질병을 이용하여 가나안 주민을 몰아냈었다(출 23:28; 신 7:20; 수 24:12). 여리고의 성벽은 군사 작전에 의한 것이 아니라 종교적 의식 후에 무너졌고, 하나님은 횃불과 나팔로 무장한 300명의 용사를 가지고 미디안 군대를 정복하였다(삿 7장). 적어도 이스라엘의 성찰의 한 부류는 거룩한 전쟁을 하나님의 이름으로, 혹은 하나님의 이름을 위하여 싸운 전쟁이 아니라 하나님이 홀로 싸우는 전쟁으로 생각했다는 것이 윙크의 주장이다.136)

왕조가 기울어지자 이스라엘은 정치적 전쟁들을 벌이기 시작했고, 거짓 선지자들은 이를 거룩한 전쟁이라고 합법화시키려 했다. 하지만 참된 선지자들은 정치적인 전쟁을 거룩한 전쟁으로 만들기를 거부하였다. 윙크에 따르면 예수의 지배체제에 대한 맞섬은 바로 이런 예언자적 전통에서 비롯된 것이다. 그의 비폭력에 대한 가르침은 폭력의 악순환을 끊어버릴 세계 속의 존재 방식을 위한 헌장이 된다. 예수는 우리가 대항하여 싸우는 바로 그 악의 모양으로 변화되지 않으면서도 전력을 다하여 악과 투쟁하는 방식을 알려준다.137)

윙크에 의하면 예수는 완전한 사람들을 위해서가 아니라 폭력적인 사람들을 위하여 비폭력 운동을 선포한 것이다. 그의 비폭력은 보통 사람들이 할 수 있고 도달할 수 있는 실제적인 비폭력이었다. 예수의

---

136) 윙크, 『사탄의 체제와 예수의 비폭력』, 350-351.
137) 윙크, 『사탄의 체제와 예수의 비폭력』, 351.

길은 개인주의적인 것이 아니라 집단적인 것이며 그래서 보통 조직들, 공동체들, 사회적 계급들, 혹은 인종 그룹들이 참여하는 것이다. 예수의 제3의 길은 강압(强壓)을 사용하는 것을 반대하지 않는다. 그의 방법은 상대편의 마음을 바꾸는 것을 목표로 한다. 그것이 실패하면, 항의하는 사람들을 떨쳐내기 위하여서는 상대방에 어떤 변화가 일어나게 되기를 희망한다. 그러나 만일 그것조차도 안 되면, 비폭력은 강압을 택한다. 즉 비록 그가 적대적으로 남아 있을지라도 그가 완전히 권력을 빼앗기는 고통을 당하기보다는 변화를 택할 수밖에 없도록 밀어붙인다. 그러나 예수의 방법은 폭력적인 강압을 택하지는 않는다.[138]

윙크는 비폭력이 교회의 사명이라고 말한다. 폭력으로는 폭력을 끝장낼 수 없다. 왜냐하면 그 폭력이 성공함으로써 다른 편으로 하여금 그 폭력을 흉내 내도록 만들기 때문이다. 예수는 그의 가르침과 생애, 그리고 죽음에서 비폭력의 하나님을 제시하였다. 십자가에서 권세들의 폭력성이 폭로됨과 동시에 하나님은 그들의 억압을 합법화해 주는 분이 아니라 사랑하시는 아버지로 드러난다. 그러나 교회가 로마제국의 잔인한 억압을 비폭력적으로 버텨낸 것이 이상스럽게도 오히려 승리를 거둔 것으로 되었을 때, 교회는 협조해주기를 바라는 로마제국에 궁정의 어용 목사 역할을 순진하게 떠맡고 말았다. 그러나 이로 인해 치른 대가는 제국을 유지하기 위해서 폭력을 옹호하는 것이었다. 그러나 복음에서 비폭력을 제거한 것은 아치형 건물에서 머릿돌을 빼낸 것이나 다름없어서, 기독교는 분노하고 겁주는 하나님이 방심하지 않고 지키시는 사후생명(死後生命, afterlife)을 위한 개인적인 구원의 종교로 전락하고 말았다.[139]

---

138) 윙크, 『사탄의 체제와 예수의 비폭력』, 357-358.

윙크에 따르면, 기독교인들이 비폭력을 실천해야 하는 이유는 그것이 "성과가 있어서"가 아니라, 그것이 하나님의 성품을 반영하기 때문이다. 예수는 우리의 구원이 비폭력적인 데 달렸다는 윤리적 완전주의를 주창하는 것이 아니다. 하나님은 우리가 비폭력적이 되지 못함을 용서하신다. 그것은 "의롭다"라고 인정받기 위하여 우리가 성취해야 할 "일"이 아니다. 기독교인은 구원받기 위해서, 혹은 절대적 윤리의 규범에 맞도록 살기 위해서 비폭력적으로 사는 것이 아니라, 하나님의 은혜가 우리를 초청하고 능력을 주시기 때문에 그렇게 사는 것이다.[140] 이러한 윙크의 입장은 슈바거, 위버의 주관적 속죄의 입장과는 다른 것이다. 하지만 그렇다고 그가 객관적 속죄의 위치에 서 있는 것은 아니다. 다만 그는 종말론적 보편 구원의 비전 아래에서 구원이 우리에게가 아닌 하나님께 있음을 말하는 것이다.

윙크는 정당한 전쟁을 논하면서 자신이 사용하고 있는 폭력의 개념을 명확히 한다. "폭력"에 대해 그가 의미하는 바는 살인 가능한 힘, 보다 정확히는 "육체적인 힘을 사용하여 다른 사람에게 해를 끼치는 국제적인 현상" 혹은 "상해를 입히거나, 죽이거나 혹은 파괴를 일으킬 의도로 힘을 사용하는 것, 혹은 이런 것들이 예상 가능한 결과를 일으킬 수 있도록 하는 것"이다.[141] 윙크에 따르면 정당한 전쟁 이론가들은 평화주의자들의 윤리적 수단에 대한 관심이 정의에 대한 요청을 종종 혼란스럽게 만든다고, 평화주의자들의 완전주의에 대해 화를 내곤 한다. 반면에 평화주의자들은 정당한 전쟁 이론가들이 전쟁 기구들의 선동을 돕고 제국의 필요에 의한 군사적 개입에 대해 도덕적 합리화를

---

139) 윙크, 『사탄의 체제와 예수의 비폭력』, 405-406.

140) 윙크, 『사탄의 체제와 예수의 비폭력』, 407-408.

141) 윙크, 『사탄의 체제와 예수의 비폭력』, 396, 각주 16.

제공한다고 비판한다. 평화주의자들은 무책임한 듯이 보여 왔고, 정당한 전쟁 이론가들은 순응적이라고 보였다. 이에 대해 윙크는 제3의 길이 있다고 말하면서 보다 더 엄정한 정당한 전쟁 기준을 제시한다.[142]

윙크는 일부의 평화주의자들이 비폭력 정면 행동들, 시민 불복종도 일종의 강압이라는 이유로 반대하는 것에 대해 비판하면서, 예수의 제3의 길은 억압자들로 하여금 그들이 원하지 않는 것을 억지로 택하도록 만든다는 점에서 어느 정도 강압적이지만 그러나 그것은 치명적이진 않다고 주장한다.[143]

윙크는 예수의 비폭력이 그저 충돌을 회피하기 위한 방법이 되어선 안 된다고 말한다. 복음이 가져오는 "평화"는 충돌이 없는 것이 아니고, 충돌의 중심에서 말로 다 할 수 없는 신적인 확신을 뜻하는 것이기 때문에 인간의 이해를 넘어서는 것이다. 윙크가 주창하는 예수의 제3의 길의 목표는 우리가 권세들로부터 자유롭게 되는 것뿐만 아니라, 권세들 자체를 자유롭게 만드는 것, 권세들의 존재에도 불구하고 사람들과 하나님이 화해하는 것뿐만 아니라, 권세들을 하나님과 화해시키는 것이다.[144]

4. 지라르 이론에 대한 평가

윙크가 지라르의 이론에 대해 긍정적으로 평가하면서 그의 이론에 대해 근본적으로 동의하지만 동시에 몇 가지 문제점을 제기하는 것들이 있다. 우선 윙크는 모든 신화들이 희생양 메커니즘을 은폐하는 데 이바지한다는 지라르의 이론에 대해 의문을 제기한다. 자신이 보기에

---

142) 윙크, 『사탄의 체제와 예수의 비폭력』, 403.
143) 윙크, 『사탄의 체제와 예수의 비폭력』, 425.
144) 윙크, 『사탄의 체제와 예수의 비폭력』, 568.

는 어떤 신화들은 흔히 진실을 말하기도 하고, 구원하는 폭력의 바빌론 신화처럼 어느 한 사회의 실제적 권력 관계들을 솔직하게 그려낸 것도 있다는 것이다.[145] 윙크는 자신이 신화의 해석에 있어서 폴 리쾨르(Paul Ricoeur, 1913-2005)에게 많은 빚을 지고 있다고 말한다. 리쾨르는 바빌론 신화에서 창조란 폭력의 행위라고 지적했다.[146] 즉 모든 것들의 어머니인 티아맛은 살해되어 시체가 조각나고, 그 시체에서 세계가 형성되었다. 질서란 무질서를 수단으로 하여 이루어진다. 창조란 창조보다 더 오래된 원수를 이겨내는 폭력적인 승리를 뜻한다. 악의 근원이 모든 사물들의 근원보다 우선한다. 혼돈(Chaos: 티아맛으로 상징된)이 질서(Order: 바빌론의 신 마르둑으로 상징된)보다 먼저 존재한다. 악이 선보다 우선한다. 폭력이 신들 속에 이미 있었다. 악이란 궁극적 실재의 뿌리 뽑을 수 없는 구성요소이며, 선보다 존재론적으로 우선권을 갖고 있다. 하지만 성경적 신화는 이런 모든 것에 정반대의 입장이다. 즉 성경에서는 한 분 선한 하나님이 좋은 피조물들을 창조해 낸다. 혼돈이 질서에 저항하지 않는다. 선한 것이 악한 것보다 존재론적으로 우선한다. 악이나 폭력은 창조된 것이 아니고 첫 인간 부부의 범죄와 뱀의 계략으로 비로소 이 세상에 들어온다. 원래 선한 실재가 타락으로 전락한 것은 창조된 피조물의 자유로운 결단에 의한 것이다. 사물의 기원에 대한 이런 보다 복잡하고 미묘한 설명이 있기에 악이란 이제 해결되어야 할 문제로 등장하기 시작한다.[147]

리쾨르에 따르면 바빌론 신화가 궁극적으로 전하는 것은 창조의 드

---

145) 윙크, 『사탄의 체제와 예수의 비폭력』, 291.

146) Paul Ricoeur, *The Symbolism of Evil* (New York: Harper & Row, 1967), 175-210, 재인용. 윙크, 『사탄의 체제와 예수의 비폭력』, 45.

147) 윙크, 『사탄의 체제와 예수의 비폭력』, 45-46.

라마를 통하여 신이 박멸했던, 그리고 계속 박멸해 나갈 권세를 원수, 대적으로 지목하는 것에 근거한 전쟁 신학(theology of war)이다. 이런 신화의 특징은 폭력의 수단을 써서 혼돈을 이겨내는 질서의 승리다. 이런 신화는 가진 자의 최초의 종교요, "힘 있는 자는 항상 옳다"라는 생각을 처음으로 명확히 표현한 것이다. 그것은 곧 지배체제의 근본적인 이데올로기다.[148] 지라르는 대부분의 신화들이 폭력의 메커니즘을 은폐하고 있다고 주장하지만, 윙크는 신화가 한 사회를 지배하는 권력체제의 속성을 그대로 보여주기도 한다고 주장하는 것이다. 하지만 내가 보기에는 윙크의 주장과 지라르의 주장이 서로 양립 불가능한 것은 아닌 것 같다. 윙크가 뒤에 말하는 "구원하는 폭력의 전투 신화"는 지배체제의 이데올로기 역할을 하는 것인데, 지배체제의 속성상 그것이 미화되면서 폭력의 진실은 결국 은폐되는 것이기 때문이다.

두 번째로 윙크는 지라르의 "희생양 삼기"가 단지 폭력이라는 주제의 변종 혹은 부속물에 불과하다고 말한다. 말하자면 한 공동체에 갈등과 위기가 고조되면 지라르는 희생양 삼기를 통해 갈등과 위기가 극복된다고 보아 희생양 메커니즘을 폭력 그 자체로 보는 반면, 윙크는 제삼자를 희생양 삼는 것은 일부분이고, 오히려 구원하는 폭력의 전투 신화가 포괄적이고 통상적이라는 것이다. 즉 맞붙어 싸우려고 하거나 혹은 끝까지 분투하는 것이 통상적인 규범이라는 것이다. 그러면서 윙크는 지라르가 호모 사피엔스에게서 흔히 볼 수 있는 여러 가지 화해의 행동들을 다루지 않는 것도 지적한다.[149]

---

148) Ricoeur, *The Symbolism of Evil*, 198, 재인용. 윙크, 『사탄의 체제와 예수의 비폭력』, 50.

149) 윙크는 호모 사피엔스의 화해의 행동으로 제삼자의 중개, 포용하기, 사과하기, 복종하기, 선물 주기, 협동을 약속하기, 음식이나 장난감 나누기 등을 그 예로 든다. 윙크, 『사탄의 체제와 예수의 비폭력』, 291-292.

세 번째로 윙크는 지라르가 인정하는 것보다 훨씬 더 많이 예수의 희생적이고 대속적인 죽음에 대한 생각이 신약성경에 두루 스며있다(막 14:24; 고전 11:24-25; 요 1:29, 36; 롬 3:25; 고후 5:14; 갈 1:4; 2:20; 3:13; 엡 5:2; 살전 5:10; 벧전 1:2; 3:18; 요일 1:7; 2:2; 계 1:5; 5:9 등)고 주장한다. 윙크는 예수의 죽음에 대한 희생적 해석학이 다시 대두되는데 결정적 영향을 준 것은 히브리서가 아니라, 바울 자신이라고 말한다. 바울은 그리스도의 희생에 대하여 어떤 모호함을 드러낸다. 지라르는 그 모호함의 한 면을 강조하였고, 그의 비판자들은 다른 면을 강조했다. 지라르가 옳게 지적한 대로, 바울에게는 그리스도가 희생제사의 끝(end)이며 희생양 기제를 폭로하는 분이다. 그러나 그리스도를 희생 제물로 그려냄으로써 바울도 또한 하나님이 예수를 "그가 피를 흘려서 속죄하게 해주려고 마지막(final) 제물로" 되게(롬 3:25) 하였다는 견해를 믿었다는 것이다. 윙크에 따르면 바울은 그리스도의 죽음이 하나님께 속죄하는 마지막 제물이라는 견해와 그리스도는 희생제사의 끝이라는 견해 사이의 명확한 차이를 완전히 구별하지 못했고, 그래서 이후 내내 기독교는 이 혼돈을 겪게 되었다고 주장한다.[150]

여기서 예수 그리스도의 십자가 죽음에 대하여 윙크가 희생제사적 성격을 인정하는지가 문제다. 윙크는 예수의 희생적이고 대속적인 죽음에 대한 생각들이 신약성경에 두루 나타난다고 보고 있지만, 그가 십자가를 대속적인 죽음으로 이해한 것은 아니다. 왜냐하면 윙크는 지라르를 받아들여 하나님이 죄에 대해 진노하신다는 생각이 "과거로부터 넘어온 하나님에 대한 잘못된 생각"이라고 말하면서 "신약성경에 와서야 비로소 희생양의 기제가 완전히 폭로되었고 무효화되었다"라고

---

150) 윙크, 『사탄의 체제와 예수의 비폭력』, 292-293.

주장하기 때문이다.151) 윙크에 따르면 "하나님은 예수와 같은 사람은 폭력으로 세워진 질서에 의하여 죽임을 당할 것을 틀림없이 예상하였을 것이지만, 그러나 하나님은 예수를 죽이지도 않았고, 그의 죽음을 요구하지도 혹은 다른 사람들을 조종하여 그를 희생시키지도 않았다."152)

네 번째로, 윙크는 "희생양 주제가 전 세계 신화들의 바탕이라거나 혹은 유대-기독교 성경이 폭력에 대한 비판을 독점했다고는 생각지 않는다"면서 지라르의 이론을 기독교 승리주의라고 비판한다. 윙크에 의하면 기독교 못지않은 비폭력적인 종교의 지류들(자이나교, 불교,153) 힌두교)이 있고, 현실적 실천에서 비폭력적인 원시 미개 사회가 아직 더러 남아 있다는 것이다. 하지만 윙크는 기독교와 달리 그것들이 희생양 기제에 대한 감추어진 비밀을 드러내지는 못했음은 인정한다.154)

마지막으로 윙크는 증거가 불충분함에도 불구하고 폭력의 문제에 대한 단일 원인적 해법을 제시하는 것은 위험하다고 말한다. 과거에 이미 이런 논의들이 있었지만, 모두 불충분했다는 것이다. 그러나 윙크는 지라르 이론의 진짜 가치는 그 원인에 대한 이론이 아니라, 오늘날 인간 폭력의 본성을 벗기는 분석능력에 있기 때문에, "지라르의 전반적인 논제들의 여러 면들이 확실히 수긍이 가게 하지는 못했어도, 모방하는 경쟁과 충돌, 그리고 희생양에 대한 그의 이해는 우리 시대의 가장 심오한 지적 발견의 하나로서, 우리가 예수의 십자가 처형을 이

---

151) 윙크, 『사탄의 체제와 예수의 비폭력』, 280-281.

152) 윙크, 『사탄의 체제와 예수의 비폭력』, 214.

153) 하지만 윙크와 달리 정일권은 그의 저서 『붓다와 희생양』에서 불교 철학의 많은 디오니소스적인 논리들은 "세계 포기의 논리"로부터 읽혀야 하고 무(無)와 불일불이(不一不二)라는 출가 승들의 논리와 철학은 "폭력과 성스러움의 논리"로 이해될 수 있다고 하여 불교 역시 폭력적 기원을 가짐을 주장한다. 정일권, 『붓다와 희생양』, 23.

154) 윙크, 『사탄의 체제와 예수의 비폭력』, 293.

해하는 데 두고두고 지속적인 공헌을 할 것"155)이라며 지라르를 높이 평가한다.

5. 문제점

윙크가 십자가를 비폭력적인 것으로 이해하면서 우리가 예수 그리스도를 따라 비폭력의 길로 나서야 한다고 주장한다는 측면에서, 슈바거나 위버와 같은 입장이라고 말할 수 있다. 하지만 윙크가 주장하는 '비폭력의 길'은 보다 구체적이고 현실적이다. 그는 무조건적인 비폭력을 말하는 것이 아니다. 그는 권세들을 변화시킬 수 있는 비폭력을 말하는 것이다. 이를 위해서는 지혜와 전략을 가지고 끈기 있게 맞붙는 태도가 요청된다고 말한다. 또 윙크는 정당한 전쟁 역시 전적으로 부정하지도 않는다. 다만 더 엄격한 조건들을 필요로 할 뿐이다.

문제는 그가 말하는 비폭력의 길이 현실적이기는 하나 과연 어떤 것을 폭력적인 것으로 거부해야 하고 어떤 것을 비폭력의 길로 인정해야 할지 불분명한 경우가 많다는 것이다. 그가 비록 구체적인 행동 요령들을 제시한다 할지라도 이런 의문을 피하기는 어려울 것 같다. 더군다나 윙크는 "권세들의 손에 죽임을 당한 예수는 사람들을 위해서뿐만 아니라 그 권세들을 위해서도 죽었다"라고 말한다. 그는 골로새서 1장 20절의 말씀 "그의 십자가의 피로 화평을 이루사 만물 곧 땅에 있는 것들이나 하늘에 있는 것들이 그로 말미암아 자기와 화목하게 되기를 기뻐하심이라"를 그 근거로 드는데, "땅에 있는 것들이나 하늘에 있는 것들" 속에는 권세들까지 포함된다는 것이다. 그렇다면, 윙크에게 예수의 죽음은 단순히 권세들의 실상을 폭로하는 것뿐만 아니라, 그 권세

---

155) 윙크, 『사탄의 체제와 예수의 비폭력』, 294-295.

들을 마땅히 그래야 할 본래의 모습으로 변화시키려는(골 2:15) 노력이기도 하다. 이런 종말론적인 보편 구원의 비전하에서 윙크는 우리가 비폭력으로 나아가야 하는 이유가 '하나님의 은혜' 때문이라고 말한다.[156]

그런데 어차피 구원받을 권세라면 우리가 이 땅에서 죽기를 각오하고 비폭력의 방법으로 싸워야 할 이유는 무엇인가? 윙크의 보편 구원의 생각 속에서 속죄의 주관적 측면은 그 동기를 강조하기가 쉽지 않다.

제 4 절 결론

지라르의 영향 아래 있는 신학자들은 모두 지라르의 모방 욕망 이론과 십자가 이해에 빚을 지고 있다. 지라르에 의하면 문화와 종교 모두 어두운 비밀을 갖고 있는데, 이 둘은 모두 스스로의 집단적 폭력을 어떤 희생자에게 행사하는 행위 위에 건설되어 있다는 것이다. 속죄양 기제(mechanism)의 배후에 있는 권력은 신적인 것이 아니라 악마적이다. 어떤 좋은 의미의 폭력이 있다는 생각을 부추기고, 그것으로부터 이득을 얻는 존재는 바로 사탄-고발자-이다. 하지만 복음서의 참된 의도(그리고 진정한 기독교의 독특성)는 속죄양 기제를 정당화하는 것이 아니라 오히려 그것이 사탄적인 책략임을 폭로하는 것이다. 복음서의 저자들은 거룩한 폭력, 성스러운 폭력이라는 생각을 정당화하려고 하지 않았고, 오히려 그것을 단번에 영원히 끝내고자 하였으며, 그렇게 해서 폭력의 악순환을 끊어버리고자 하였다. 지라르에 따르면 예수는 희생 제물로서 돌아가신 것이 아니다. 오히려 그는 권세에 직면하여

---

156) 윙크, 『사탄의 체제와 예수의 비폭력』, 407-408.

진실을 말함으로써, 궁극적 대가를 지불했던 예언자로서 돌아가셔야 했다.157)

이러한 지라르의 연구를 받아들인 슈바거는 지라르의 이론에 근거하여 자신의 하나님 개념을 전개한다. 예수 그리스도의 십자가가 폭력에 대응하여 복수를 하지 않고 비폭력으로 희생양 메커니즘을 드러냈다면, 예수 그리스도의 아버지이신 하나님은 예수 안에 구현된 자신의 사랑이 폭력적으로 거절될지라도 계속해서 사랑을 해주시는 분으로 드러난다.

슈바거가 비록 지라르의 이론을 받아들여 그의 신학을 전개하지만, 슈바거의 속죄론에서는 십자가의 승리, 복음서의 승리와 같은 승리자 그리스도 테마가 (비록 전제되지만) 특별히 강조되지는 않는다. 대신, 슈바거는 지라르의 이론에 나타난 "비희생적 십자가", 즉 피 흘리는 제사를 원치 않으시는 비폭력의 하나님 사상을 토대로 아벨라르식의 주관적 속죄 이해의 방향으로 나아간다. 그는 사랑의 하나님을 강조한다. 그의 하나님은 죄인이 회개하기 전에 선행(先行)적으로 먼저 사랑을 베푸시는 분이다. 따라서 하나님은 죄 용서에 대한 보속을 원치 않으신다. 그에 따르면 구원은 신적 관계 안에서 이루어지거나 십자가의 승리로 이루어지는 것이 아니다. 구원은 예수 그리스도의 비폭력의 길을 따르는 데서, 악한 행동에서 돌이키는 데서 비롯된다.158)

슈바거는 지라르의 이론이 성경을 해석하는 데 유용한 통일적 도구로서의 가치가 있다고 주장하면서 지라르의 이론을 통해 성경해석을 시도하나, 그의 성경해석은 성령의 영감을 인정하지 않는 해석일 뿐만

---

157) 밴후저, "속죄", 323.
158) 슈바거, 『희생양은 필요한가』, 389.

아니라 신구약의 통일성을 저해하는 해석이라는 비판을 받을 수밖에 없다. 따라서 이러한 불완전한 토대에 근거한 그의 하나님 이해 역시 성경적으로 온전한 것이라 볼 수 없다.

위버는 만족설에 대한 비판에서 출발하여 자신의 "내러티브 승리자 그리스도" 모델을 주장한다. 만족설에 따를 때, 하나님은 예수 그리스도의 죽음에 대한 책임에서 전적으로 자유로울 수 없다. 왜냐하면 그분의 영예가 그것을 요구하기 때문이다. 십자가가 비록 사탄에 의해서 일어난 사건이라 하더라도 하나님이 그것을 요구하신 이상, 하나님은 보복자, 처벌자의 이미지를 벗을 수 없다.159) 이러한 만족설의 문제점을 피하고자 위버는 지라르의 승리자 그리스도 테마를 도입한다. 이로써 예수 그리스도의 십자가 죽음에 대한 책임은 전적으로 악의 세력에게 있게 된다. 그러나 위버는 자기 입장을 지라르와 구별하여 "내러티브 승리자 그리스도"를 통해 하나님의 통치를 볼 수 있게 만들라는 예수의 사명의 전체 범위를 보다 더 크게 강조한다.160) 그에게서는 예수의 십자가만이 아니라 그분의 삶, 죽음 그리고 부활, 그중에서도 예수 그리스도의 역사적 삶이 강조된다. 위버는 승리자 그리스도 테마를 가지고 작업하지만 신적 기만의 개념을 비롯한 모든 폭력적 요소와의 단절을 통한 비폭력적인 변형을 시도한다. 그의 속죄 이해는 안셀름과 아벨라르의 테마를 모두 제외하고 있다. 위버의 신학에서 기독교 사상사와의 연관은 최소화된다.161)

위버에 따르면 속죄의 핵심은 하나님과 아들 간의 추상적인 법적 관계가 아니라, 인간 역사 속에서 계시된 죄로부터의 승리자, 즉 예수의

---

159) Weaver, "Violence in Christian Theology," 152-155.

160) Weaver, *Nonviolent Atonement*, 49.

161) 밴후저, "속죄", 327.

삶, 죽음, 부활을 성경적 내러티브 안에서 포괄적으로 보는 것이다.162) 위버의 만족설에 대한 비판 속에서, 객관적 속죄의 측면은 추상적이며 초역사적이기 때문에 거부된다. 만족설과 형벌대속론에 내포된 이미지들은 초역사적이고 추상적인 신들 간의 신적 속죄 관계에 주목하기 때문에 인간들의 실제적 윤리적 삶과는 상관없다는 것이다. 그러나 교회사 전반에서 살펴볼 수 있는 것처럼, 만약 객관적 속죄의 측면과 주관적 속죄의 측면 둘 다 고려하지 않고 둘 중의 어느 하나만을 지나치게 강조한다면, 그리스도의 속죄 이미지는 왜곡될 수밖에 없다.

위버는 복음서들이 우리가 예수의 죽음에 함께 참여한 존재임에도 불구하고 하나님의 통치에 참여하도록 초대되었다는 사실과 억압받던 자들뿐만 아니라 억압하던 자들까지도 함께 초대되었다는 사실을 통해 하나님의 보편적인 사랑이 계시된다고 한다.163) 위버에 따를 때, 예수의 죽음은 하나님이 원하시거나 하나님께 드려지는 것이 아니라, 하나님의 비폭력적 나라와 사탄의 폭력적 나라 사이의 차이를 '폭로'하는 사건이다. 구원받는 것은 그런 폭력적인 권세들과 관계된 어떤 것으로부터 해방되는 것이며, 예수 그리스도의 (서사적인) 길을 향해 해방되는 것이다. 그 길은 수동적 희생자의 길이 아니라 비폭력적 용서의 길이다.

위버 역시 슈바거와 마찬가지로 지라르의 십자가 이해를 받아들인데서 오는 성경적이지 않다는 비판에서 자유로울 수 없다. 그는 하나님을 비폭력적인 분으로 이해하기 위해 십자가의 희생제사적 성격을 부정하고, 하나님을 사랑의 하나님으로만 정의한다. 이를 위해 지라르

---

162) Weaver, *Nonviolent Atonement*, 69.

163) Weaver, "Violence in Christian Theology," 168.

의 '폭로하는 십자가의 승리' 개념을 차용하지만 이것 역시 성경적 근거가 빈약하다는 문제점이 있다.

윙크는 악한 세력들이 영적인 동시에 제도적이라고 생각한다. 그것들은 바로 하나님의 통치에 반대하는 성향의 사회정치적인 세력들이다. 인간의 역사는 세상을 통치하는 권세와 (예수 그리스도의 인격 안에서 결정적으로 구현되는) 오시는 하나님의 통치("뜻이 이루어지이다") 사이의 극적인 투쟁이다. 자신들의 통치에 대한 위협을 감지하고서 이 세상의 권세들은 예수와 그의 길을 분쇄하기 위해 일어섰다. 하지만 희생자 예수는 권세들이 지닌 본질적인 폭력성을 드러내심으로써 그 권세들의 정체를 폭로하셨다.[164]

윙크 역시 슈바거나 위버처럼 지라르의 "폭로하는 십자가의 승리" 개념을 받아들였다. 다만, 지라르가 십자가의 승리를 희생양 메커니즘에 대한 것으로 본 반면, 윙크는 이것을 정사 및 권세와 연결 짓는다. 또 마찬가지로 윙크는 십자가의 희생제사적 성격을 부정하면서 "예수의 죽음은 희생제사를 끝장낸 것"[165]이고, 동시에 "예수의 십자가 처형은 희생제사의 참된 성격을 폭로"[166]하였다고 주장한다.

윙크는 예수의 비폭력을 "폭력을 회피하기 위한 완전주의자의 길이 아니라, 분쟁에 관련된 쌍방 모두의 인간성을 회복하기 위한 창조적 투쟁의 길"이라고 말한다.[167] 십자가에서 권세들의 폭력성이 폭로됨과 동시에 하나님은 그들의 억압을 합법화해 주는 분이 아니라 사랑하시는 아버지로 드러난다. 기독교인은 구원받기 위해서, 혹은 절대적 윤리

---

164) 윙크, 『사탄의 체제와 예수의 비폭력』, 270.
165) 윙크, 『사탄의 체제와 예수의 비폭력』, 241.
166) 윙크, 『사탄의 체제와 예수의 비폭력』, 244.
167) 윙크, 『예수와 비폭력 저항: 제3의 길』, 65.

의 규범에 맞도록 살기 위해서 비폭력적으로 사는 것이 아니라, 하나님의 은혜가 우리를 초청하고 능력을 주시기 때문에 그렇게 사는 것이다.[168] 하지만, 윙크는 예수 그리스도의 대적자로 나타나는 '권세'조차도 종말에는 구원될 것이라고 주장한다. 이러한 윙크의 보편 구원의 비전 아래서는 우리가 예수 그리스도를 따라 비폭력의 길로 나서야 할 이유를 찾기가 쉽지 않다. 어차피 구원받을 권세라면, 그 권세와 굳이 목숨 걸고 비폭력의 투쟁을 벌여야 할 이유가 줄어들 수밖에 없다.

---

168) 윙크, 『사탄의 체제와 예수의 비폭력』, 407-408.

제 5 장

지라르의 십자가 이해에
대한 평가

지라르는 문학비평에서 출발하여 기독교의 성서에 이른 자신의 연구를 통해 모든 종교와 문화의 기원에는 모방에 의한 하나의 메커니즘이 있다고 주장한다. 다양한 종교와 문화의 기원을 보편적이고 통일적인 이론으로 설명하려는 지라르의 이러한 시도는 처음부터 많은 학자들의 공감을 얻기 어려웠다. 따라서 사회, 종교, 문화를 모방이론, 즉 폭력의 메커니즘으로 해석하려는 지라르의 이론에 대해 모든 것을 폭력으로만 해석하는 폭력 일원론에 빠지는 것이라는 비판, 문학작품을 근거로 인간의 욕망, 사회 그리고 종교에 관한 전체 이론을 설계한다는 것은 비학문적(비과학적)이라는 비판, 종교를 순전히 사회적 현상으로만 축소한다는 비판 등이 제기된다.[1]

지라르는 모방 욕망의 개념을 사용하여 보편적이고 통일적인 원리를 주장하지만, 그의 이론처럼 모든 욕망을 모방의 과정으로 환원할 수 있는지는 매우 의심스럽다. 부르스마의 지적대로 욕망의 대상들이 지닌 내재적인 가치 때문에 우리가 그것들을 소중하게 여기는 것이 아니라는 생각은 문제의 소지가 상당하다.[2] 그의 십자가에 대한 이해는 '하나의 주제에 대한 기나긴 논증'이라는 그의 오랜 연구에 대한 하나

---

1) 슈바거, 『희생양은 필요한가』, 59-84.
2) 부르스마, 『십자가, 폭력인가 환대인가』, 240.

의 결실이다. 이 점을 고려하면 여기서 그의 모방이론에 대한 비판 역시 검토되어야 하나, 그의 학문 방법론에 대한 것까지 여기서 다루는 것은 본 연구의 주제를 생각할 때 지나친 감이 없지 않다. 따라서 이하에서는 보다 신학적인 논의에만 중점을 두고 그의 십자가 이해의 문제점을 살펴보고자 한다.

지라르는 자신의 이론이 전통 신학과 달리 과학적이라고 주장한다. 그는 "구약과 복음의 우수성이 과학적으로 입증될 수 있다"고 말한다.[3] 그래서 그는 십자가의 비폭력을 말하면서도 초월적인 것, 그리고 신적 기원에 관한 것은 인정하지 않은 채, 가급적 언급조차 않으려는 태도를 보인다. 하지만 그가 신학적인 논의를 하지 않은 것은 아니다. 그는 성서를 신화와 비교하면서 적극적으로 성서의 진리성을 주장했을 뿐만 아니라, 자신의 모방이론에 근거해서 성서를 적극적으로 해석하고, 십자가, 사탄, 원죄, 성령 등에 대한 자신의 견해를 피력하였다. 특히 희생양 메커니즘과 관련하여 그가 주장하는 '십자가'와 '복음서' 그리고 '희생'에 대한 그의 생각은 기독교 속죄론 이해에 큰 영향을 주었을 뿐만 아니라 기독교 변증의 측면에서도 크게 기여한 부분이 있다.

하지만 그의 주장 가운데는 우리 개혁신학의 입장과 정면으로 배치되는 내용이 많아, 개혁신학의 입장에서는 그의 주장을 비판적으로 검토하지 않을 수 없게 되었다. 그렇다고 해서 그의 기독교에 대한 공헌이 경시되어서는 안 된다. 따라서 이하에서는 먼저 지라르의 공헌을 살펴보고, 그의 모방이론에 나타나는 십자가 이해와 그에게서 신학적으로 영향을 받은 신학자들에게서 볼 수 있는 속죄론의 주장들을 나누어 각각 비판적으로 검토한 후, 마지막으로 지라르의 한계와 속죄론에

---

3) 지라르, 『문화의 기원』, 125.

대한 개혁신학의 관점을 살펴보도록 한다.

제 1 절 지라르의 공헌: 기독교 진리 변증

지라르의 십자가 이해를 본격적으로 비판하기 전에 먼저 그의 기독교에 대한 공헌을 살펴볼 필요가 있다. 마르틴 루터의 언급처럼, 목욕통 속의 목욕물을 버리려다 그 안에 있는 보물인 아기까지 버려서는 안 되기 때문이다. 지라르의 공헌은 대체로 네 가지로 나누어 생각할 수 있다.

첫째, 지라르는 성경을 신화적으로 읽으려는 시대 분위기 속에서 신학자가 아닌 문화 인류학자로서 인문학적 접근을 통해 성서, 특히 복음서의 계시성을 인문학적 담론의 영역으로 끌어들였다. 그는 신화와 성경을 비교, 분석함으로써 신화의 거짓과 더불어 성경의 진리성, 독특성을 드러냈다. 그는 학제 간 연구를 통해 속죄론에 인문학적 자료를 제시함으로써 성경이 신화와는 달리 무고한 희생양을 옹호하는 텍스트임을 밝혀 주었다. 지라르에 따르면 박해의 문서로서 신화는 희생양에 대한 폭력을 은폐하고 있다. 그런데 복음서는 이러한 박해의 문서로서의 신화가 아님에도 불구하고 오늘날까지 복음서는 언제나 신화처럼 읽힌다. 바로 근대가 이러한 독법을 성공적으로 제안했다. 그래서 박해의 문서인 신화와 계몽의 문서인 복음서가 구분 없이 이해되었다. 지라르에게 있어서 복음서는 신화의 문자적인 정반대다. 십자가에 달리신 자의 수난에서는 신화와 정반대의 것이 발생했다.[4]

---

4) 정일권, 『십자가의 인류학』, 81.

제 5 장 지라르의 십자가 이해에 대한 평가 **193**

"복음서는 신화인가?"라는 논문에서 지라르는 "세계의 신화들이 복음서를 해석하는 법을 보여주는 것이 아니라, 정반대로 복음서가 신화들을 해석하는 방법을 계시한다"[5]고 말한다. 약 200년 전부터 인류학자들은 세계의 모든 초석적(foundational) 신화들은 예수 그리스도의 고난, 부활과 유사하다는 사실을 발견하고 기독교도 또 하나의 신화라고 간주했고, 이러한 견해는 심지어 그리스도인들에게도 뿌리를 내렸다고 지라르는 분석한다.[6]

이렇게 성경이 신화적으로 읽히는 현대 학문의 세계에서 지라르는 자신이 과학적이라고 주장하는 연구를 통해 성경이 신화와 닮아있지만 자세히 들여다보면 정반대의 이야기를 하는 것을 알 수 있다고 주장한다. 신화는 희생양 메커니즘에 굴복하여 희생양의 유죄를 주장하지만 성경은 신화와 달리 희생양의 무죄를 선포한다는 것이다. 지라르는 신학자들과도 토론했지만, 교의학자는 아니다. 그는 종교 인류학자로서 십자가의 인류학을 전개하면서 방법론상 보다 수평적으로 십자가를 해석하고자 할 뿐이다. 이에 대해 정일권은 그가 더욱 수평적으로 십자가의 해석학을 전개한다고 해서 십자가의 수직적, 계시적 그리고 삼위일체론적 의미를 부정하거나 약화하는 것은 결코 아니라고 변호한다. 인문학자로서 십자가의 수직적 의미에 대해서는 방법론적인 차원에서 절제하고 있다는 것이다.[7]

둘째, 지라르는 포스트모더니즘 사상가들과의 대화를 통하여 기독교의 진리를 변증하려고 하였다.[8] 지라르는 『창세 이후로 감추어져 온

---

5) Rene Girard, "Are the Gospels Mythical?," 27.

6) 정일권, 『십자가의 인류학』, 83.

7) 정일권, 『십자가의 인류학』, 56-57.

8) 포스트모더니즘의 상대주의에 맞서 기독교의 진리를 변호하려고 했던 지라르는 칼케돈 기독론을 위협하는 18-19세기 과학적 실재론과 반신앙고백적 흐름에 맞서, '역사적 예수 탐구'의 도전

것들』이란 책에서 자신을 그리스도인으로 선언하고, 복음서에 대한 비희생제의적 독법과 그리스도의 신성을 옹호하였다. 이러한 태도 때문에 지라르는 프랑스에서 한편으로는 센세이셔널한 사건이었고, 또 다른 한편으로는 혐오의 대상이었다. 왜냐하면 그는 서구문화의 가장 깊은 통찰들이 성경적 계시로부터 나왔다는 입장과 함께 보편적인 인류학적 이론을 제시했기 때문이다.9) 이런 지라르의 입장은 포스트모더니즘과는 완전히 반대되는 것이었다.10)

김회권에 따르면11) 포스트모더니즘 사상가들은 현실의 객관적 측면들이 존재한다는 것을 부정한다. 현실에서 객관적으로 옳거나 그른 말들이 있다는 것도 부정한다. 그러한 말들, 즉 객관적인 지식에 대한 말들이 가능하다는 것도 부정한다. 인간이 확실하게 어떤 것들을 아는 것이 가능하다는 것도 부정한다. 그리고 객관적 혹은 절대적인 도덕적 가치가 있다는 것도 부정한다. 실체와 지식 그리고 가치는 담론에 의해 형성된다. 따라서 그것들은 그 담론들과 더불어 변할 수 있다.12) 이

에 효과적인 대응책으로 유용할 것이라고 믿고 케노시스 개념을 제시했던 토마시우스를 포함한 중개신학자들과 비교될 수 있다. 권문상, 『비움의 모범을 보이신 예수 그리스도』 (서울: 새물결플러스, 2008), 62.

9) 정일권, 『십자가의 인류학』, 85.

10) 알리스터 맥그라스는 밴후저를 인용해 모더니즘과 포스트모더니즘을 비교하였다. 모더니즘이 단 하나의 보편 이성을 믿는 반면, 포스트모더니즘은 다양한 합리성을 주장한다. "이들은 보편적 합리성 개념을 부정한다. 이성은 다소 정황적이고 상대적이다." 포스트모더니즘은 진리 개념을 의심하는데, 진리 개념이 억압을 합법화하거나 기득권을 정당화하는 데 이용되기 때문이다. 이런 시각에서 보면 진리란, "힘 있는 자리를 차지한 사람들이 자연 세계와 사회세계를 바라보는 관점과 이를 조직하는 자신들의 방식을 영구화하려고 들려주는 설득력 있는 이야기다." 모더니즘은 역사에서 보편적 패턴을 찾으려 노력한 반면 포스트모더니즘은 "보편적 역사를 말하는 내러티브를 의심한다." 기독교 변증학의 관점에서 보자면 이것은 오늘의 문화에서는 나사렛 예수의 내러티브에서 보편적 의미를 찾으려는 모든 시도에 대해 강한 의심의 눈길을 보내라는 뜻이다. Kevin Vanhoozer, "Theology and Condition of Postmodernity," *The Cambridge Companion to Postmodern Theology*, ed. Kevin Vanhoozer(Cambridge: Cambridge University Press, 2003), 3-24, 재인용. Alister E. McGrath, *Mere Apologetics*, 전의우 역, 『알리스터 맥그라스의 기독교 변증』 (서울: 국제제자훈련원, 2014), 55-56.

11) 김회권은 정일권의 책, 『르네 지라르와 현대 사상가들의 대화』에서 이 책에 대한 해제 및 추천의 글을 썼다. 정일권, 『르네 지라르와 현대 사상가들의 대화』, 333-353.

렇듯 포스트모더니즘의 특징은 폭넓은 상대주의라고 할 수 있다. 그런데 지라르는 이런 상대주의에 맞서 보편적인 이론(모방이론)을 주장할 뿐만 아니라, 그것을 통해 진리로서의 기독교를 옹호하려고 하였다.[13] 김회권에 따르면 비록 지라르 자신도 모방이론을 통해 서구 계몽주의와 낭만주의에 뿌리를 내리고 있는 욕망의 자율성과 자율적인 주체성 개념을 낭만적 기만이라고 부르면서 데카르트-칸트적 주체성의 철학을 비판함으로써 포스트모던적 사유의 일단을 공유하지만, 지라르는 자신의 희생양 이론에 입각해 디오니소스적인 성스러움과 전근대적이면서도 포스트모던적 견해를 거부한다.[14] 그의 사상은 기독교 유신론적 형이상학에 대한 니체-디오니소스적 해체를 시도했던 포스트모던 철학에 맞서 유대-기독교 전통의 인류 미래 문명에 대한 기여 가능성을 주목한다.[15]

셋째, 비록 여러 가지 비판에도 불구하고, "희생양 기제를 폭로함으로써 사탄에 대해 승리한다"라는 지라르의 십자가 정의는 십자가 사건을 새로운 시각으로 볼 수 있게 해주었다. 우선, 폭력(희생양 메커니즘)의 정체를 폭로함으로써 사탄에 대해서 승리한다는 생각은 우리의 무지(현혹됨)에 대한 경고임과 동시에 개인을 넘어 메커니즘의 문제에 집중할 수 있는 원인을 제공해준다. 지라르는 인류문화의 기원에 있는 희생양 메커니즘을 발견했다고 주장함으로써 우리 사회의 폭력이 개인의 문제를 넘어 구조의 문제, 공동체 전체의 문제임을 보여주었을 뿐

---

12) 정일권, 『르네 지라르와 현대 사상가들의 대화』, 340-341.

13) 지라르, 『그를 통해 스캔들이 왔다』, 72.

14) 정일권에 따르면 지라르는 니체와 하이데거를 -그들의 철학적 공헌을 수용하면서도- 성경적으로 영감 받은 폭력의 비판자라기보다는 우파적인 신이교주의의 대표자로 본다고 한다. 지라르는 니체가 그리스도에 반대해서 디오니소스를 택하는 틀린 선택을 하였다고 본다. 정일권, "르네 지라르의 기독교 변증론" 「조직신학연구」 14 (2011): 120-121.

15) 정일권, 『르네 지라르와 현대 사상가들의 대화』, 341-342.

만 아니라, 그것의 은폐성을 강조함으로써, 우리 안에 감추어진 폭력성에 대해 다시 한번 생각할 수 있는 계기를 제공해주었다. 또한 '폭로'한다는 개념을 통해 텍스트의 표현과 해석의 중요성을 알려주었고, 십자가 사건에 대한 성경해석의 다양한 시각을 보여주었다.

넷째, 지라르는 그의 모방 욕망 이론을 통해 '원죄'에 대한 구체적인 생각을 드러냄으로써 '죄의 문제'를 다시 한번 생각해보는 계기를 만들어 주었다. 그는 그동안 전통신학이 구체적으로 드러내지 못하고 추상적으로만 진술하던 것을 자신의 모방이론이 구체적으로 보여준다고 주장한다. 그에 따르면 원죄는 잘못된 모방 욕망에 의한 것이다. 지라르는 희생양 기제를 통해 우리 안에 은폐된 채로 은밀하게 활동하는 폭력의 정체에 주목하게 해주었다. 지라르는 희생양 메커니즘을 통해 폭력의 은폐가 어떻게 이루어지는지를 자세히 논하면서 우리가 폭력의 굴레에서 벗어날 수 있는 유일한 길은 바로 예수 그리스도를 모방하는 것이라고 주장하였다. 그동안 개혁신학은 원죄의 문제를 죄책과 부패의 문제로 생각해 왔는데, 비록 지라르가 죄의 문제를 심각히 다루지는 않는다고 하더라도 그의 모방 욕망 이론은 우리가 일상생활 속에서 어떤 과정을 거쳐 폭력에 이르게 되는지를 구체적으로 보여줌으로써 '부패'에 대한 구체적인 생각을 보여주었다.

제 2 절 모방이론에 따른 십자가 이해에 대한 비판

지라르는 자신의 이론에 따른 성서해석을 통해 진리를 발견했다고 주장한다. 하지만 그가 사용한 방법은 성경의 영감성을 인정하지 않고, 수평적으로 접근한 문화인류학적 방법이다. 비록 그가 문화 인류학자로서 성경의 영감성을 인정하지 않는 과학적인 방법을 사용함으로써 복음서의 계시성을 인문학적 담론으로 끌어낸 것은 높이 평가해야 하지만, 그의 성경해석은 정통 신학과는 분명 이질감이 있는 것이다. 따라서 먼저 그의 해석학적 방법론에 대한 문제가 검토되지 않으면 안 된다. 그가 주장하는 모방이론, 희생양 메커니즘 등은 주로 문학, 그리고 신화와 성경의 텍스트들을 해석하는 데서 도출된 것이다. 이 과정에서 그는 자신의 이론의 정당성을 주장하기 위해 자주 텍스트를 자기에게 유리한 쪽으로 해석하려는 경향을 보인다. 지라르는 모든 것을 모방 폭력으로 설명하려고 함으로써 해석학적인 문제점을 드러낸다. 그는 역사적인 문화의 대부분이 그것의 기원을 은폐하는 데 공모하고 있다고 주장하고 있으나, 그가 주장하는 은폐된 메커니즘의 문제는 성질상 그 주장이 반박되기 어려운 것이다.16)

또 신화와 성서의 비교를 통하여 얻은 지라르의 날카로운 통찰에도 불구하고 성서의 깊고 풍부한 메시지를 올바로 파악하지 못하는 그의 신학적 약점이 간과되어서는 안 된다.17) 그는 전문적인 신학자가 아니라 문화 인류학자이다. 따라서 그의 이론의 장점이자 단점이기도 한 그의 수평적 연구 방법 때문에 갖는 이론적 한계가 지적되지 않을 수 없다. 그가 모방 욕망을 폭력과 연결하여 너무 부정적으로 바라보는 것이나, 십자가의 승리를 '폭로'라는 지식적인 것으로 이해하는 것, 그

---

16) 박종균, "르네 지라르의 성서적 종교와 비폭력", 286. Leo D. Lefebure는 "지라르의 이론이 폭력으로 모든 것을 설명하려고 한다는 점에서 위험성을 지닌다. 지라르는 역사적인 문화의 대부분이 그것의 기원을 은폐하려는 음모를 포함한다고 주장하는데, 이것은 그 증거를 평가하는 데 논리적인 어려움을 겪는다. 만약 대리 희생의 구조가 파편적인 형태로 나타나더라도 지라르 이론의 지지자들은 문화에 대한 폭력의 기원과 죄를 가리려는 시도의 반영이라고 주장할 수 있다. 숨겨진 메커니즘에 대한 주장은 반박될 수 없는 것이다"라고 말한다. Leo D. Lefebure, "Victims, Violence and the Sacred: The Thought of Rene Girard," *Christian Century* 113/36 (1996): 1228.

17) 박종균, "르네 지라르의 성서적 종교와 비폭력", 285.

리고 십자가의 희생제사적 성격을 부정하면서 속죄를 비폭력적인 것으로 이해하는 것, '개종'이란 자신만의 표현으로 구원을 주관적이고 지식적인 것으로 이해하는 것 등에 대한 신학적 검토가 이루어져야 한다.

1. 성경해석의 한계 노출

지라르는 그의 연구에서 개념적인 문제들을 너무도 자주 수사학적으로 해소하려는 경향이 있으며, 자신의 이론이 거짓으로 입증될 수 없다는 인상을 의도적으로 심고자 노력한다. 또 자신의 이론에 상충하는 증거는 종교가 자신의 진정한 기원을 은폐하지 않으면 안 된다는 논리에 의해 교묘히 넘어간다. 즉, 지라르는 해석학적인 과용을 무기로 자신의 이론을 반증에 대한 응답보다는 진리의 척도로 사용하려는 듯이 보인다.[18]

박종균은 지라르가 너무도 빈번히 자신의 담론을 진리를 결정짓는 정경(canon)으로 취급하고 있다고 비판한다. 그에 따르면 지라르의 학문적 방법론은 하나의 모델을 구성하고서는 그다음에 그것을 다수의 사실 속에 끼워 맞추는 식이다. 지라르는 자신의 가설-모든 인간의 활동 근원에는 희생양 메커니즘이라는 단 하나의 모델이 있다는 가설-에 대한 지나친 신뢰를 보인다. 하지만 그 가설을 경험적으로 입증하기에는 많은 어려움이 있다.[19]

지라르의 확고한 믿음은 성서 해석학의 영역에서 절정을 이룬다. 그는 당당하게 누구도 자신만큼 성서를 잘 이해한 사람은 없었다고 주장한다. 지라르는 성서를 관통하는 일관성을 찾고자 하였으며 마침내 그

---

18) 박종균, "르네 지라르의 성서적 종교와 비폭력", 282.
19) 박종균, "르네 지라르의 성서적 종교와 비폭력", 283.

것을 발견했다고 말한다.[20] 그는 성서적 계시가 존재론적 신성(deity), 구속사역, 또는 예수 그리스도 부활의 역사성하고는 무관한 것으로 간주하기에 그러한 모든 요소들을 거부한다. 지라르는 성서의 유일무이성을 '비폭력'과 '희생'의 극명한 대조와 희생을 배격하고 비폭력을 옹호한다는 점에서 찾고 있다.[21] 하지만 이렇게 폭력의 렌즈로만 성경을 바라보기에 그는 성경의 메시지에서 폭력에 대한 것 외에 다른 풍부한 계시의 의미를 찾지 못한다.

성경이 박해자보다는 희생자의 시각에서 말하고 있다는 것은 부정할 수 없는 진실이다.[22] 하지만 그것이 성경의 모든 텍스트, 특별히 하나님이 죄에 대하여 진노하신다는 텍스트나 희생제사에 관한 텍스트를 비희생적 읽기로 이해해야 할 필연적 이유가 되는 것은 아니다. 지라르식의 읽기는 텍스트의 고유한 의미를 찾기보다는 텍스트가 그의 이론에 타당한 증거로 전용되기 쉽다. 성경 텍스트의 풍부한 진리가 하나의 시각으로 편협하게 해석될 소지가 있는 것이다.

비폭력에 대한 지라르의 신학적 근거에는 성경에 대한 해석학적 대가가 요구된다. 그는 신약과 구약의 명백한 연속성을 유지하는 데 곤란을 겪는다.[23] 복음서의 텍스트가 "과거의 폭력적 하나님을" 대체한다는 지라르의 생각은 폭력과 희생의 구약 이야기를 일관된 신학적 모델로 통합하는 데 부딪힌 난관을 보여준다. 부르스마에 따르면, 크리스토프 슈뢰더(Christoph Schroeder)는 "구약의 박해자의 하나님과 신약

---

20) Girard, *Things Hidden since the Foundation of the World*, 210.

21) 박종균, "르네 지라르의 성서적 종교와 비폭력", 283.

22) 미로슬라브 볼프에 따르면, 지라르는 『희생양』에서 복음서에서 희생자를 무고한 희생양과 동일시한 것은 계시적 의미를 지닌다고 주장했다. 하지만 복음서의 관점에서 희생자의 무죄함에 관한 지라르의 일반적인 주장은 모호한 의미를 가지고 있다. 참된 계시적 의미를 지닌 말은, "압제하는 자와 압제 받는 이들 모두가 회개해야 한다", 볼프, 『배제와 포용』, 186-187.

23) 부르스마, 『십자가, 폭력인가 환대인가』, 247.

의 희생자의 하나님 사이의 대립을 통해 지라르는 널리 알려진 마르시온의 선례를 따른다"라고 주장한다.24) 하지만 부르스마는 지라르가 단순히 구약과 신약 사이의 근본적인 분열을 상정하지는 않았다고 말한다. 왜냐하면 그는 카인과 아벨, 요셉, 욥의 이야기들을 반복적으로 언급하며 이러한 경우에 있어서 이미 성경의 기자들이 박해자가 아닌 희생자의 입장을 선택했기에 반(反)신화적이라고 주장하면서 마르시온주의 입장을 명백히 부인하기 때문이다.25)

부르스마의 말처럼 지라르가 구약과 신약 간의 근본적 분열을 상정한 것은 아니지만 지라르의 구약성경에 대한 이해는 신구약의 통일성을 전적으로 지지하지는 못한다. 칼빈은 "모든 족장들과 맺어진 언약과 우리와의 언약은 그 실질과 실상이 매우 같기 때문에 실제로는 이 둘이 하나다. 다만 처리 방법이 다르다"26)라고 하였다. 그는 갈라디아서 주석에서 우리와 구약의 성도 사이에는 항상 같은 교리가 있었다는 것(교리의 통일성)과 참된 믿음의 통일성 안에서 우리와 결합하여 있다는 것(믿음의 통일성), 같은 중보자에 대한 신뢰성에 의존하고 있다는 것(중보자의 통일성), 아버지 하나님의 부르심을 받고(성부의 통일성), 같은 영으로 다스림을 받는다(성령의 통일성)고 주장하였다.27) 따라서 복음서가 과거의 폭력적 하나님을 대체한다는 지라르의 이론에 따라 성경을 해석하고자 할 때에는 근본적인 분열까지는 아니더라도, 구약성경과 신약성경의 통일성을 명백히 유지하는 데에는 어려움이 있다고 봐야 한다.

---

24) 부르스마, 『십자가, 폭력인가 환대인가』, 247-248.

25) 부르스마, 『십자가, 폭력인가 환대인가』, 248.

26) John Calvin, *Institutes of the Christian Religion*. 1559, Ⅱ. x.2. trans. Ford L. Battles, (Philadelphia: Westminster Press, 1960). 이하 Institutes로 표기함.

27) 한병수, 『개혁파 전통주의 신학 서론』 (서울: 부흥과개혁사, 2014), 97.

지라르에게 성서는 모방 전염과 집단적 살해의 폭력에서 벗어나는 과정일 뿐만 아니라 그것을 드러내고 폭로하는 자료이다. 이런 지라르의 이해를 따를 때 지라르의 십자가 이해에 대한 비판은 먼저 그의 성경에 대한 이해로부터 출발하지 않을 수 없다. 물론 그가 전문적인 신학자가 아닌 점은 인정하지만, 그렇더라도 그의 십자가에 대한 이해는 그의 모방이론에 따른 새로운 성경해석에 근거하므로 이 문제를 짚고 넘어가지 않을 수 없다. 그러나 여기서 그의 모든 성경해석을 살펴보는 것은 본 연구의 주제와 관련하여 볼 때 불필요한 과잉이다. 따라서 이하에서는 그의 성경해석에 무리한 측면이 있음을 짚고 넘어가는 정도만 살펴보고자 한다.

먼저, 구약성경에 대한 지라르의 해석 가운데 문제가 있는 해석 중의 하나는 이사야 40장 3-5절[28])에 대한 해석이다. 지라르는 이 구절이 모방 위기를 보여주는 표현이라고 말한다. 모방 위기의 특징은 차이의 소멸과 함께 모든 개인들이 '짝패'로 변하는 것인데, 이 짝패들이 영원히 대치하면 공동체의 문화 자체가 파괴되고 만다. 지라르는 이 구절이 이런 짝패의 과정을 산간 지역에서의 산의 함몰과 골짜기의 메움으로 표현하고 있다고 주장한다. 여호와의 등장에 관한 이 예언은 12장 뒤에 가서 집단 살해, 즉 고통받는 종의 살해에서 실현되는데, 이로 인해 위기는 사라진다. 지라르에게 여기에서의 여호와의 등장은 모방 사이클에서 나타나는 '신의 발현'이다. 따라서 지라르가 이 구절에 대해 새롭게 해석하는 내용은 이런 것이다. "우리가 한 번 더 커다란 위기에 빠지게 되면 그 위기는 하나님이 새롭게 보내신 자, 즉 예수의 집단 살

---

28) "외치는 자의 소리여 이르되 너희는 광야에서 여호와의 길을 예비하라 사막에서 우리 하나님의 대로를 평탄하게 하라. 골짜기마다 돋우어지며 산마다, 언덕마다 낮아지며 고르지 아니한 곳이 평탄하게 되며 험한 곳이 평지가 될 것이요. 여호와의 영광이 나타나고 모든 육체가 그것을 함께 보리라 이는 여호와의 입이 말씀하셨느니라"(이사야 40:3-5).

해로 끝날 것이다. 이 끔찍한 죽음은 여호와에게는 장엄한 새로운 등장의 기회일 것이다."29) 즉 지라르는 이 구절이 모방 메커니즘을 표현하는 것이라고 이해하는 것이다.

하지만 지라르가 언급한 것처럼 이 구절에 대해 유대인을 해방한 페르시아의 고레스가 유대인이 예루살렘으로 돌아가는 길을 만드는 것을 암시한다고 보는 해석도 있으나30), 전통적으로 이 구절은 메시아의 종말론적인 오심, 그분의 구원 가운데서 나타나실 하나님의 영광의 계시에 대한 말씀으로 해석되었다. 특히 4절에서 이사야는 여호와의 오심을 위한 준비가 완성될 것이라는 진리를 나타내기 위하여 풍부하고도 다양한 표상을 사용한다. 내적으로나 외적으로 모두 그분을 맞을 준비가 이루어지고, 그 장애는 무엇이든 완전히 없어진다. 진노의 시기를 가져다주고 하나님으로 하여금 자기 백성에게로 오는 것을 가로막았던 그 나라의 죄악들이 사라져서 더 이상 자기 백성 가운데 거주하시러 나타나시는 길에 서 있지 못할 것이다(4절). 하나님께서 자신의 모든 능력과 은혜 중에 자기 백성 가운데 나타나실 것이다. 이 계시는 한 모퉁이에서 일어나지 않을 것이며 모든 사람들에게 보일 것이다(5절).31)

따라서 지라르가 이사야 40장 3-5절의 구절을 희생양 메커니즘의 시각 아래에서, 차이 소멸과 짝패를 형성하는 것을 표현한 것으로 해석한 것은 전혀 성경의 맥락을 이해하지 못하고 자신의 주장을 꿰맞추기 위한 해석이라는 비난을 면하기 어렵다. 그 밖에 신약성경에 대한 해석 중에도 문제가 있는 것이 있다. 바로 마가복음 3장 23-27절32)에

---

29) 지라르, 『사탄이 번개처럼 떨어지는 것을 본다』, 47-49.

30) 지라르, 『문화의 기원』, 124.

31) Edward J. Young, *The Book of Isaiah Volume* Ⅲ, 장도선・정일오 역, 『이사야서 주석Ⅲ』, (서울: 기독교문서선교회, 2008), 32-37.

32) "예수께서 그들을 불러다 비유로 말씀하시되 사탄이 어찌 사탄을 쫓아낼 수 있느냐 또 만일

대한 해석이다. 이 구절은 예수가 귀신의 왕을 힘입어 귀신을 쫓아낸다는 비난을 퍼붓는 서기관들에게 비유로 그 주장의 어리석음을 드러내고 진리의 길을 열어주는 말씀이다. 예수께서는 만약 서기관들의 비난이 옳다면, 그것은 사탄이 자신의 귀신 축출 사역으로 말미암아 "망하게" 되었음을 뜻하는 것이라고 논증하심으로써, 자신이 귀신의 왕을 힘입었다는 서기관들의 비난에 답변하신다.[33] 그러나 만일 예수가 사탄의 능력을 힘입어 일하시지 않는다면 또 다른 설명을 할 수 있는데, 곧 더 강한 자가 강한 자를 묶고 그의 집을 약탈하고 있는 것이다. 일어나고 있는 일은 사탄의 계열들 가운데서 일어난 내란의 결과가 아니라 외부로부터의 직접적인 공격의 결과다.[34]

그러나 지라르는 이 구절이 사탄이 사탄을 추방하였다는 것을 부인하지 않고 오히려 그렇게 주장하고 있다고 말한다. 지라르는 이것을 사탄의 자기 추방 능력이라고 말하는데, 이 비범한 능력이 사탄을 이 세상의 왕으로 만들고 있다고 주장한다. "추방당한 사탄은 그 사회가 스캔들의 도가니로 변할 때까지 모방의 경쟁 관계를 부추겼던 사탄이고, 추방하는 사탄은 희생양 메커니즘이 발동될 정도로 충분히 뜨거워진 바로 그 도가니다. 자신의 왕국의 파멸을 막기 위해 사탄은 그 절정에 이른 자신의 무질서를 자신을 추방하는 수단으로 삼는다."[35]

지라르는 희생양 메커니즘과 사탄을 동일시하면서도 메커니즘을 구

나라가 스스로 분쟁하면 그 나라가 설 수 없고 만일 집이 스스로 분쟁하면 그 집이 설 수 없고 만일 사탄이 자기를 거슬러 일어나 분쟁하면 설 수 없고 망하느니라 사람이 먼저 강한 자를 결박하지 않고는 그 강한 자의 집에 들어가 세간을 강탈하지 못하리니 결박한 후에야 그 집을 강탈하리라"(막 3:23-27).

33) Robert A. Guelich, *Word Biblical Commentary* Vol. 34A, 김철 역, 『WBC 성경주석 마가복음(상)』, (서울: 도서출판 솔로몬, 2001), 310.

34) David E. Garland, *The NIV Application Commentary*, 채천석·정일오 역, 『NIV 적용주석 마가복음』, (서울: 도서출판 솔로몬, 2011), 166.

35) 지라르, 『사탄이 번개처럼 떨어지는 것을 본다』, 53.

성하는 하나하나의 단계를 또 사탄이라고 부른다. 지라르에 따르면 희생양 메커니즘은 '만인의 일인에 대한 폭력'을 통해 공동체를 파멸의 위기에서 구해낸다. 하지만 이것은 가짜 구원이다. 이렇게 이루어진 평화는 일시적인 것이다. 희생양 메커니즘은 사탄이 자신의 왕국을 유지하기 위한 수단에 불과한 것이다.

지라르가 자기 이론의 정당성을 주장하기 위해 성경의 텍스트를 인용하는 의도는 충분히 이해할 수 있다. 하지만 이러한 지라르의 해석은 텍스트의 문맥을 전혀 고려하지 않은 무리한 해석이다. 지라르는 오히려 텍스트의 의미를 반대로 해석하고 있다. 지라르가 정말 자신의 이론으로 전통신학에 이바지하고 싶다면, 이렇게 도를 넘는 해석은 지양해야 할 것이다.

2. 지라르의 승리자 그리스도론에 대한 비판

지라르의 십자가 이해를 기존의 속죄 이론과 비교하자면, 승리자 그리스도론과 도덕감화론을 결합한 독특한 형태라고 말할 수 있다. 그러나 부분적인 단순 결합은 아니고 자신의 특유한 모방이론에 근거한 십자가 승리와 모방의 대상으로서의 예수를 말하는 것이므로, 승리자 그리스도론이나 도덕감화론과는 다른 그만의 특유한 주장이 있다.

지라르의 승리자 그리스도 테마는 십자가에서 패배한 사탄을 우주적인 세력이나 실체로 이해하기보다는 문화와 사회 질서를 지배하는 메커니즘으로 본다는 점에서 교부 시대의 승리자 그리스도 테마를 "비신화화"한 재현이라고 말할 수 있다.[36]

지라르는 십자가와 복음서를 사탄과 희생양 메커니즘에 대한 승리

---

36) 밴후저, "속죄", 326.

라고 본다. 이러한 사탄에 대한 승리로서의 그리스도의 죽음에 대해 이야기하는 일반적인 방식은 승리자 그리스도 모델이다. 이 모델에 대한 새로운 인식을 갖도록 하는데 크게 공헌한 사람은 구스타프 아울렌 (Gustaf Aulén, 1879-1977)이다. 아울렌은 1930년에 웁살라 강좌를 시작하고, 이 강좌는 1931년 『승리자 그리스도』(Christus Victor)라는 제목으로 출판되었다. 아울렌은 안셀름과 아벨라르의 접근법을 각각 객관적 속죄 이론과 주관적 속죄 이론으로 분류한다. 아울렌은 지난 두 세기 동안 이 두 모델이 공존했다고 말한다. 객관적 모델은 안셀름과 칼빈이 대표한다. 그리고 주관적 모델은 처음에는 소키누스주의가, 이어서 계몽주의 시대에는 슐라이어마흐와 리츨이 대표했다. 아울렌은 이 두 모델이 모두 신적 투쟁과 승리로서 속죄의 "드라마적" 주제를 무시했다고 지적한다.[37)]

아울렌이 주장하는 속죄의 고전적 관점에 따르면, 하나님 스스로가 속죄 사역을 행하시는 유일자이시며, 또 그럼으로써 세상과 화해하신다. 승리자 그리스도 테마는 본질상 이원적인데, 이는 승전과 하나님의 은혜의 승리로 이끄는 것이 악의 권세에 맞선 신적 전쟁이기 때문이다. 그러므로 속죄는 정의나 보상이라기보다 오히려 은혜 행위이다. 그것은 아래로부터 위로 드려진 제물이라기보다는 위로부터 아래로 주어진 선물이다. 속죄의 고전적 유형에서 죄는 사람들을 움켜쥐고 있는 객관적인 악의 권세이다. 인류에 대한 하나님의 완전하고 인격적인 요구는 죄의 개념이 단지 객관적일 뿐만 아니라 또한 매우 인격적임을 나타낸다. 그러므로 이 고전적 유형은 죄의 속박을 추상적이고 비인격적 세력으로 본다고 하는 비판에서 벗어날 수 있다. 더욱이 고전적 관점은

---

37) Anthony C. Thiselton, *The Hermeneutics of Doctrine*, 김귀탁 역, 『기독교 교리와 해석학』 (서울: 새물결플러스, 2016), 642-643.

죄에 대한 넓은 이해를 견지하고 있다. 그것은 그저 율법의 위반이 아니라 죽음의 악한 권세와 마귀, 법, 저주에 관련된 것이다.38)

비록 지라르가 승리자 그리스도론처럼 신적 전쟁을 강조하지는 않지만, 십자가와 복음서를 희생양 메커니즘 또는 사탄에 대한 승리로 볼 뿐만 아니라, 모방의 대상으로서의 원형 모델이 하나님과 사탄 둘뿐이라고 말함으로써, 본질에서 그 역시 이원적 사고에 기초해 있음을 알 수 있다. 그러나 수직적 계시의 차원이 아닌 인문학을 도구로 한 수평적 사고 아래 이루어진 그의 이론에서는 학문 방법론상 하나님의 은혜가 아울렌의 승리자 그리스도론에서만큼 그렇게 강조되기는 어렵다. 더군다나 그의 이론에 따르면, 십자가와 복음서가 사탄의 정체인 희생양 메커니즘을 폭로함으로써 그 몰락을 가져왔지만, 우리가 그 지배에서 벗어나기 위해서는 단지 그 폭로만으로는 부족하고, 우리의 노력과 선택이 필요하기 때문이다.39) 다시 말해, 승리자 그리스도론에서는 속죄가 곧 구원이지만, 지라르에게서는 하나님의 사역 외에 구원을 위한 우리의 결단과 행동이 필요하다고 보기 때문에 그만큼 하나님의 은혜가 강조되기 어려운 것이다.

지라르 역시 사람들을 지배하는 악의 세력을 객관적인 것으로 보는 점에서는 아울렌과 같지만 지라르에게 그것은 인격적인 것은 아니다. 오히려 지라르의 이론은 '악은 선의 결핍'이라는 어거스틴의 생각과 비슷하다.40) 악은 나쁜 모방 시스템의 주체이거나 그 자체로서, 실체가 없는 것이다. 또 지라르는 자신이 추상적인 악의 개념을 구체적으로 드러내 보여준다고 말하는 모방 메커니즘을 증명하는 데 중점을 둠으

---

38) 부르스마, 『십자가, 폭력인가 환대인가』, 315-316.
39) 지라르, 『문화의 기원』, 141.
40) 지라르, 『그를 통해 스캔들이 왔다』, 89.

로써 그의 죄에 대한 개념은 '모방으로 인한 폭력'에 국한되는 협소함을 보인다. 지라르에게 있어 죄는 인류의 역사 시작부터 우리의 본성에 기초한 것(모방 욕망)의 결과이다.[41]

또 지라르에게 있어 구원은 그리스도의 십자가를 통해 희생양 메커니즘의 폭로라는 승리의 형태로 주어지지만, 그것이 폭로와 함께 완전히 성취되는 것은 아니다. 지라르에게 구원은 인간들의 개종, 즉, 사탄에 대한 모방에서 벗어나 그리스도를 모방함으로써 폭력의 지배에서 벗어나는 데 있다. 따라서 지라르의 구원은 객관적인 것이 아니라 상당히 주관적인 것이다. 지라르에게 십자가의 승리는 가능성일 뿐, 그것에 동참하려면 도덕적 개선이 필요한 것이다. 이러한 지라르의 입장은 개혁신학으로부터 반(牛)펠라기우스주의라는 비판을 받을 수 있다.

아울렌의 승리자 그리스도론은 성육신과 속죄 사이에 긴밀한 연관을 두는데, 이는 속죄가 육신을 입은 하나님의 사역이기 때문이다. 이에 대해 유진 페어웨더(Eugene Fairweather)는 "속죄에 대한 아울렌의 논의가 정말 온전한 기독론과 양립될 수 있는지" 물음으로써 초대 교회로부터 아울렌이 이탈했음을 강조한다. 페어웨더는 아울렌이 속죄를 인류로부터 하나님에게가 아닌 철저히 하나님으로부터 인류에게로의 운동으로 주장하며 속죄와 성육신을 긴밀히 연결하는 방식에 이의를 제기한다. 페어웨더는 아울렌이 인간으로서 그리스도의 사역을 적절히 다루지 않는다고 생각했다. 페어웨더는 다음과 같이 예리하게 비평한다.

---

41) 마이클 호튼에 따르면, 죄인을 대신한 그리스도의 돌아가심의 화목제적 성격을 밀쳐 내는 오늘날의 승리자 그리스도에 대한 이론들이 지닌 위험성은 죄의 증상을 그 근원적 원인과 동일시하며 그리스도의 십자가를 유일하고 반복할 수 없는 화해의 행위로 다루기보다는 세상에서 교회의 구원 사역을 위한 모델로 다루는 죄에 대한 피상적 관점이다. Michael Horton, *The Christian Faith*, 이용중 역, 『언약적 관점에서 본 개혁주의 조직신학』 (서울: 부흥과개혁사, 2012), 505.

속죄가 하나님을 향한 신인(God-Man)의 인간 의지의 운동으로 말미암아 실제로 완성됨을 망각하는 것은 고대 교회의 위대한 스승들이 긴 시간 슬기롭게 분투해온 바를 거슬러 성육신을 부분적으로 부정함과 같은 상태에 빠지는 것이다. … 전체 이야기 속에서 악의 권세에 대한 하나님의 승리를 바라본 점에서 아울렌이 옳다는 것은 의심할 여지가 없지만, 그가 이 승리의 핵심에 육신이 된 말씀의 완전한 인간적 순종으로 말미암은 죄의 정복이 있다는 것을 깨닫지 못한 점에 있어서는 크게 그르쳤다.[42]

이러한 아울렌에 대한 페어웨더의 비판은 지라르에게도 유효하다. 왜냐하면 지라르는 십자가가 인간을 대신한 그리스도의 희생제사임을 부정함으로써, 지라르 역시 그리스도가 완전한 인간적 순종으로 자신을 드리신 것을 인정하지 않기 때문이다. 지라르의 생각처럼 십자가가 오로지 희생양 메커니즘을 폭로하는 데 그 목적이 있다고 한다면, 왜 굳이 하나님의 아들이 이 땅에 오셔야 했는지를 설명하기가 쉽지 않다. 비록 지라르가 예수의 신성을 부정하는 것은 아니지만, 만약 그의 주장대로라면, 굳이 하나님의 아들이 아니어도 십자가를 통한 희생양 메커니즘에 대한 폭로는 얼마든지 가능한 것이 아닌가 하는 의문을 지울 수 없다. 지라르는 우리가 폭력에서 벗어날 수 있으려면 "예수를 모방하든지 아니면 그와 비슷한 누군가를 모방해야" 한다고 주장[43]함으로써 예수 그리스도의 신인(神人)으로서의 사역의 유일무이성을 희석한다.

승리자 그리스도의 개념은 후대의 교회사에서 그리 중요한 것은 아니었다. 그러나 지난 몇십 년간 특히 복음주의 안에서 승리자 그리스도 테마에 대한 관심이 재개된 것이 목격되었다. 승리자 그리스도 테마는 해방신학이 선호하는 해석이자 최근에는 비폭력적 속죄에 대한

---

42) Eugene R. Fairweather, "Incarnation and Atonement: An Anselmian Response to Aulen's Christus Victor," *Canadian Journal of Theology* 7 (1961): 175, 재인용. 부르스마, 『십자가, 폭력인가 환대인가』, 317-319.

43) 지라르, 『문화의 기원』, 142-143.

재세례파의 방어 논리이기도 하다. 본 논문 제4장 제2절에서 본 것처럼 지라르의 이론에 깊이 영향을 받은 J. 데니 위버는 『비폭력 속죄』(*The Nonviolent Atonement*, 2001)에서 속죄에 관한 '승리자 그리스도 내러티브' 접근법을 주창하며 재세례파의 관점에서 이 쟁점을 다룬다. 특히 위버는 형벌대속론을 신적 아동 학대로 설명하는 데 찬성한다. 그의 "승리자 그리스도론의 내러티브"에 들어있는 핵심은 "칼로 인한 직접적 폭력이든지 인종차별이나 성차별의 제도적 폭력이든지 간에 폭력의 거부는 기독론과 속죄의 표현 속에서 또렷이 나타나야 한다"라는 것이다.44) 그의 관점에서는 오로지 악의 세력만이 예수의 죽음에 책임이 있다. 따라서 승리를 이루게 되는 것은 예수의 죽음이 아니라 마지막 원수인 죽음을 이기는 부활이다. 각 개인들은 회개하며 그리스도의 구원 사역을 깨달아 "예수의 부활로 말미암아 이미 수립된 현실에 참여한다."45)

지라르의 이론은 이러한 비폭력적 속죄론에 든든한 인문학적 차원의 이론적 지지기반을 제공한다. 그의 이론에 따르면 십자가는 하나님 편에서 제공하거나 준비한 것이 아니다. 십자가에 대한 책임은 오로지 인간과 그 지배세력인 사탄에게만 있다. 하나님은 단지 인간의 폭력에 맞서지 않으심으로써, 그리고 성령의 부활로써 희생양 메커니즘, 즉 사탄의 정체를 드러내셨던 것이다.

앞서 지라르의 십자가 이해에서 살펴본 대로 지라르의 승리자 그리스도 테마와 관련하여 주목할 만한 것은 바로 이 "폭로", "드러낸다"라는 개념이다. 이것은 지라르가 많은 신학자들에게 좋은 통찰(insight)을

---

44) Weaver, *The Nonviolent Atonement*, 7.
45) 부르스마, 『십자가, 폭력인가 환대인가』, 334-336.

제공한 것이기도 하지만 이것 때문에 그리스도의 승리가 너무 축소된 느낌이다. 수직적 차원을 고려하지 않는 지라르의 연구에서 이것은 중요한 통찰이지만, 이것을 신학에서 무비판적으로 받아들여 사고할 때는 그리스도의 승리는 우주적 차원이 아닌 우리의 인식론적 차원의 문제로만 머물게 된다. 더군다나 지라르는 사탄의 실체성을 인정하지 않기 때문에 그에게 있어 승리의 의미는 더욱 축소될 수밖에 없다. 그래서 슈바거 등에게서 볼 수 있는 것처럼 이것은 구원의 단초로밖에 작용할 수 없는 것이다.[46)

부르스마는 승리자 그리스도 테마에 대해, 안셀름이 했던 경고에 주의를 기울일 필요가 있다고 말한다. 안셀름에 따르면 마귀나 인간, 그 누구도 하나님의 권세 바깥에 존재하지 않는다. 신적 전쟁에 관한 성경의 이미지와 승리에 관한 은유가 성경 여러 곳에 있기에 우리는 그것들을 무시해서는 안 되고 순화시켜서도 안 되지만, 성경이 주된 내용으로 궁극적인 신적 주권을 주장하고 있음을 잊어서는 안 된다.[47) 계시의 수직적 차원을 전혀 인정하지 않고 수평적 접근만을 시도하여 십자가에 대한 하나님의 개입을 인정하지 않는 지라르의 십자가 이해는 신적 주권을 상당히 축소한다.

---

46) 볼프는 십자가가 희생양 기제를 폭로한다는 지라르의 견해에 동의하지만, 그것만으로는 충분하지 않다고 말한다. "지라르는 자신들의 이익에 부합한다면 이미 폭로된 것도 다시 은폐하려는 사람들의 성향을 너무 가볍게 여긴다. 뿐만 아니라 예수님은 죄가 없으시지만 폭력을 당하는 모든 사람이 무고하지는 않다. 가해자들이 희생자에게 책임을 돌리는 경향은 희생자들의 실제적인 죄에 의해 -실제로는 그 죄가 극소한 것이며 애초에 그들에게 가해진 폭력에 대한 반응이었다 할지라도- 강화된다. 희생양 기제의 가면을 벗기는 것만으로는 충분하지 않다. 볼프, 『배제와 포용』, 463-465.

47) 부르스마, 『십자가, 폭력인가 환대인가』, 344.

3. 변형된 도덕감화론

지라르의 십자가 이해는 근본적으로 비폭력적인 것이다. 거기에는 신적 속임수도 없으며 분노에 찬 복수도 없다. 부르스마에 따르면, 지라르의 이론은 하나님이 십자가에서 보여준 신적 진노와 그분의 최상의 사랑 사이에서 기독교인들이 겪을 난처함을 피할 수 있게 해준다는 점에서 선호도가 계속 높아져 가고 있다.[48]

지라르의 속죄 이해는 도덕감화론의 이형(異形)으로도 설명될 수 있다. 그는 십자가에 수반된 폭력은 오직 인간의 폭력이며 다만 하나님은 비폭력 사회를 이루기 위해 십자가를 이용했다고 주장한다. 하나님은 십자가에 수반된 인간 폭력의 정체를 폭로함으로써 사탄적 폭력의 가면을 벗기신다.[49] 지라르의 비판자들은 지라르가 단지 부정적인 몸짓만 취한다고 생각한다. 지라르가 표현하는 십자가는 적극적인 어떤 것을 제정하여 구원하는 것이 아니라, 단지 옛것, 즉 속죄양을 삼는 것을 거절함으로써 구원한다는 것이다.[50] 존 밀방크 역시 지라르의 속죄론이 건강한 정치 신학이라 말할 수 없다고 비판한다. 왜냐하면 지라르의 이론은 무차별적으로 모든 문화를 자동으로 희생적이고 나쁜 것으로 귀결되는 것으로만 보고, 올바르고 정치적인 형태의 대안적 실천을 촉진하는 것으로는 보지 않기 때문이다.[51]

밀방크는 지라르가 "두 도시의 신학을 제시하지 않고, 한 도시의 이야기와 독특한 한 개인에 의해 그것이 최종 거절되는" 내용만을 언급한다고 비난한다.[52] 밀방크에게 있어 적극적인 의미에서의 환대

---

48) 부르스마, 『십자가, 폭력인가 환대인가』, 264.

49) 부르스마, 『십자가, 폭력인가 환대인가』, 237.

50) 밴후저, "속죄", 325.

51) John Milbank, *Theology and Social Theory: Beyond Secular Reason* (Oxford: Blackwell), 395.

(hospitality)의 정치란 예수 안에서 "우리가 본받을 수 있고 우리 삶의 상황을 함께 구성할 수 있는 모범적인 실천"을 찾는 것이다. 그런데 밀방크는 지라르에게서 세속적 도시의 폭력을 거부하는 소리는 듣지만, 하나님의 도시의 환대에 대해 긍정하는 소리는 듣지 못한다고 주장한다.53)

부르스마는 밀방크의 말이 어느 정도는 과장이라고 하더라도, 십자가에 관한 지라르의 기술이 하나님 나라의 환대를 소개하거나 보여주는 적극적인 역할에 그 초점이 있지 않고 모방 폭력의 문화적 기반의 가면을 벗기는 비판적 기능에 초점을 두는 것은 사실이라고 말한다.54) 확실히 지라르는 문화의 기원을 폭력이라고 주장함으로써 하나님이 말씀을 통해 세상을 존재토록 했을 때의 바로 그 말씀으로서의 그리스도를 충분히 다루고 있지 않다.55) 그러나 부르스마에 따르면, 지라르가 신적 환대의 계시로서 십자가의 적극적인 역할을 완전히 누락하고 있는 것은 아니다. 왜냐하면 십자가에 대한 지라르의 이해에는 본받음의 요소가 있기 때문이다. 그는 밀방크의 생각처럼 인간 도시의 기저로서 악과 폭력을 폭로하는 데 전적으로 갇혀 있지 않다. 지라르의 십자가 독해에서 환대의 정치가 완전히 벗어나 있는 것은 아니다.56)

지라르는 우리가 사탄의 도구인 희생양 메커니즘에 빠지지 않기 위해서는 예수를 모방해야 한다고 주장한다. "예수가 우리에게 모방하라고 권하는 것은 바로 그 자신의 '욕망'이다. … 그는 아버지를 모방하는 데에 온 힘을 바친다. 우리에게 그를 모방하라고 권하는 것은 결국

---

52) Milbank, *Theology and Social Theory*, 395.
53) Milbank, *Theology and Social Theory*, 396. 부르스마, 『십자가, 폭력인가 환대인가』, 254, 재인용.
54) 부르스마, 『십자가, 폭력인가 환대인가』, 254.
55) 부르스마, 『십자가, 폭력인가 환대인가』, 257.
56) 부르스마, 『십자가, 폭력인가 환대인가』, 254-255.

그의 모방을 모방하라고 권하는 것이다."57) 하지만 성부와 성자의 관계를 이런 모방의 관계로 해석하는 것은 정통 신학의 삼위일체 교리에서 볼 때, 성부와 성자 사이의 동일 본질을 인정하지 않는 아리우스주의를 따르는 것 같은 오해를 불러일으킬 수 있다.

지라르는 '개종'이라는 자신만의 표현을 사용하여 인간이 사탄을 모방하는 데서 벗어나 그리스도를 모방함으로써 인간을 지배하는 폭력의 시스템에서 벗어날 수 있다고 말한다. 지라르에게 있어 '개종'은 우리가 늘 모방적 욕망에 사로잡혀 있다는 것과 우리의 선택이라는 것도 우리의 생각처럼 자유로운 것이 아님을 완전히 자각하는 것이다.58) 또 그것은 우리를 스캔들과 영원한 불만족의 악순환 속에 빠뜨리는 나쁜 유형의 모델을 우리가 그런 줄도 모른 채 모방하고 있었음을 발견하는 것이다.59) 이처럼 지라르의 속죄 이해에서 중요한 것은 그동안 인식 불능이었던 것을 새롭게 깨닫는 것이다. 하지만 이렇게 지식을 강조하는 입장에 대해 윌리엄 플래처는 "이 모든 것이 내게는 여전히 영지주의와 너무나 흡사한 것처럼 들린다. 지라르에 따르면 우리의 문제는 우리가 어떤 것을 이해하지 못했다는 것이다. 해결책은 진리를 인식하고, 그에 따라 다르게 사는 것이다."라고 비판한다.60) 또 플래처는 지라르가 "우리가 희생양 삼기에서 돌아선 이후에도 여전히 과거의 죄에 대한 속죄의 필요가 있음을 고려하지 않는다"라고 비판한다.61)

한편, 지라르는 성서적 종교의 발전과 그 정점에 비폭력이 있다고

---

57) 지라르, 『사탄이 번개처럼 떨어지는 것을 본다』, 27.

58) 지라르, 『문화의 기원』, 20.

59) 지라르, 『문화의 기원』, 143.

60) William C. Placher, "Why the Cross?" *Christian Century*, December 12 (2006): 39. 밴후저, "속죄", 325, 재인용.

61) William C. Placher, "Christ Takes Our Place: Rethinking Atonement" *Interpretation* 53/1 (1999): 9.

보았고, '희생'을 폭력 메커니즘의 다른 양상으로 상정했기 때문에, 자신의 테제를 일관성 있게 밀고 나가기 위해서는 복음서로부터 희생 모티프를 제거하지 않을 수 없었다. 지라르에 따르면 예수는 희생 제물로서 돌아가신 것이 아니다. 오히려 그는 권세에 직면하여 진실을 말함으로써, 궁극적 대가를 지불했던 예언자로서 돌아가셔야 했다.[62]

하지만 부르스마는 지라르의 주장처럼 만일 십자가가 희생양 메커니즘의 단호한 거절이고, 성경 텍스트(특히 복음서)가 비희생적, 비폭력적 종교에 대한 분명한 증인이라면, "교회가 어떻게 그토록 철저히 틀린 방향을 설정했다는 말인가? 또 만일 문화의 폭력적 기원이 서양 사상에서 시종일관 감추어져 왔다면, 지라르가 기독교 신앙이 서양의 민주주의, 평등, 정의에 지울 수 없는 자국을 남겼다고 주장하는 것이 어떻게 가능한가?"라고 의문을 제기한다.[63] 그는 "희생양 메커니즘이 기독교 교회사 전반에 걸쳐 감추어져 오면서 동시에 기독교 신앙의 비폭력적 원리들이 대단히 영향을 미칠 수는 없는 노릇이다"[64]라며 지라르 이론의 내적 모순을 비판한다.

십자가를 희생제사로 볼 수 없다는 지라르의 주장의 근거는 자신의 인류학적 연구에 기초한 것이다. 그는 성경의 기원을 고대 신화에 둠으로써 성경의 영감성을 인정하지 않는 태도를 보인다. 그에 따르면 이스라엘의 희생제사는 신적 기원을 갖는 것이 아니다. 다른 종교의 희생제사와 마찬가지로 성스러운 폭력, 대체된 폭력일 뿐이다.[65]

---

62) 밴후저, "속죄", 323.

63) 부르스마, 『십자가, 폭력인가 환대인가』, 262.

64) 부르스마, 『십자가, 폭력인가 환대인가』, 262.

65) 지라르와 반대로 볼프는 "십자가에 달리고 부활하신 그리스도 안에서 새로운 세상이 현실이 되었을 때(고후 5:17), 진리와 정의에 대한 싸움을 포기하지 않고도 거저 베푸는 용서의 행위를 통해 우리를 포용하셨기 때문에 옛 세상에서도 새 세상을 살 수 있게 되었다. 하나님이 속죄를 통해 우리를 포용하셨기 때문에 이제 우리는 가해자들을 용서하고 포용할 수 있다. …

지라르의 문제는 그가 신적 기원을 전혀 인정하지 않는다는 데에 있다. 그는 자신의 인류학을 통해 사람들을 초월적인 것으로 이끌고 싶어 하지만, 자신은 초월적인 것을 상정하지는 않는다. 왜냐하면 초월적인 것을 상정하는 순간 스스로 과학적이라고 주장하는 자신의 추론이 힘을 잃게 된다고 보기 때문이다.66) 따라서 지라르의 연구는 한 면만 볼 수밖에 없는 한계를 지니게 된다. 그는 전통신학이 그동안 봐왔던 것들을 보지 못한다.

비폭력에 대한 지라르의 주장에서 또 다른 문제점은 폭력에 대한 명확한 정의를 내리고 있지 않다는 점이다. 폭력은 그 어떤 폭력이든지 일차적인 의미 또는 일반적인 의미에서는 무조건적으로 허용될 수 없는 문제이다. 폭력의 악순환이라는 딜레마가 항상 놓여 있기 때문이다. 그런 점에서 지라르의 비폭력주의는 절대적으로 옳다. 그러나 예수의 가르침을 철저한 비폭력주의라는 양보할 수 없는 입장으로 고정했을 경우, 정당한 이유를 갖는 온갖 형태의 전쟁이나 유혈폭력은 반복음적, 반기독교적으로 매도될 수 있다. 그러나 문제는 이미 폭력적인 상황이 지배하고 있는 현실에서, 과거의 역사적 기독교가 보여주었듯이 어느 한쪽만의 폭력을 문제시하고 비난하는 것은 공평하지도 않을 뿐 아니라 폭력적인 상황을 극복해 나가는 데도 별 도움을 주지 못하며, 오히려 그러한 폭력적인 상황이 지속할 수 있는 요건을 조성하는 데 기여할 수도 있다. 결국 폭력에 대한 비판은 대응 논리로서 비폭력만을 무조건적으로 주장할 것이 아니라, 기존의 사회현상에 내재한 다양한 폭

성경은 하나님이 세상을 다른 이들을 희생시켜야 할 필요가 없는 곳-자기를 내어 주는 은총의 새 세상, 포용의 세상-으로 개조하기 위해서는 희생 기제가 꼭 필요했다고 말한다고 믿는다"라고 말한다. 볼프, 『배제와 포용』, 468.
66) 지라르, 『지라르와 성서 읽기』, 147.

력에 대한 면밀한 분석과 함께 총체적인 판단이 뒤따라야 한다.67)

또 지라르는 모든 문화적 운동의 기저에 깔린 욕망은 본질상 모방적이기 때문에 폭력에 이를 수밖에 없다고 주장하지만, 과연 모방 전염이 모든 욕망과 폭력의 이유인가? 우리가 어떤 대상을 욕망할 때 과연 그 대상에는 어떠한 내재적 가치도 없는 것인가? 부르스마는 "창조의 본질적 선함을 긍정하는 창조신학은 욕망이 유익하게 작용할 수 있으며 우선적으로 모방에서 기인하는 것이 아니라 창조 질서의 적극적 가치에서 비롯함을 주장할 것"이라고 말한다. 결론적으로 지라르의 속죄신학은 문화에 관한 소극적인 관점으로 이끄는 폭력의 존재론에 바탕을 둠으로써 적극적인 환대의 정치를 위한 견고한 기반으로서의 역할을 하지 못한다고 주장한다.68) 이에 대해 정일권은 지라르가 모방적 욕망의 선함을 분명하게 말하고 있으므로, 지라르의 이론이 선한 창조를 믿지 않는 폭력의 존재론이라고 보는 부르스마의 비난은 과도한 것이라고 비판한다.69)

> 인간 욕망의 모방 때문에 우리를 괴롭히는 폭력이 일어난다고 해서, 모방적 욕망이 나쁘다고 결론을 내려서는 안 된다. 만약 우리 욕망이 모방적이지 않다면 우리 욕망은 영원히 이미 정해진 대상만 향하는 일종의 본능 같은 것이 될 것이다. 그렇게 되면 인간은 초원의 풀만 뜯어먹는 목장의 소처럼 더 이상 다른 욕망을 가질 수 없게 될 것이다. 모방적 욕망이 없다면 자유도 인간성도 없을 것이다. 본질에서 말하자면 모방적 욕망은 좋은 것이다.70)

---

67) 박종균, "르네 지라르의 성서적 종교와 비폭력", 288.

68) 부르스마, 『십자가, 폭력인가 환대인가』, 264.

69) 정일권, 『십자가의 인류학』, 57-58.

70) 지라르, 『사탄이 번개처럼 떨어지는 것을 본다』, 29.

이런 모방 욕망의 성격에 대해 김진식은 지라르가 이원론적 시각을 극복하기를 주장하고 일원론을 주장한다고 말한다. 그에 따르면 이원론(dualism)은 세상을 상반된 두 항의 대립으로 보는 세계관이고, 일원론(monism)은 현상적으로는 두 항이 대립하지만 심층적, 궁극적으로 상호 교체가 가능한 것이라고 보는 세계관이다. 세상이 선과 악으로 되어있다고 주장하는 이원론에서 보면 선과 악은 서로 싸우는 관계이며 궁극적으로 악은 사라져야 할 존재다. 악은 제거해야 하고 오로지 선만 존재해야 한다거나, 유색인종은 미개하고 백인종만이 문명화된 인종이라는 생각은 이런 이원론적 인식에서 나온다. 마찬가지로 모방은 나쁜 것이라고 판단하는 사람은 지라르가 말하는 '낭만적 거짓'과 이원론에 빠진 것이다. 이런 면에서 지라르는 일원론의 원조 철학자 헤라클레이토스와 유사하다. 김진식은 이원론에서 벗어나 모든 것이 겉으로 일시적으로 나누어져 있지만 깊은 곳에서는 근본적으로 아주 밀접하게 연결되었다고 보는 일원론의 시각을 원용할 때에만 지라르의 모방이론을 제대로 이해할 수 있다고 말한다.71)

지라르가 모방 욕망을 나쁜 것으로만 생각지 않은 것은 명백하다. 모방 욕망은 인간을 인간답게 만들어 주는 것이기 때문이다. 지라르에 따르면 "모방적 욕망은 우리 안에 있는 최선과 최악의 것에 대한 원인이다. 인간을 동물보다 상위의 존재로 만드는 동시에 동물 이하의 존재로 만드는 것이 바로 모방적 욕망이다."72)

---

71) 김진식, 『르네 지라르』, 120-123. 김진식은 지라르가 '희생양 메커니즘'에 대해서도 일원론의 시각에서 판단하였다고 주장하나, 지라르가 희생양 메커니즘을 기독교의 '사탄'과 동일시하면서 희생양 메커니즘에서 벗어나기 위해서는 예수를 본받아야 함을 역설한 점, 또 사탄에 대한 십자가의 승리를 주장한 것을 보면, 지라르가 희생양 메커니즘에 대해서도 일원론적인 시각을 가졌다고 보는 주장은 문제가 있다. 본래 승리자 그리스도 테마는 이원론적인 세계관을 그 특징으로 하는 것이다.

72) 지라르, 『사탄이 번개처럼 떨어지는 것을 본다』, 30.

하지만 그는 모방 욕망이 경쟁 관계에 빠지기만 하면 그것은 곧 폭력으로 귀결된다고 말한다. 그리고 욕망은 언제나 모방적이라고 주장한다. 부르스마가 문제 삼는 것은 바로 이 부분이다. 지라르에게 있어서, 모방 욕망이 유익하게 작용한다는 점은 거의 찾아볼 수 없다. 모방 욕망이라고 해서 언제나 갈등을 일으키는 것은 아니지만 너무나 자주 갈등과 폭력을 일으킨다. 또 욕망은 늘 모방적이어서 창조의 선한 질서로부터 직접 발생하지도 않는다. 따라서 폭력의 존재론까지는 아니어도, 지라르의 이론이 적극적 환대의 정치를 위한 견고한 기반을 마련하지 못했다는 부르스마의 비난은 일리가 있는 것이다.

부르스마는 "십자가에 대한 형벌적 측면은 하나님의 종말론적 환대에 관한 비전을 위해 유지되어야 한다"라고 주장한다. 지라르가 폭력을 유발하는 모방 경쟁적 의미를 제외하고는 죄에 대한 문제를 많이 다루지 않는 것은 어쩌면 당연하다. 하지만 결코 모든 죄가 폭력으로 환원될 수 있다고는 생각할 수 없으며, 폭력이 하나의 중대한 죄의 징표일 수는 있지만 모든 인간 비참의 뿌리에 폭력이 있다고 볼 수 없다.[73] 지라르는 죄의 문제를 너무 가볍게 생각하는 것이다. 폭력은 죄의 한 형태일 수는 있지만 죄의 모든 것일 수는 없다. 죄의 뿌리에는 폭력보다 더 근원적인 것이 있다고 봐야 한다.

---

73) 부르스마, 『십자가, 폭력인가 환대인가』, 264-265.

제 3 절 개혁신학의 속죄론에 끼친 부정적 영향

제4장에서 본 것처럼 지라르의 십자가 이해는 비폭력적 속죄 신학에 지대한 영향을 미쳤다. 그것은 하나님을 십자가에서 분리함으로써 예수 그리스도의 십자가 죽음을 전적으로 사탄 또는 그 종된 인간의 책임으로 귀착시키는 데 성공적인 기여를 하였다. 지라르의 영향을 받은 신학자들의 신학(제4장)에서 보았다시피, 지라르 이론의 논리적 연장으로서 그들의 주장에 공통되는 것은 하나님이 죄에 대해서 진노하시는 분이 아니라는 것, 즉 폭력적인 분이 아니라는 생각, 그리고 예수 그리스도의 십자가는 폭력을 폭로할 뿐, 하나님께 드리는 희생제사가 아니라는 것, 그리고 이것의 당연한 결과로서 그리스도는 대제사장의 직분을 갖지 않는다는 것이다. 물론 문화 인류학자인 지라르보다는 신학자들에게 십자가 진리에 대한 책임이 더 있다고 볼 수도 있지만, 지라르가 스스로 과학적이라고 주장하는 그의 인문학적 근거 제시가 없었다면, 오늘날 비폭력적 속죄 이해가 이렇게 활발하게 제시될 수 없었을 것이다. 또 지라르는 자신의 논의가 신학적인 논의가 아니라고 하지만, 그의 의도가 (그것이 성공적이든 아니든) 자신의 가설을 통해 전통신학에 이바지하고자 한 것인 만큼, 그가 명확하게 진술하지는 않았다고 하더라도, 그의 하나님과 십자가에 대한 생각은 비폭력적 속죄를 주장하는 신학자들(특히 슈바거의 입장)과 거의 다를 바 없다고 볼 수 있다. 따라서 이하에서는 지라르의 신학적 영향 아래 주장된 몇 가지 신학적 주장들을 개혁주의의 관점에서 검토하기로 한다.

1. 진노하지 않으시는 하나님

슈바거는 지라르가 밝혀낸 십자가의 의미, 즉 "희생양 기제를 폭로하는 십자가"를 통해, 하나님에 대한 지식을 구성하였다. 그에 따르면 하나님은 비폭력적인 분이실 뿐만 아니라, 죄인을 무한히 용서하시고 사랑하시는 분이시다. 인간은 하나님의 끊임없는 사랑의 부르심에도 불구하고 거짓과 폭력으로 대응하였지만, 이마저도 하나님은 비폭력의 용서로 대답하셨다. 슈바거에 따르면 하나님이 약속의 말씀, 믿음을 요구하는 말씀을 통해서 활동한다고 할 때, 이 말씀은 사랑에서 나오는 사랑의 말씀이다. 하지만 슈바거도 하나님의 말씀에 대한 구약성경의 진술이 하나의 노선으로 통일되지 않는다는 점을 인정한다. 많은 텍스트에서 하나님 말씀의 능력은 폭력적인 진노와 거의 동일시된다. 따라서 이런 상이한 진술들을 직접 조화시키는 것은 불가능하다는 점을 슈바거도 인정하는 것이다. 그런데도 슈바거는 호전적이지 않은 말씀들 (호 1:7; 렘 21:8-9; 시 40:7-8)을 근거로 하나님의 행동을 정의, 평화, 사랑의 활동으로 강조한다. 이런 점에서 슈바거는 확실하게 '비폭력의 하나님'의 입장으로 기운다.[74] 슈바거에게 하나님은 평화의 하나님이요, 한없이 용서하시는 사랑의 하나님이다. 하나님의 진노가 아들의 속죄 행위를 통해서 진정된다는 생각은 인간들의 투사에 불과한 것이다. 아버지 하나님은 무조건적이며 선행하는 사랑을 베푸신다.[75]

하지만 헤르만 바빙크(Herman Bavinck, 1854-1921)에 따르면, 영지주의자들과 특히 마르시온은 구약에서 자신을 계시했던 진노와 복수와 정의의 하나님과 신약의 그리스도 안에서 자신을 드러냈던 사랑과 은

---

74) 슈바거, 『희생양은 필요한가』, 194-197.
75) 슈바거, 『희생양은 필요한가』, 373.

혜의 하나님 사이를 날카롭게 대조했지만, 성경은 그렇게 대조하지 않는다. 구약의 여호와 하나님은 물론 의롭고, 거룩하며, 자신의 명예를 열망하고 죄에 대해 진노하지만, 동시에 은혜롭고, 자비하며, 기꺼이 용서하며 크신 긍휼을 지닌 분이다(출 20:5, 6, 34:6, 7; 신 4:31; 시 86:15 등). 하나님과 죄 사이에는 절대적인 대조가 있는데, 하나님은 죄에 대해 자신의 모든 속성들로 대응하신다. 따라서 하나님의 미움을 받지 않고 벌을 받지 않는 죄란 있을 수 없다. 하나님은 자신을 부인할 수 없다(딤후 2:13). 하나님은 죄의 정당성을 인정할 수 없다.76)

만일 죄가 단순히 도덕적 연약성이고 인간 이전 상태의 잔재로서 점진적으로 더 고차원적인 인간성에 복속하게 되는 것이라면 속죄는 불필요할 것이다. 그러나 성경에 의하면, 죄란 그보다 더욱 가증한 그 무엇이다. 소극적으로는 불법이고, 적극적으로는 하나님의 율법을 범하는 것이어서, 죄책이 따르게 되고(요일 3:4; 롬 2:25, 27), 죄책은 범죄자를 율법에 빚진 자로 만들어 개인적 또는 대리적 속죄를 필요로 하는 것이다.77) 하나님에게는 공의라는 성품이 있으므로 하나님은 반드시 죄를 처벌하셔야만 하고 죄는 반드시 상응하는 대가를 지불해야만 한다.78)

역사적으로 소시누스파와 그들과 정신적 맥락을 같이 하는 자들은 이러한 속죄의 필연성을 매우 강력하게 반대했는데, 그들의 논거는 모두 정의와 은혜, 용서와 속죄, 그리고 더 나아가 율법과 복음, 구약과 신약, 창조와 재창조 등도 역시 서로 모순되며 상호 배제한다는 것이

---

76) Herman Bavinck, *Gereformeerde Dogmatiek*, 박태현 역, 『개혁교의학 3』 (서울: 부흥과개혁사, 2011), 454-455.

77) 벌코프, 『벌코프 조직신학』, 610.

78) Francis Turrettin, *Turrettin on The Atonement*, 이태복 역, 『개혁주의 속죄론-그리스도의 속죄』 (서울: 개혁된신앙사, 2002), 20.

다. 따라서 그들에 의하면, 기독 종교는 모든 자연적이고 감각적인 요소들로부터 해방된 절대적인 정신적 종교이자 도덕적 종교다. 하나님은 결코 재판관으로 생각될 수 없고, 아버지로 생각되어야 한다. 징벌하는 공의, 거룩성, 죄에 대한 미움, 진노는 하나님의 속성들이 아니며, 오로지 사랑만이 하나님의 본질을 묘사한다.

그러나 바빙크는 이러한 전체적인 대조는 잘못된 것이라고 말한다. 하나님의 공의와 은혜(사랑)가 대조된다는 것은 그릇된 것이다. 성경 전체는 단지 공의, 거룩, 죄에 대한 진노와 미움의 속성들도 하나님에게 돌릴 뿐만 아니라, 은혜 또한 심지어 하나님의 공의를 전제하며 이 공의 없이는 유지될 수 없다고 증거한다. 결국, 은혜는 하나님이 어떤 이유로 자신의 권리를 포기하는 속성이다. 그래서 만일 하나님이 의롭고 거룩한 분으로서 처벌할 권리를 갖지 않는다면, 우리는 그 어떤 하나님의 은혜도 논할 수 없다. 결국, 공의를 부인하는 자는 은혜도 부인하는 것이다.[79]

티슬턴에 의하면 사랑과 은혜는 그리스도의 사역에 관한 다른 모든 것을 이해하는 주된 지평을 제공한다. 그러나 이 지평을 강조하게 되면, 첫 단계만 취하고 더 멀리 나가지는 못하게 된다. 안셀름과 칼빈은 하나님의 신실하심과 세상에 대한 하나님의 통치 역시 필수적인 이해 지평의 한 부분을 구성한다는 것을 증명한다.[80]

밴후저에 따르면 현대의 많은 속죄론은 주관적 목적-하나님에 대한 인간의 현재적인 반응-에서 시작했으며, 단지 그렇게 한 이후에야 객관적인 계기를 인간적 반응의 촉매제로 발견했다. 칸트가 철학에서 "주

---

79) 바빙크, 『개혁교의학 3』, 458-459.
80) 티슬턴, 『기독교 교리와 해석학』, 648.

관으로의 전환"을 이루었듯이, 심리학과 역사(즉 인문학)의 발전은 신학자들로 하여금 관심을 인간의 주관성에 맞추도록 인도했다. 밴후저는 인간적 의식과 경험에 대한 19세기의 관심이 하나님의 보복적 정의를 거부하고 하나님의 사랑을 확증하려는 경향과 맞물리면서, 사실상 아벨라르의 도덕 감화설의 재림을 초래했다고 말한다.[81]

도드(C. H. Dodd, 1884-1973)는 1931년에 발표한 논문에서 하나님의 공의에 대한 이런 적대감을 많이 구체화했다. 그는 광범위한 언어학적, 신학적 자료들을 동원하여 신약성경에서 '힐라스케스타이'(*hilaskesthai*) 그룹의 동사가 사용되는 곳에서는 그것을 '진정시키다'(propitiate)가 아닌 '속하다'(expiate)로 해석해야 한다고 주장했다. 또 같은 어원의 명사 '힐라스테리온'(*hilasterion*)에 대해서도 동일하게 주장했다. 그는 화를 진정시킨다는 개념을 이교에서 온 것으로 간주했으며, 그것이 복수를 하면서 노를 쏟아붓는 변덕스러운 신들의 신화를 반영한다고 생각했다.[82]

도드는 하나님이 분노하시는 것처럼 묘사된 구절은, 실은 죄가 전적으로 내재적인 법에 따라 자체로 필연적인 형벌을 초래한다는 것을 가르치기 위해 기록되었다고 생각했다(슈바거도 같은 입장이다). 죄는 지불해야 할 값을 별도로 가지고 있지 않은데, 이는 그 자체에 보응이 들어있기 때문이라는 것이다. 그의 주장은 어떤 의미에서도 죄인에 대한 하나님의 초월적이고 인격적인 분노는 존재하지 않으며, 그렇게 생각하는 것은 광적인 이교주의라는 것이다.[83] 조지 래드(George E. Ladd, 1911-1982) 역시 "구약성서에서 진노하시는 하나님을 유화시키고 하

---

81) 밴후저, "속죄", 308.

82) C. H. Dodd, "*Hilaskesthai*, its Cognates, Derivatives and Synonyms in the Septuagint", *JTS*, 32 (1931), 352-360, 재인용. Robert Letham, *The Work of Christ*, 황영철 역, 『그리스도의 사역』, (서울: 한국기독학생회출판부, 1987), 144.

83) 리탐, 『그리스도의 사역』, 145.

나님의 진노를 자비심으로 변화시키는 구속 개념은 발견되지 않는다"라
고 주장한다.[84]

하지만 하나님의 진노가 죄에 대한 그분의 확정적이고 인격적인 적
대감이라는 것은 성경의 핵심적인 가르침이다. 레온 모리스(Leon
Morris, 1914-2006)는 도드의 '힐라스테리온'(hilasterion)에 대한 어원
분석을 자세히 반박하며, 전통적으로 "화목제물"로 이해된 말들을 "속
죄물"이나 그와 같은 것으로 내용을 약화해서는 안 된다고 주장하였
다.[85] "화목제물"은 완전히 인격적인 말이며 사람이 행동하는 방법과
관계가 있다. 또한 이것은 위대한 분의 진노를 말해주지만, "속죄물"은
비인격적인 차원에서 작용한다. 이것은 법률상의 죄나 종교 윤리상의
죄 또는 무엇이든지 씻어내는 것만을 뜻한다. 또 사람들이 연관된다는
사실을 참작하지도 않는다.[86]

사실 '진노'라는 말은 그렇게 기분 좋은 말은 아니다. 이 단어는 도
드가 우리에게 경고하는 바로 그런 상념을 만들어 낼 수 있다. 그러나
우리는 죄에 빠질 때 가끔 자제력을 잃지만 하나님에게는 그런 일이
없다. 우리의 진노에는 아무래도 악한 분노가 뒤섞여 있다. 그러나 하
나님의 진노는 거룩한 진노이다.[87] 하나님의 거룩한 진노는 분명히 성

---

84) George E. Ladd, *A Theology of the New Testament* (Grand Rapids: Eerdmans, 1974), 424, 재인용.
   존 골딩게이(John Goldingay)도 구약성서에서의 희생제사가 하나님의 진노를 유화시키기 위한
   형벌대속이 아니라고 주장한다. "레위기에서 죄의 문제는 죄가 하나님을 분노하게 만드는 불신
   앙이나 불충실성을 포함하고 있는 것이 아니라, 인간을 오염시키고, 더럽게 만들고, 망치고, 역
   겹게 만드는 것이다. … 희생 제물은 직접 분노를 향하지 않는다." John Goldingay, "Your
   Iniquities Have Made a Separation between You and God," *Atonement Today: A Symposium at St
   John's College, Nottingham*, ed. John Goldingay (London: SPCK, 1995), 51, 재인용. 윤철호, "통
   전적 구속교리: 형벌대속 이론을 중심으로", 「한국조직신학논총」 32, (2012), 23.
85) Leon Morris, *The Atonement: It's Meaning and Significance*, 홍용표 역, 『속죄의 의미와 중요성』
   (서울: 생명의말씀사, 1990), 186
86) Leon Morris, 『속죄의 의미와 중요성』, 186-187.
87) 리탐, 『그리스도의 사역』, 145.

경 곳곳에서 하나님이 죄에 대해 나타내신다. 신구약을 통틀어 타락한 상태의 우리는 하나님을 대적할 뿐만 아니라 하나님도 우리를 대적하신다는 점이 분명히 드러난다.[88] 따라서 지라르의 이론을 기반으로 하여 슈바거가 하나님을 무조건적이고 선행하는 사랑을 베푸시는 하나님으로만 이해하는 것은 성경을 균형 있게 해석하지 못한 것이며, 세상에 대한 하나님의 신실하신 통치를 깊이 이해하기에 부족한 것이다.

2. 희생제사가 아닌 십자가

슈바거와 위버 등은 구약성서가 지라르의 이론을 지지하고 있다고 주장한다. 지라르는 희생제사를 대체된 폭력, 성스러운 폭력으로 이해한다. 희생제사는 하나님께 드리는 것이 아니라, 인간의 폭력에 배출구를 만들고 순화시키는 역할을 하는 것이다. 슈바거는 지라르와 마찬가지로 구약성경에서 제사장 혹은 제물 봉헌자가 속죄를 위해 짐승이나 사람의 머리 위에 손을 얹는 것이 요구될 때(레 16:21-22, 레 24:10-14 참조), 여기에는 희생양에 대한 공격성의 집단 전이에 대한 내용이 암시되어 있다고 주장한다.[89] 슈바거에 따르면, 성스럽고 예식적인 모든 희생제의에서 중요한 점은 공격성이 외부로 옮겨지는 것이다. 그러나 전통신학에 따르면, 옮겨지는 것은 공격성이 아니라 죄책이다. 머리에 안수하는 것은 우리의 죄책이 희생양이신 그리스도께 전가되어 그분이 우리를 대신하신다는 것을 암시하는 것이다. 칼빈은 그리스도께서 죽는 행태가 그를 사람의 저주가 아니라 하나님의 법의 저주 아래 두어 그 결과 우리에게 합당한 모든 저주가 "그에게 전가"되고 그가 드렸던

---

88) 호튼, 『언약적 관점에서 본 개혁주의 조직신학』, 501.
89) 지라르, 『나는 사탄이 번개처럼 떨어지는 것을 본다』, 195.

제사와 속죄가 "죄에 합당한 저주를 대신하여 담당하는" 결례(潔禮)가 되었다고 선포한다.[90]

하지만 슈바거는 아모스(암 5:21-25)와 예레미아(렘 7:21-22 참조)에 기대어 희생제사가 하나님의 뜻에서 유래한 것이 아니라고 주장한다. 그리고 비록 히브리서가 십자가를 희생제사로 묘사하고, 예수를 스스로를 희생 제물로 드린 대제사장이라 표현하지만, 슈바거는 히브리서의 새로운 해석을 통해 구약의 희생제사와 십자가 사이에는 공통점보다는 차이점이 많다고 주장하면서 그 연속성을 부정한다. 그러나 슈바거가 근거로 든 구약성경의 구절들은 하나님이 희생제사 자체를 부정하시는 것이 아니라 하나님의 뜻을 저버린 채 형식적으로 드리는 제사에 대한 거절의 말씀으로 이해해야 한다. 그리고 신약성경은 분명히 그리스도의 십자가 죽음을 희생제사의 맥락에서 이해한다. 히브리서가 구약의 제사와 그리스도의 십자가 죽음과의 차이점을 강조하는 것은 그 연속성을 부정하기 위한 것이 아니라 모형과 성취로서의 연속성[91]을 인정하는 가운데 그리스도의 희생제사의 우월성을 강조하고자 한 것이다. 슈바거는 "영원한 제사장"이라는 것은 고립된 표현으로, 구약성경과의 내적인 연속성을 뒷받침하기에는 불충분하다고 주장하지만, 히브리서는 구약성경의 멜기세덱이라는 신비적 인물을 모형으로 가져와 예수 그리스도의 제사장직의 영원성을 강조하고 있는 것이다.[92] 슈

---

90) Donald K. McKim, *Readings in Calvin's Theology*, 이종태 역, 『칼빈신학의 이해』, (서울: 생명의 말씀사, 1991), 192.

91) 구약의 유대인이 드린 제사는 '영적인' 것이어서 신약에 나타날 그리스도를 가리키는 것이라고 할 수 있는 것이다. 구약의 제사는 그의 죽음을 통한 인류 구원을 예표하는 것이었다. 구약의 제사에서 인간의 죄를 대신하여 양과 소가 대신 죽임을 당하듯이 그리스도가 인간의 죄를 대신하여 마치 속죄를 위한 양과 소같이 스스로 십자가의 저주를 지고 죽임을 당하셨다는 것이다. 이러한 대리적 형벌 속죄론은 구약의 제사라는 맥락, 즉 제사를 통해 하나님의 진노를 달래고 하나님과의 화해를 이루는 의식 속에서 그 원리를 이해할 수 있는 것이다. 권문상, "칼빈의 기독론: 그리스도의 인격과 속죄론 개괄", 「개혁신학」 28 (2017): 27.

바거식의 비연속적인 차이점만을 강조하는 해석은 히브리서의 문맥을 명백히 벗어나는 것이다.

성경에서 이스라엘의 속죄제는 결코 모든 죄를 속죄하는 것이 아니라, 단지 특정한 몇몇 고의가 아닌 죄만을 속죄하는 것이다. 고의로 범한 죄의 형벌은 백성 중에서 멸절되는 것이다(민 15:30). 비록 실수로 인한 죄가 매우 광범위하게 취해졌다 할지라도(레 5-6장), 속죄제의 효력이 미치는 범위는 상당히 제한되었다.93) 그러므로 율법이 지시하는 바 희생제사를 통한 그 어떤 속죄도 불가능한 수많은 죄들이 여전히 남아 있었다. 멸절의 형벌을 받았던 어떤 고범죄(故犯罪)들만 아니라, 더 나아가 온갖 정신적이고 육체적인 죄들, 생각과 말로 지은 죄들, 교만과 이기심의 죄들도 남아 있었다. 이 모든 죄들을 위하여 규정된 제사는 없었다.94) 지라르의 주장처럼 구약의 희생제사가 공동체를 갈등과 폭력의 위기에서 구해내기 위한 희생양 메커니즘의 반복, 재연이려면, 오히려 과실범보다 공동체의 위기를 더 고조시키는 고범죄의 경우에 더욱 더 희생제사가 가능하도록 했었어야 한다. 그러나 이스라엘의 율법은 희생제사를 그런 식으로 규정하지 않았다.

바빙크에 따르면 이스라엘의 경건한 자들 역시 속죄제가 오로지 매우 소수의 경우에만 속죄의 길을 연다는 것을 알고 있었다. 따라서 그들은 거듭 이 제사를 앞세워 하나님의 자비를 호소했다. 이것은 구약적 제사 의식이 또한 이스라엘에 가르치고자 의도했던 것이다. 율법에 규정된 몇몇 제사들이 삶 전체를 포함하지 못했다. 그것들은 참된 속죄를 제공하지 못했다. 그것들은 단지 죄의식을 일깨우는 데 사용되었

---

92) 양용의, "멜기세덱 반차를 좇은 대제사장 예수",『교회와 문화』 8 (2002): 29-32.

93) 바빙크,『개혁교의학 3』, 404.

94) 바빙크,『개혁교의학 3』, 404-405.

고, 다른 더 좋은 제사를 가리키는 모형들이었다.[95] 그런데도 속죄의 개념만큼은 여기서 분명히 드러났다. 제사의 이런 속죄적인 성격을 통해 그리스도의 희생 제사를 바로 이해할 수 있다.[96]

히브리서 13장 10-13절에서 우리는, 저자가 그리스도의 사역과 희생을 제사장과 전체 회중을 위해 드리는 속죄 제물의 형태-제물의 피는 성소로 들어가고 살과 거죽과 다리는 진영에서 불살라졌다-로 묘사하고 있는 것을 분명히 알 수 있다. 이렇게 드려진 제물의 살을 먹을 권한이 제사장들에게 없었던 점에 주목한 히브리서 저자가 이를 그리스도께 적용한 것은, 그것이 문자적으로 그리스도에게서 성취되었기 때문이 아니라, 그리스도의 희생과 관련해서 그것이 가진 모형적이고 비유적인 중요성을 알았기 때문이다.[97] 레위기의 희생제사가 그리스도의 희생에서 문자적으로 세세하게 성취되는 것을 기대할 수도, 찾을 수도 없는 이유 역시 바로 그것들이 갖는 이러한 모형으로서의 한계 때문이다.[98]

바빙크에 따르면 동물들을 바치는 제사는 참된 제사가 아니다(시 40:6, 50:8, 51:17; 암 4:4, 5:21; 호 6:6, 8:11; 사 1:11; 렘 6:19, 7:21 등). 하나님이 원하시는 참된 제사는 순종(삼상 15:22), 인애(호 6:6), 상한 심령(시 51:17), 하나님의 음성을 듣는 것이다(렘 7:23). 이 제사는 이스라엘의 자리를 차지하여, 이스라엘의 사역을 완수하며, 백성의 언약이 되며 이방인의 빛이 될 여호와의 종에 의해 드려질 것이며(사 42:6, 49:6), 그는 자기 백성의 죄를 위해 자기 영혼을 속건제로 바칠 것이다(사 53:10). …… 그는 단지 왕만 아니라 제사장도 될 것이며(렘

---

95) 바빙크, 『개혁교의학 3』, 405.

96) John Murray, *Redemption Accomplished and Applied*, 장호준 역, 『구속』 (서울: 복 있는 사람, 2011), 47.

97) 머레이, 『구속』, 48.

98) 머레이, 『구속』, 49.

30:21; 슥 3:1, 6:13; 시 110편), 자기 백성을 위하여 공의를 초래할 것이며(렘 23:6), 제사를 불필요한 것으로 만들고(사 60:21; 렘 24:7, 31:34; 겔 36:25, 27), 모든 사람을 제사장으로 삼을 것이다(사 61:6).[99]

신약성경에 의하면, 율법과 예언에 관한 다양한 증거들은 그리스도에게서 절정에 이른다. 구약성경 전체는 원리적으로 그리스도 안에서 성취되었다. 그리스도 안에서 하나님의 모든 약속은 예와 아멘인 것이다(롬 15:8; 고후 1:20).[100] 신약성경은 그리스도의 죽음을 구약적 제사 의식의 성취로 여긴다. 그는 참된 번제다. 옛 언약이 언약의 제사를 통해 확정되었던 것과 마찬가지로(출 24:3-11), 그리스도의 피는 새 언약의 피다(마 26:28; 막 14:24; 히 9:13). 그리스도는 우리 죄를 위한 희생제물(엡 5:2; 히 9:26, 10:12)이다. 그는 속전(마 20:28; 막 10:45; 딤전 2:6)이며, 따라서 어떤 사람을 감옥으로부터 풀어 주기 위해 치르는 값을 가리켰으며, 결국 제사를 통해 다른 사람들의 죄를 덮고 이런 식으로 그들을 죽음에서 구하기 위한 속죄의 수단이다. 그는 다른 사람의 자유를 사기 위해 치러진 값(고전 6:20, 7:23; 벧전 1:18-19)이다. 그는 우리의 죄를 위한 화목제물이다(고후 5:21; 요일 2:2, 4:10). 그는 우리를 위해 죽임을 당한 유월절 양이며(요 19:36; 고전 5:7), 세상 죄를 지고 가며 이를 위해 죽임을 당한 하나님의 어린 양이다(요 1:29, 36; 행 8:32; 벧전 1:19; 계 5:6 등).[101]

3. 대제사장이 아닌 예수 그리스도

지라르의 이론에 따를 때, 예수의 십자가 죽음을 희생제사로 이해하

---

99) 바빙크, 『개혁교의학 3』, 405-406.
100) 바빙크, 『개혁교의학 3』, 408.
101) 바빙크, 『개혁교의학 3』, 409-410.

는 것은 감추고 은폐하는 희생양 메커니즘에 속아 넘어가는 것이다. 따라서 지라르에게 예수 그리스도는 대제사장으로서의 직분을 갖는 것이 아니다. "예수는 자신의 임무를 완수하는 것 자체 때문에 죽을 수밖에 없었다. 자신이 죽음을 원한 것은 절대 아니다. 다만 이 세상과 희생양의 법을 따르지 않고서는 그것을 피할 수 없었기 때문이다."102) 슈바거와 위버 역시 그리스도의 구원 업적은 예식적인 희생제사에 비추어서 이해되어야 할 것이 아니라 내쫓겨서 죽임을 당한 예언자들과 의인들의 운명에 근거해서 이해되어야 한다고 주장한다. 슈바거에 따르면 예수는 선지자로서 하나님 나라를 선포하다가 하나님에 의해서가 아니라 하나님을 거역하는 죄된 인간들에 의해서 십자가 죽음의 운명을 맞이했던 것이다. 슈바거는 예수 그리스도의 대제사장으로서의 사역을 인정하지 않는다. 그에게 중요한 것은 예수의 인격이 아니다. 중요한 것은 그가 죄인들의 저항을 통해서, 그리고 십자가에 못 박히는 폭력적인 운명을 통해서(히 2:2-3) 순종을 배웠고(히 5:8), 그럼으로써 믿음의 영도자와 완성자가 되었다(히 12:2)는 것이다.103)

따라서 슈바거에 따르면 기독교의 구원은 예수가 십자가에서 죄인을 대신하여 죽은 희생제사를 통해 객관적으로 성취된 것이 아니다. 예수는 오직 폭력에 맞서 비폭력으로, 인간의 헤아림을 넘어선 사랑의 행동으로 대응함으로써 구원의 계기를 제공한 것이다. 예수의 구원 업적은 자신의 비폭력적 행동의 마지막 결과다. 인간은 이러한 사랑의 행동을 보면서 하나님이 결코 피의 희생 제물을 요구하지 않으셨음을 비로소 이해할 수 있게 된다.104) 구원은 이러한 깨달음을 통해 악한 행

---

102) 지라르, 『그를 통해 스캔들이 왔다』, 73.

103) 슈바거, 『희생양은 필요한가』, 331.

104) 슈바거, 『희생양은 필요한가』, 388.

동에서 돌아서는 데에서 온다(지라르는 우리가 예수를 모방해야 함을 역설했다. 그리고 지라르가 말하는 '개종' 역시 '깨달음'과 관계된 것이다). "그리스도를 따라 살아가는 곳에서만 비로소 구원은 가시적인 모습을 갖추게 되며, 이미 지상에서 어렴풋하게나마 미래의 하나님 나라에 대해 이야기할 수 있는 것이다."[105]

현대 신학은 직분 개념 전체를 거부하는 경향이 있는데, 그 이유는 기존 학계의 용어에 대한 혐오 및 그리스도를 하나의 직분적 인물(official character)로 이해하려 하지 않는 데 있다. 벌코프에 의하면 현대 신학은 이상적인 인간, 타인을 사랑하는 조력자, 큰 형님으로서의 그리스도상(像)에 매혹된 나머지, 그를 공식적 중보자로 생각하기를 꺼린다. 왜냐하면 이는 그를 비인간화하게 될 것으로 우려하였기 때문이다.[106]

하지만 개혁신학은 그리스도는 자신의 사역을 자신의 삼중직으로 완수하였다고 분명하게 주장한다. 그분의 인격과 사명은 분리되지 않는다. 그는 단지 우리를 가르치고 본을 보이며 우리가 사랑하도록 고무하는 선지자로서만 아니라, 또한 제사장과 왕으로서 자신의 사역을 완수하셨다.

많은 신학자들은 속죄 교리 전체를 거부하고 그리스도의 삼중직 교리에 반대한다. 그들의 주장에 따르면, 그리스도는 하나님의 공의의 계시가 아니라, 하나님의 사랑과 자비의 계시였으며, 그래서 하나님은 죄를 징벌하지만 단지 죄 자체로부터 흘러나오고 교육적 성격을 지닌 자연적 형벌로 징벌할 뿐이다.[107]

이로 보건대 하나님의 정의의 속성을 부정하는 견해와 그리스도의

---

105) 슈바거, 『희생양은 필요한가』, 389.
106) 벌코프, 『벌코프 조직신학』, 594.
107) 바빙크, 『개혁교의학 3』, 426.

삼중직을 인정하지 않는 견해 사이에는 밀접한 연관성을 갖는다고 볼 수 있다. 일반적으로 현대 신학은 그리스도가 우리 대신에 하나님의 공의의 요구를 충족시켰다는 법정적 속죄 교리를 대체하려고 노력하고, 항상 사랑이신 '하나님 안'이 아니라, '우리 안'에, 즉 보다 우리의 지성이나 우리의 마음 혹은 우리의 의지 안에 도덕적 변화를 초래했던 그리스도의 인격적, 종교적, 윤리적 사역으로 끌려갔다.[108]

바빙크는 그 어떤 그리스도의 단일 사역도 유일하게 단일 직분으로 제한될 수 없다고 말한다. 따라서 예수의 삶으로부터 어떤 특정한 사역을 분리하여 어떤 것은 선지자의 직분에 포함하고, 다른 것은 제사장과 왕의 직분에 포함시키는 것은 원자론적인 견해이다. 그리스도는 어제나 오늘, 그리고 영원히 동일한 분이시다(히 13:8). 그가 단지 선지자적, 제사장적 그리고 왕적 사역을 행하는 것이 아니라, 그의 전 인격 자체가 선지자, 제사장 그리고 왕이다. 그래서 그리스도 자체가, 그리고 그리스도가 말하고 행하는 모든 것이 이 삼중적 위엄을 드러낸다.[109] 물론 어떤 사역은 그의 선지자의 직분을 우리에게 더 비추어 주고, 다른 사역은 제사장이나 왕의 사역을 더 보여줄 수도 있다. 그래서 그의 선지자의 직분은 구약 시대와 그가 지상에서 거닐 때 더 전면에 드러나고, 그의 제사장의 직분은 그의 고난과 죽음에서 더 나타나며, 그의 왕적 직분은 그의 높아진 상태에서 더 전면에 나타난다. 하지만 사실상 그는 세 가지 직분 모두를 동시에 소유하기에, 지속해서 동시

---

108) 바빙크, 『개혁교의학 3』, 427-428.

109) 칼빈 역시 예수 그리스도의 사역을 중보자의 관점에서 이해한다. 그는 그리스도의 중보자적 사역을 구약성서에 나타나는 기름 부음을 받은 세 가지 대표적인 직분인 예언자, 왕, 제사장의 삼중직으로 설명한다. 그리스도의 직무에 대한 이러한 이해는 개혁교회 신학의 전통이 되었다. 윤철호, 『너희는 나를 누구라 하느냐·통전적 예수 그리스도론』 (서울: 대한기독교서회, 2013), 477.

에, 그의 성육신 전후에, 낮아진 상태와 높아진 상태 모두에서, 세 직분 모두를 행사한다.110)

슈바거가 출발점으로 삼은 생각은 하나님은 속죄를 요구하시지 않으며, 자신의 사랑 가운데 우리에게 그리스도를 주심으로, 그리스도가 자신의 가르침, 삶과 죽음을 통해 우리에게 하나님의 용서와 사랑을 알게 해줌으로써 우리로 하여금 악한 행동에서 돌아서게 요청하신다는 것이다. 또 우리의 원수된 마음을 변화시켜 죄를 범하지 않도록 한다는 것이다.111) 밴후저는 관계와 회복적 정의를 강조하는 이런 견해를 "관계회복론"이라고 부르는데, 이 견해에 따르면, "예수의 죽음은 하나님이 심지어 자신의 자비로운 조치가 폭력적 거부에 직면하는 때조차도 지속해서 사랑하심을 보여준다."112)

이 이론에 따르면 인간은 도덕적 모범을 통해 선하게 변할 수 없는 그렇게 나쁜 존재가 아니다. 그래서 객관적 속죄는 주관적 속죄로 바뀌게 된다. 실재적인 참된 속죄는 인간이 예수의 모범을 따라 자기 자신을 변화시킬 때 비로소 발생한다. 하지만 이것은 죄의 심각성을 간과하는 것이며, 예수 그리스도의 사역의 유일무이성을 훼손하는 것이다.

또 이 이론에 의하면 그리스도는 하늘 아래서 인간이 구원받는 데 유일한 이름이 아닐 수 있으며, 무엇보다도 성경이 그리스도의 죽음과 우리 죄의 용서와 영생 사이에 놓인 연관성을 여전히 해설하지 못한다. 어떻게 그리스도의 죽음이 하나의 모범으로서 이러한 유익들의 근거가 될 수 있는지, 왜 하나님이 그리스도 때문에 우리 죄를 용서하고 생명을 주는지 알 수 없다. 사실상 모든 초점은 그리스도가 자신의 모습을

---

110) 바빙크, 『개혁교의학 3』, 447-448.
111) 바빙크, 『개혁교의학 3』, 483.
112) 밴후저, 『교리의 드라마』 642-643.

통해 인간의 지성이나 의지, 혹은 감정에 깊은 인상과 깨달음을 주고, 그래서 그리스도가, 인간의 죄 때문에 하나님이 진노한다는 의견에서, 억압하는 폭력에서 인간을 자유롭게 하는 데 놓인다. 슈바거 역시 예수 그리스도의 비폭력적 행동으로 말미암아 사람들이 자신들의 악함을 깨닫게 된다고 말한다. 구약성경과 신약성경을 통해 폭력의 정체가 서서히 드러남과 동시에 하나님은 진노의 하나님에서 사랑의 하나님으로 새롭게 계시된다.113)

　　하지만 성경에서 제사장이나 제사와 관련된 은유들은 특권적 지위를 갖는다. 왜냐하면 히브리서에 따르면 죄에 대처하기 위한 레위기의 제도가 장차 올 더 위대한 실재의 모형이기 때문이다. 그리고 제사 개념만큼 중요한 것이 언약적 상벌 규정의 개념이다. 선지자들은 하나님의 말씀에 대한 불순종이 심판으로 이어질 것임을 이스라엘 자손에게 거듭 경고했다. 하나님의 율법을 어기는 것은 단순한 법률 현상이 아니다. 하나님의 율법을 어기는 것은 인격적 관계의 파탄이기도 하다. 바르트는 우리가 하나님을 배척했기에 "우리의 완전한 파멸을 수반하는 방식"114)으로 처벌받아 마땅하다고 말한다. 유일한 대안은 우리를 대신하시는 하나님이다. 이것이야말로 하나님이 우리를 영멸시키지 않으면서도 의로우시기 위해 치러야 하는 대가다.115) 아들이신 예수 그리스도가 우리 대신 이 대가를 치르셨다. 누가 우리의 대제사장이 되어 하나님의 아들을 희생양으로 드릴 수 있겠는가? 오직 그분 자신만이 스스로를 드릴 수 있는 것이다. 따라서 예수 그리스도는 우리의 영

---

113) 슈바거, 『희생양은 필요한가』, 363.

114) Karl Barth, *Church Dogmatics*, II/1, trans. G. W. Bromiley and T. F. Torrance (Edinburgh: T. & T. Clark, 1975), 399, 재인용. 밴후저, 『교리의 드라마』, 655.

115) 밴후저, 『교리의 드라마』, 655.

원한 대제사장이시다.116)

제 4 절 개혁신학의 관점에서 본 지라르의 한계

지라르의 연구는 문화인류학적인 수평적 연구이기에 큰 장점을 갖는다. 신학이 아닌 인문학적 접근을 통해 기독교의 진리를 입증한다는 생각은 가히 획기적이라고 할 수 있다. 하지만 지라르가 시도한 방법은 수직적 차원을 전혀 고려하지 않기 때문에 그의 이러한 학문 방법론이 한계로 지적될 수 있다. 특히 계시의 수직적 차원으로서 성경의 영감성을 주장하는 개혁신학의 관점에서는 지라르의 이러한 한계가 그의 이론을 결정적인 오류의 길로 들어서게 한다고 볼 수 있다. 따라서 이하에서는 개혁신학의 관점에서 지라르가 가진 한계가 무엇이고, 올바른 십자가 이해를 위해 취해야 할 입장은 무엇인지 살펴보도록 한다.

1. 문화인류학적 연구의 한계: 성경의 영감성 부정

지라르는 자신의 연구가 신학을 하려는 것이 아니고, 자신의 문화인류학적 연구를 통해 상대주의와 대결하고 그리하여 전통신학에 기여하기 위한 것이라고 주장했으나,117) 필자가 보기에 그의 기여는 일정 부분에 한정될 수밖에 없을 것 같다(물론, 전통신학의 범위를 어떻게 이

---

116) 그리스도의 희생이 유일하고 마음속에 새겨야 할 유일한 점은 그리스도가 희생물이시면서 동시에 그것을 드리는 제사장이시라는 점이다. 레위 제사 제도에서 두 부분이었던 것이 그리스도 안에서 하나로 연합한 것이다. 그리스도께서 그의 죽음으로 시작하신 그 중보는 우리를 위한 그의 제사장적 중재의 형태로 지금까지 계속되는 것이다. Millard J. Erickson, *The Doctrine of Christ*, 홍찬혁 역, 『기독론』 (서울: 기독교문서선교회, 1991), 259.

117) 지라르, 『그를 통해 스캔들이 왔다』, 72.

해할지에 따라 평가는 달라질 것이다). 그 이유를 분석하자면 여러 가지가 있겠지만, 무엇보다 그의 연구가 계시에서 출발하지 않고 오로지 문학과 신화 연구에서 비롯한 것이 가장 큰 이유일 것이다. 물론 그의 방법론이 절대적으로 잘못됐다는 의미가 아니라, 한계가 있을 수밖에 없다는 것이다. 칼빈도 일찍이 이성의 한계를 지적하고, 일반 학문에 과도한 신뢰를 부여하는 것을 경계하였다.[118]

지라르는 모방 욕망 이론을 통해 인간과 폭력에 대한 새로운 이해를 제시했지만, 그는 인간의 욕망이 언제나 모방적이라고 보아 창조의 선함으로부터 나올 수 있는 자율적인 욕망을 전혀 인정하지 않았고, 모방 욕망이 선한 쪽으로 작용할 수 있음을 완전히 부정하지는 않았지만, 대부분 부정적인 폭력과만 연관 지어, 그가 폭력 일원론으로 흐른다는 반대자들의 비판을 받게 되었다. 이러한 그의 모방이론에서 나오는 문제점은 실제로 그의 이론의 결론 격인 십자가에 대한 이해로 이어질 수밖에 없는 것이다.

비록 지라르가 포스트모던 학자들 사이에서 기독교를 변증하는 '보물' 같은 역할을 한 것은 사실이지만, 초월적인 것을 전제하지 않은 채, 초월적인 것을 말하고자 한 그의 방법론은 처음부터 그 안에 한계를 가질 수밖에 없는 것이다. 하나님을 아는 것은 우리의 지식의 한계를 훨씬 넘어서는 것이다. 따라서 하나님을 아는 지식은 오직 하나님으로부터 그리고 하나님을 통해서만 가능하다. 하나님을 이해하는 데 있어

---

118) Calvin, *Institutes* 1559, Ⅱ.ⅱ.18. 칼빈은 하나님과 인간 사이의 인식 상의 거리(epistemic distance)가 원래도 엄청나게 멀지만 인간의 죄로 말미암아 훨씬 더 벌어졌다고 주장한다. 하나님에 대한 우리의 자연적 지식은 불완전하고 혼잡스러우며 심지어는 모순될 때도 있다. 자연적인 신 인식은 인간이 하나님의 뜻을 몰랐다고 변명할 가능성을 차단하는 역할을 한다. 그렇기는 해도 자연적 신 인식은 하나님의 본성과 성품과 목적을 완벽하게 설명하는 근거로는 적합하지 못하다. Alister E. McGrath, *Christian Theology: An Introduction*, 김기철 역, 『신학이란 무엇인가』 (서울: 복 있는 사람, 2014), 383.

반드시 하나님의 가르침을 받아야 하는 이유는 저자이신 하나님 자신이 아니고서는 하나님을 알 수 없기 때문이다. 피조물이 하나님에 대해 어떤 것을 안다는 것은 오직 하나님의 은혜 때문이다. 하나님을 알 수 있는 것은 오로지 그가 그것을 원하기 때문이며, 그런 범위에서만 가능하다.[119]

그런데 지라르는 자신이 인정했듯이 이러한 연구를 할 당시에는 기독교인이 아니었고, 따라서 그는 믿음이 전제되지 않고는 발견할 수 없는 그것을 결국 발견하지 못했던 것이다. 그는 자신이 성경을 (성경으로 성경을 해석한다) 전통신학의 방식대로 해석했다고 주장하지만, 그는 성경의 영감성을 전혀 인정하지 않았다. 왜냐하면 성경의 영감을 인정하는 것은 자신의 연구가 과학적이라는 자신의 주장과 배치된다고 생각했기 때문이다. 따라서 그의 성경해석은 성경의 저자이신 하나님의 뜻으로서 성경의 궁극적인 의미를 탐구하기보다는, 폭력의 렌즈를 끼고 자신의 모방 욕망 이론의 궤적을 따라간 것에 불과한 것이다.

지라르는 성경의 제1 저자가 하나님이신 것을 인정하지 않고 문화인류학적인 접근만을 시도하였기에 십자가에서 하나님의 개입을 볼 수 없었다. 그는 성경을 자신의 모방이론에 따라 해석하였기에 그 결과로써 하나님을 구약의 폭력적인 하나님으로부터 복음서의 비폭력적인 하나님으로 변모시켰고, 구약이 아닌 복음서야말로 참된 하나님을 계시한다고 주장하였다. 그가 성경의 문자적 해석의 범위를 넘어 자신의 모방이론에 근거한 해석을 할 수 있었던 것도 그가 성경의 영감성을 인정하지 않았기 때문이다.

---

119) 바빙크, 『개혁교의학 3』, 301.

하지만 성경이 하나님의 영감으로 되었다는 사실은 성경의 다른 속성들, 특별히 무오성, 충분성, 완전성과 종결성, 그리고 명백성의 초석이라 할 수 있다. 하나님의 영감이 거절되면 성경이 유오한 것이고, 불충분한 것이고, 불완전한 것이고, 종결되지 않은 것이고, 불분명한 것으로 간주되는 것은 불가피한 일이다. 하나님의 영감이 무너지면 성경 전체가 무너질 수밖에 없고, 성경이 무너지면 우리의 믿음과 신학도 무너질 수밖에 없는 것이다.[120] 바빙크를 비롯한 모든 개혁파 정통주의 학자들도 성경의 권위와 신뢰성을 하나님이 성경의 제1 저자(author primarius scripturae)라는 사실에서 찾는다.[121]

성경은 하나님이 제1 저자이신 하나님의 말씀이다.[122] 그리고 성경이 하나님의 말씀이라면, 우리는 참신학과 거짓 신학을 구분하는 핵심적인 기준이 그 신학이 성경에 근거한 것이냐에 있다고 말할 수 있을 것이다. 그러나 이것은 단순히 성경의 문자나 표현에 충실한 해석을 의미하는 것이 아니라 하나님의 뜻으로서의 성경의 궁극적인 의미 위에 그 토대를 두고 있는가를 기준으로 삼아야 한다. 그리고 성경은 독자에게 던져지고 내맡겨진 텍스트가 아니라, 비록 우리에게 주어졌다 할지라도 여전히 하나님이 영원한 저자이시고 지금도 그 의미의 주체시며 그것을 벗기시는 해석자로 계시는 '일방적인 계시'이기 때문에 진리의 영이신 성령의 인도를 받지 않으면 안 된다.[123]

---

120) 한병수, 『개혁파 전통주의 신학 서론』, 367.

121) 한병수, 『개혁파 전통주의 신학 서론』, 375.

122) 우리가 성경을 언약서의 궁극적인 형태로 생각한다는 것은 성경의 기원이 하나님께 있으며, 성경을 하나님의 말씀이라고 일컫는 것이 적합하다고 말하는 것이다. Peter Jensen, *The Revelation of God*, 김재영 역, 『하나님의 계시』 (서울: 한국기독학생회, 2008), 196. 로버트 레이먼드는 "진실로 성경만이 인간의 인격적인 중요성과 인간의 지적 요구, 그리고 정당하고 보편적인 윤리를 위한 단 하나의 기점($\pi o \upsilon \ \sigma \tau \omega$, 푸 스토)"이라고 말한다. Robert L. Reymond, *A New Systematic Theology of The Christian Faith*, 나용화 역, 『최신 조직신학』 (서울: 기독교문서선교회, 2010), 189.

2. 하나님 인식에 대한 한계

지라르와 비폭력적 속죄론의 입장(이것은 밴후저가 말하는 관계회복론[124]의 입장이기도 하다)에서는 하나님이 죄의 대가로 아들의 죽음을 요구하셨다는 생각은 오해이고, 인간 자신의 폭력성의 투사에 불과한 것이다. 예수의 죽음은 희생이 아니며, 오히려 죄를 전가하는 모든 희생적 기제의 배후에 자리한 거짓과 폭력을 폭로하는 수단이다. 이러한 견해에서는 성경에 나오는 모든 하나님의 진노는 우리 스스로의 폭력성의 투사에 불과한 것으로 취급된다. 성경의 기록자들도, 그것을 읽는 우리도 모두 은폐하는 폭력의 메커니즘에 속은 채, 그동안 우리가 하나님을 오해했다는 결론이다. 이런 견해에서는, 그리스도의 십자가는 하나님이 악을 용서로 갚아주심을 보여줌으로써, 보응이 꼭 필요하다는 환상을 인류에게서 떨쳐 버린다. 따라서 속죄의 본질은 결국 법정적인 것이 아니라 치유적인 것이다.[125]

하지만 기독교 속죄론에서, 예수가 스스로 고난을 받고 돌아가실 필요가 있음을 친히 여러 번 주장하셨고(눅 9:22, 17:25, 18:31-34), 그런 주장과 정확히 일치하는 방식(곧 범죄자로 처형된 무죄한 희생자)으로 돌아가신 사실은 매우 의미 있는 것이다. 따라서 속죄 교리는 궁극적으로 하나님의 사랑과 용서에 대한 우리의 체험이 신적 행위의 절정인 십자가 죽음에 의존하거나 오로지 십자가 죽음만을 필요로 하는 이유를 설명해야만 한다.[126] 하지만 그리스도가 십자가 위에서 우리의 죄

---

123) 한병수, 『개혁파 전통주의 신학 서론』, 201-202.

124) 밴후저는 형벌대속의 원리를 부정하고 "관계와 회복적 정의를 강조하는 포스트모던 견해"를 관계회복론이라고 부른다. 밴후저, 『교리의 드라마』, 644.

125) 밴후저, 『교리의 드라마』, 645.

126) 십자가 죽음의 필요성에 대해서 칼빈은 "우리의 정죄를 제거하기 위해서는 그리스도가 아무 종류의 죽임을 당하는 것으로 충분하지 아니했다. 우리의 속량을 대속하기 위해서는 그분이

를 담당하시는 것을 "형벌을 받는다"라는 의미에서가 아니라, "저주 아래 놓인 사람들에게 자신의 고통스러운 관계들에서 해방될 수 있는 길을 제공"한다는 의미로 이해하는 소위 비폭력적 속죄론의 입장에서는 "왜 십자가인가?"를 설명하기가 어렵다.[127]

발타자르(Hans Urs von Balthasar)는 우리가 예수님의 십자가 죽음에 대한 성경의 기사를 공정히 다루려면 다섯 가지 중심 사상, 곧 (1) 아들이 "우리를 위해" 자신을 주시는 것, (2) 아들이 우리와 자리를 바꿈으로써 "우리를 위해" 자신을 주시는 것, (3) 아들이 어떤 것에서부터 우리를 구원하시는 것(해방하시는 것), (4) 아들이 어떤 것(곧 하나님의 삶에의 참여)을 위해 우리를 구원하시는 것, (5) 아들이 이 모든 것을 아버지께 대한 순종으로 실행하시며, 아버지는 그 전 과정을 자기 사랑으로 말미암아 시행하신다는 것을 고려해야 한다고 주장한다.[128] 발타자르가 제기하는 주장에 따르면, 이런 5차원적인 십자가의 구상 속에 압축된 드라마적 풍부함을 포착할 수 있는 이론은 결코 존재하지 않으나, 그리스도가 우리의 자리에서 고난을 겪음으로써 신적 공의의 요구를 만족시킨다는 개념은 적어도 십자가의 필요성을 설명한다는 장점이 있다. 발타자르는 아퀴나스가 주장한 형태의 배상론에 관해 이야기하면서, 십자가는 "하나님이 세상과 실제로 화목하게 되심을 보여주는 성례적 표시 이상의 것이다. …… 십자가는 참으로 하나님의

우리가 받는 정죄를 자신에게 전가하고 또 우리의 죄책을 자신이 지심으로써 우리를 자유롭게 할 수 있는 그러한 종류의 죽음을 받으셔야 했다'라고 말한다. 칼빈에 따르면 예수께서 십자가에 못 박히셔야 했던 것은 그것이 하나님 앞에서 우리의 형벌을 갚을 수 있는 유일한 방법이었기 때문이다. 로버트 A. 피터슨, "그리스도의 구원 사역에 관한 칼빈의 사상", 『칼빈의 기독교 강요 신학』, 데이비드 W. 홀·피터 A. 릴백 편 (서울: 기독교문서선교회, 2009), 301.

127) 밴후저, 『교리의 드라마』, 646-647.

128) Hans Urs von Balthasar, *Theo-drama,* vol. 4, *The Action* (San Francisco: Ignatius Press, 1994), 265, 재인용. 밴후저, 『교리의 드라마』, 646.

진노가 그로 말미암아 죄인에게서 돌이키게 되는 사건"이라고 말한다.129)

예수의 십자가는 구속사의 정점일 뿐만 아니라 다수의 중요한 기독교 교리들이 서로 마주치는 신학적 교차로에 서 있다. 문학과 지성의 바다에 신학이 일으키는 물결에 대해 다른 어떤 교리도 속죄론보다 더 나은 축소표본이나 지표일 수 없을 것이다. 속죄를 어떻게 이해하는가 하는 것이 "하나님, 인간, 역사, 나아가 자연에 대한 우리의 개념을 다른 어떤 것보다도 더 많이 결정하며",130) 그 역도 사실이다. 십자가의 중요성은 1) 신론, 2) 복음, 3) 성서해석과 연결되어 있다. 그러므로 속죄론은 "제일 신학"(즉 어떤 사람의 신학적 해석학에 영향을 미치는 신론)의 핵심에 영향을 미치고, 거꾸로 영향도 받는다. 이 점에서 속죄는 복음의 정수이고, "기독교 체계의 근본원리"이며 "기독교 신학의 지성소"다.131)

속죄 신학을 위한 시금석은 하나님이 취하시는 언약적 조치의 관통선의 정점으로서 예수님의 죽음이 지니는 필연성과 효력을 설명하는 것이다. 만일 십자가가 단지 어떤 보편 진리(이를테면, "하나님은 희생자 편이시다", "하나님은 어떤 일이 있어도 우리를 용서하신다")를 나타냄으로써만 구원한다면, 그것은 그런 원리에 대한 우리의 무지 외에 아무것도 실제로 변화시키지 않는다. 이런 입장에는 두 가지 취약점이 있다. 첫째는, 그런 주장은 예수님의 상실로 이어지는데, 그 이유는 우리가 일단 그 원리를 납득하면 그것이 말하는 구체적인 이야기와 사건들은 없어도 그만이기 때문이다. 둘째로, 십자가의 선포는 근본적 변화

---

129) 밴후저, 『교리의 드라마』, 646.

130) James Denny, *The Atonement and the Modern Mind* (London: Hodder & Stoughton, 1903), 1-2, 재인용. 밴후저, "속죄", 305.

131) 밴후저, "속죄", 305-306.

가 아닌 위안의 단언("하나님은 괜찮으시다. 그러니 여러분도 괜찮다")
으로 탈바꿈한다.[132]

예수님의 죽음이 지니는 효력과 관련해서도 비슷한 난제들이 존재
한다. 예수님의 죽음은 어떻게 효력을 발생시키는가? 하나님은 우리를
구원하기 위해 예수님의 죽음 안에서, 예수님의 죽음으로, 예수님의 죽
음을 통해 어떤 일을 실행하고 계신가? 발타자르는 이에 대한 지라르
의 설명이 크게 부족하다고 이해한다.[133] 지라르의 입장에 따르면, 하
나님은 폭력적이고 화를 잘 내는 구약성경의 신에서 비폭력적이고 힘
없는 신약성경의 신으로 변모된다. 하지만 하나님의 정체성에 대한 이
해가 잘못되면 모든 곳에서 잘못된다.[134] 신론에서의 오류는 기독론과
속죄론에 영향을 미치고 다시 속죄론의 오류는 신론에 영향을 미치는
순환 구조가 고착하는 것이다. 따라서 개혁신학의 관점에서 하나님의
정체성을 바르게 이해하는 것이야말로 속죄론의 출발점이 되지 않으면
안 된다.[135]

하나님과 폭력의 문제는 하나님과 악의 문제와 유사하게 보인다. 악
의 저자인 하나님을 경배하는 것이 불가능한 것처럼 폭력에 연루된 하
나님을 경배하는 것도 불가능하다는 것을 알 수 있다. 신적 폭력에 대
한 허다한 논의에 깔린 가정은 폭력이 본질에서 악하고 부도덕하다고
보는 것이다.[136] 하지만 인간의 폭력에 관한 언어를 신적인 활동에 직

---

132) 밴후저, 『교리의 드라마』, 647-648.

133) Balthasar, *Theo-drama,* vol. 4, 312, 재인용. 밴후저, 『교리의 드라마』, 648.

134) 밴후저, 『교리의 드라마』, 648-649.

135) 칼빈에 따르면, 창조자 하나님에 관한 지식은 자연과 계시 모두를 통해 얻을 수 있으며, 자연
을 통해 알게 된 지식을 계시가 명료하게 해주고 확증하며 넓혀 준다는 것이다. 그런데 구속
자 하나님에 대한 지식-칼빈은 이 지식을 고유의 하나님 지식이라고 본다-은 그리스도 안에서,
성서를 통해, 기독교 계시에 의해서만 얻을 수 있다. 맥그라스, 『신학이란 무엇인가』, 384.

136) 부르스마, 『십자가, 폭력인가 환대인가』, 85-86.

접적이거나 일의적으로 전환하는 것은 문제의 소지가 있다. 하나님에 대한 인간의 담론은 결코 일의적이거나 직접적일 수 없다. 우리가 하나님의 본질을 이해할 수 없기 때문이다. 하나님의 본질은 우리의 이해 너머에 있기 때문에 우리는 사람의 감각과 지성의 범위를 초월한 하나님을 완전히 이해할 수 없다.137)

또한 십자가 사건은 무엇보다 삼위일체 하나님 안에서의 사건이다. 삼위일체의 관계 속에서 이루어지는 사건을 분리된 인간의 시각에서 폭력이라는 잣대로 재단하는 것은 아버지와 아들 사이의 어떤 분열과 대립을 상정하는 것138)으로서 삼위일체 신학에 반하는 것이다. 발타자르는 대속교리가 삼위일체 신앙 안에서 가능하며 또 의미를 확보하게 된다고 말한다. "예수가 하나님 앞에서 죄인의 조건을 견디었던 하나님에 의해 버림받는 경험은 그 신비에 있어서 어떤 종류의 문화적 '기제'에서가 아니라 성령 안에서의 아버지와 아들 사이의 역사 안에서의 삼위일체적인 동의의 집행(a trinitarian transaction of consent)에서 발생한다."139)

철학을 비롯한 모든 학문은 필요한 것이며 유용한 것이며 우리에게 주신 선물이다. 하지만 그 모든 학문적 역량의 최대치를 발휘한다 할지라도 하나님이 창조하신 만물과 우리에게 행하신 일들을 다 헤아릴 수 없다.140) 지라르의 십자가 이해는 성경이 아닌 인문학에서 출발한 신학, 그리고 거듭난 이성이 아닌 합리적 이성으로부터 출발한 신학이 어떤 과정과 결론에 이를 수 있는지를 잘 보여준다. 지라르는 자신의

---

137) 부르스마, 『십자가, 폭력인가 환대인가』, 20-21.
138) 박만, "속죄론적 십자가 죽음 이해에 대한 비판적 논고", 325.
139) 박만, "속죄론적 십자가 죽음 이해에 대한 비판적 논고", 326.
140) 한병수, 『개혁과 전통주의 신학 서론』, 179.

이론을 따라 십자가를 비희생적인 것으로 이해했기에, 예수 그리스도가 우리의 죄를 대속하기 위한 희생양이신 것도, 하나님이 죄에 대하여 진노하는 분이신 것도 인정하지 않았다. 그러나 성경에 따르면, 하나님께서 인류를 위한 대속자를 제공하셨다는 영광스러운 진리는 구약성경의 희생제사 제도에 예견되어 있으며(출 12:5, 29:1; 레 1:3), 신약성경 역시 희생제사와 그리스도의 죽음 사이의 관련을 강조한다.[141] 하나님은 악을 차마 보지 못하신다(합 1:13). 거룩하신 하나님께서 죄에 대하여 취하실 수 있는 유일한 자세는 거룩한 분노이다(롬1:18). 죄에 대한 하나님의 완전히 타협 불가능한 자세는 우리에게 극단적이고 부당하게 보일지 모른다. 그러나 이것은 우리의 타락한 이성이 얼마나 오염되어 있으며 거룩함이나 죄에 대하여 얼마나 이해하지 못하고 있는지를 보여줄 뿐이다.[142]

속죄에 대한 형벌대속론적 이해는 예수께서 우리를 대신해서 돌아가셨다는 성경의 가르침을 있는 그대로 진지하게 받아들이는 유일한 방법이다. 이것은 거룩하신 하나님이 어떻게 죄인들을 그 자신에게 화해시킬 수 있는지를 분명하게 해 주는 유일한 견해이다. 승리자 그리스도론이나 도덕감화론은 이 주제를 적절하게 다루지 못한다.[143] 따라서 십자가의 대리형벌의 의미를 도외시하고, 승리자 그리스도의 테마와 도덕감화론의 테마만을 그 기반으로 삼고 있는 지라르의 십자가 이해는 성경에 충실하지 않으며, 따라서 개혁신학(형벌대속론)의 지지를 받을 수 없다.

---

141) John M. Frame, *Systematic Theology,* 김진운 역, 『존 프레임의 조직신학』 (서울: 부흥과개혁사, 2017), 920-921.

142) Gregory A. Boyd and Paul R. Eddy, *Across the Spectrum Understanding Issues in Evangelical Theology,* 박찬호 역, 『복음주의 신학 논쟁』 (서울: 기독교문서선교회, 2014), 228-229.

143) 그레고리 A. 보이드 & 폴 R. 에디, 『복음주의 신학 논쟁』, 233

제 5 절 결론

먼저 지라르의 십자가 이해가 기독교에 이바지한 측면을 네 가지로 분석할 수 있다. 첫째, 지라르는 성경을 신화적으로 읽으려는 시대 분위기 속에서 신화와 성경을 비교, 분석함으로써 성경의 독특성, 진리성을 드러냈다. 둘째, 지라르는 포스트모더니즘 사상가들과의 대화를 통하여 기독교의 진리를 변증하려고 하였다. 셋째, 지라르가 주창한 "희생양 기제를 폭로함으로써 사탄에 대해 승리한다"라는 십자가 정의는 십자가 사건을 새롭게 이해하도록 해주었을 뿐만 아니라, "드러냄"이라는 표현과 해석으로서의 '하나님에 대한 지식'의 중요성을 일깨워주었다. 넷째, 지라르는 그의 모방 욕망 이론을 통해 '원죄'에 대한 구체적인 생각을 드러냄으로써 '죄의 문제'를 다시 한번 생각해보는 계기를 만들어 주었다.

하지만 지라르의 십자가 이해에는 다음과 같은 비판이 따른다. 먼저 비폭력에 대한 지라르의 신학적 근거에는 성경에 대한 해석학적 대가가 요구된다. 그는 신약과 구약의 명백한 연속성을 유지하는 데 곤란을 겪는다. 그는 성서의 유일무이성을 '비폭력'과 '희생'의 극명한 대조와 희생을 배격하고 비폭력을 옹호한다는 점에서 찾고 있다. 하지만 이렇게 폭력의 렌즈로만 성경을 바라보기에 그는 성경의 메시지에서 폭력에 대한 것 외에 다른 풍부한 계시의 의미를 찾지 못한다.

또 수직적 계시의 차원이 아닌 인문학을 도구로 한 수평적 사고 아래 이루어진 그의 연구(희생양 메커니즘의 정체를 폭로하는 십자가의 승리)에서는 학문 방법론상 하나님의 은혜가 승리자 그리스도론에서만큼 그렇게 강조되기는 어렵다. 전통적인 승리자 그리스도론이 '승리'가 일방적인 하나님의 은혜의 선물임을 강조하는 반면, 지라르는 우리가 폭력의 지배에서 벗어나기 위해서는 단지 십자가의 폭로만으로는 부족하고, 우리의 노력과 선택이 필요하다고 말하기 때문이다.144)

또 지라르에게 있어 구원은 그리스도의 십자가를 통해 희생양 메커니즘의 폭로라는 승리의 형태로 주어지지만, 그것이 폭로와 함께 완전히 성취되는 것은 아니다. 지라르에게 십자가의 승리는 가능성일 뿐, 그것에 동참하려면 도덕적 개선이 필요한 것이다. 이러한 지라르의 입장은 개혁신학으로부터 반(半)펠라기우스주의라는 비판을 받을 수 있다.

지라르의 십자가 이해는 예수 그리스도의 신인(神人)으로서의 사역의 유일무이성을 희석한다. 예수 그리스도의 십자가 사역이 폭력의 정체를 드러낸 것뿐이라면 하나님의 아들이 아니어도 그러한 사역이 가능할 수 있다는 반론이 제기될 수 있기 때문이다. 그리고 이 "폭로"로서의 승리 개념은 객관적 속죄론이나 승리자 그리스도론에 비해 그리스도 승리의 효과를 너무 ('폭로'라는 지식으로만)축소시킨다.

지라르를 비판하는 사람들은 지라르가 십자가에서 하나님 나라의 환대, 즉 우리가 본받을 수 있고 우리 삶의 상황을 함께 구성할 수 있는 모범적인 실천을 찾기보다는 폭력에 대한 거부만을 찾는다고 주장한다. 지라르가 폭력에 대한 거절로서의 십자가의 소극적인 기능만을 강조한 것은 사실이지만 그렇다고 십자가의 적극적인 기능을 완전히 무시한 것은 아니다. 지라르는 십자가에서 비폭력적인 행동으로 폭력의 정체를 드러낸 예수 그리스도를 우리는 모방해야 한다고 주장한다.

지라르는 사탄을 모방하는 데서 벗어나 예수 그리스도를 모방하는 것을 '개종'이라는 말로 설명한다. 그에 의하면 '개종'은 우리가 늘 모방적 욕망에 사로잡혀 있다는 것과 우리의 선택이라는 것도 우리의 생

---

144) 지라르, 『문화의 기원』, 141.

각처럼 자유로운 것이 아님을 완전히 자각하는 것이고 또 그것은 우리를 스캔들과 영원한 불만족의 악순환 속에 빠뜨리는 나쁜 유형의 모델을 우리가 그런 줄도 모른 채 모방하고 있었음을 발견하는 것이다. 하지만 이런 지라르의 생각에 대해서는 구원을 단순히 인식론적, 지식적 차원으로 전락시킨다는 비판이 제기된다.145)

지라르는 희생제사를 희생양 메커니즘의 반복 재연으로 보는데, 이런 이해 때문에 지라르는 예수 그리스도의 십자가 죽음은 희생양 기제를 드러낸 사건이고, 하나님이 받으시는 희생제사가 아니라고 보았다. 하지만 이것은 지라르가 성경의 영감을 인정하지 않고, 신적 기원으로서의 초월성도 인정하지 않았기 때문에 정통 신학은 볼 수 있었던 것을 보지 못한 것이다. 또 지라르는 폭력에 대한 정확한 개념 정의를 하지 않은 채, 비폭력을 말하기 때문에 정당한 폭력 행사로 인정받는 경우까지 비난의 대상이 될 수 있을 뿐만 아니라, 무조건적인 비폭력적 대응이 때론 오히려 폭력을 조장할 수 있다는 사실을 간과하고 있다.146)

지라르에게 있어서, 모방 욕망이 유익하게 작용한다는 점은 거의 찾아볼 수 없다. 모방 욕망이라고 해서 언제나 갈등을 일으키는 것은 아니지만 너무나 자주 갈등과 폭력을 일으킨다. 또 욕망은 늘 모방적이어서 창조의 선한 질서로부터 직접 발생하지도 않는다. 따라서 폭력의 존재론까지는 아니어도, 지라르의 이론은 적극적 환대의 정치를 위한 견고한 기반을 마련하지 못했다는 비난을 받는다.147)

한편, 지라르의 십자가 이해에서 영향을 받아 비폭력적 속죄 신학을 주장하는 학자들이 대체로 공통으로 주장하는 것은 하나님은 비폭력적

---

145) Placher, "Why the Cross?," 39, 재인용. 밴후저, "속죄", 325.
146) 박종균, "르네 지라르의 성서적 종교와 비폭력", 288.
147) 부르스마, 『십자가, 폭력인가 환대인가』, 264.

인 분이라는 것, 즉 하나님은 죄에 대해서 진노하시는 분이 아니라는 것, 또 예수 그리스도의 십자가는 희생제사로서의 의미가 있는 것이 아니라 오히려 폭력을 드러냄으로써 희생을 종식한다는 것, 그리고 논리적 연결로써 예수 그리스도는 대제사장의 직분을 갖는 분이 아니라, 예언자 또는 선지자 중의 한 분으로서 십자가에 못 박히는 폭력적인 운명을 맞이한 분이라는 것이다. 이것은 지라르의 십자가 이해에 따를 때, 자연스럽게 연결될 수 있는 신학적 주장들이다.

하지만 개혁신학은 성경에 근거해서 이런 주장들을 거부해 왔다. 여호와 하나님은 물론 의롭고, 거룩하며, 자신의 명예를 열망하고 죄에 대해 진노하지만, 동시에 은혜롭고, 자비하며, 기꺼이 용서하며 크신 긍휼을 지닌 분이다(출 20:5, 6, 34:6, 7; 신 4:31; 시 86:15 등). 또한 하나님은 거룩한 분이시고, 하나님의 진노는 거룩한 진노이다.[148] 따라서 하나님을 무조건 선행하는 사랑을 베푸시는 하나님으로만 이해하는 것은 성경을 균형 있게 해석하지 못한 것이다.

신약성경에 의하면, 율법과 예언에 관한 다양한 증거들은 그리스도에게서 절정에 이른다. 그리스도 안에서 하나님의 모든 약속은 예와 아멘인 것이다(롬 15:8; 고후 1:20). 신약성경은 그리스도의 죽음을 구약적 제사 의식의 성취로 여긴다. 그는 참된 번제다. 옛 언약이 언약의 제사를 통해 확정되었던 것과 마찬가지로(출 24:3-11), 그리스도의 피는 새 언약의 피다(마 26:28; 막 14:24; 히 9:13). 그리스도는 우리 죄를 위한 희생제물(엡 5:2; 히 9:26, 10:12)이고, 그는 우리의 죄를 위한 화목제물이다(고후 5:21; 요일 2:2, 4:10). 그는 우리를 위해 죽임을 당한 유월절 양이며(요 19:36; 고전 5:7), 세상 죄를 지고 가며 이를 위해

---

148) 리탐, 『그리스도의 사역』, 145.

죽임을 당한 하나님의 어린 양이다(요 1:29, 36; 행 8:32; 벧전 1:19; 계 5:6 등).[149]

현대 신학은 그리스도의 직분 개념을 인정하지 않으려는 경향이지만, 개혁신학은 그리스도가 자신의 사역을 자신의 삼중직으로 완수하였다고 분명하게 주장한다. 그분의 인격과 사명은 분리되지 않는다. 그는 단지 우리를 가르치고 본을 보이며 우리가 사랑하도록 고무하는 선지자로서만 아니라, 또한 제사장과 왕으로서 자신의 사역을 완수하셨다. 그리스도는 어제나 오늘, 그리고 영원히 동일한 분이시다(히 13:8). 그가 단지 선지자적, 제사장적 그리고 왕적 사역을 행하는 것이 아니라, 그의 전 인격 자체가 선지자, 제사장 그리고 왕이다. 그래서 그리스도 자체가, 그리고 그리스도가 말하고 행하는 모든 것이 이 삼중적 위엄을 드러낸다.[150]

지라르의 십자가 이해는 아쉽게도 성경이 말하는 진리를 온전하게 드러내지 못한다. 이것은 그가 성경의 영감을 부정하고, 오직 문화인류학적인 연구에서 성경을 해석했기에 가질 수밖에 없는 한계에서 비롯된 것이다.[151] 하지만 하나님의 영감이 무너지면 성경 전체가 무너질 수밖에 없고, 성경이 무너지면 우리의 믿음과 신학도 무너질 수밖에 없는 것이다.

기독교 속죄론은 하나님이 취하시는 언약적 조치의 관통선의 정점으로서 예수님의 죽음이 지니는 필연성과 효력을 설명할 수 있어야 한

---

149) 바빙크, 『개혁교의학 3』, 409-410.

150) 바빙크, 『개혁교의학 3』, 447.

151) 밴후저는 "성경이 아닌 다른 모든 텍스트 각각에 대해서도 우리가 성경을 연구할 때 들이대는, 또 성경 연구를 통하여 발견하는 것과 똑같은 신학적 전제들을 가지고 읽어야 한다"라고 주장한다. 그는 "최상의 일반 해석학은 일종의 삼위일체론적인 해석학이다"라고 말한다. Kevin J. Vanhoozer, Is There a Meaning in This Text?, 김재영 역, 『이 텍스트에 의미가 있는가?』 (서울: 한국기독학생회, 2003), 728.

다. 그리고 그 출발점은 올바른 하나님에 대한 지식이 되지 않으면 안 된다.152) 잘못된 하나님의 이해에서 출발한 신학은 반드시 잘못된 속죄론과 기독론을 가질 수밖에 없다. 그런 의미에서 비폭력적 속죄론은 그 출발이 잘못된 하나님 이해에서 비롯된 것이라 말할 수 있을 것이다.

---

152) 인식의 과정에서 "하나님은 객체가 아니라 주체이다"라는 것은 하나님은 인간의 탐구의 객체 (대상)가 될 수 없다는 것을 의미한다. 우리는 우리 주변의 대상들에 대한 연구를 수행하듯이, 즉 객관적이고 과학적인 방식으로 또는 우리 인간의 변덕스러운 의지에 따라서 하나님에게 접근하지 못한다. 오히려, 하나님께서 자신을 우리에게 알게 하실 때에만 우리는 하나님을 알게 된다. 그러므로 인식 과정에서 주도권은 하나님에게 있다. 그렌즈, 『조직신학』, 95.

제 6 장

결 론

르네 지라르는 대담집인 『문화의 기원』에서 자신의 지적 여정을 "단 하나의 주제에 대한 기나긴 논증"이라는 찰스 다윈의 표현에 빗대어 정의 내리고 있다.[1] 사실상 이 표현만큼 지라르의 사유 여정을 적절하게 대변해주는 것도 없을 것이다. 지라르는 첫 번째 저서인 『낭만적 거짓과 소설적 진실』을 시작으로 거의 반세기 동안에 걸쳐 인류의 문화, 공동체적 활동의 근간이라고 생각되는 하나의 주제를 끈기 있게 추적해 왔다. 그리고 마침내 그는 유대-기독교의 성서에서 계시를 발견했다고 주장한다. 이런 지라르의 친기독교적인 정서는 포스트모더니즘 시대에 우리에게 '보물' 같은 것이지만, 그의 십자가 이해에는 개혁신학 속죄론이 받아들일 수 없는 내용이 들어있다.

제2장에서 우리는 지라르의 모방 욕망 이론과 희생양 메커니즘을 살펴보았다. 지라르에 의하면 욕망의 주인은 내가 아니다. 욕망은 내 안에서 생겨난 감정이 아니라, 나의 외부에서 빌려온 것이다. 따라서 우리의 욕망은 늘 중개자를 통해서 대상에 이르는 구조를 갖는데, 지라르는 이것을 삼각형의 욕망이라고 부른다. 그는 욕망의 주체와 중개자의 거리에 따라 외적 중개와 내적 중개로 구분하는데, 이때의 거리는 장소적인 거리가 아니라 정신적인 거리를 말하는 것이다. 그리고 언제

---

[1] 지라르, 『문화의 기원』, 9.

나 갈등과 폭력이 문제 되는 것은 거리가 가까운 내적 중개의 경우이다.

지라르의 욕망은 형이상학적인 것이다. 욕망은 모방적이기 때문에 실제 대상을 향하는 것이 아니라 타인(모델, 중개자), 정확히는 그럴 것이라고 간주하는 타인의 상태에 기초해 있는 관념적인 것이기 때문이다. 형이상학적인 특성상 모방 욕망은 주체와 중개자의 거리가 가까울수록 더욱 강렬해지고 전염성을 띠게 된다.

지라르에 의하면 모방 욕망은 인간의 기본적 속성이다. 이 모방 욕망 때문에 인간은 동물적 본능에서 벗어날 수 있는 것이다. 하지만 모방에는 항상 폭력이 뒤따른다는 것이 지라르의 주장이다. 그는 사람들 간의 '차이'가 공동체의 위기를 가져오는 것이 아니라, 오히려 차이가 없어질 때 위기가 찾아온다고 말한다. 지라르에 따르면 '차이'는 자연적, 문화적 질서의 원천이다. '차이'는 모든 사람들이 서로에 대한 관계 속에서 자리 잡을 수 있도록 해주고, 조직화하고 위계질서를 갖춘 가운데에서 사물들이 의미를 갖도록 해주는 것이다. 그런데 주체는 모델의 욕망을 모방하면서 모델이 욕망하는 것을 욕망하고 또 경쟁하면서 주체와 모델은 서로의 공통된 욕망을 만족시키는 것을 서로 방해한다. 모델이 방해물이 되고, 방해물이 모델이 되는 과정에서 경쟁의 당사자들 사이에는 차이가 없어진다. 그리고 이 차이의 소멸은 더 큰 폭력을 불러온다.

경쟁자들 사이에 모든 차이가 사라지고 오직 '동질성'만이 그들의 관계를 지배할 때, 지라르는 이것을 '짝패'라고 부른다.[2] 지라르는 짝패 갈등이 심할수록 애초의 갈등의 원인이었던 대상이 실종되거나 부차적인 것으로 변하는 경향이 있는데, 이렇게 대상이 사라지는 상태가

---

2) 지라르, 『폭력과 성스러움』, 122.

되면, 짝패는 점점 늘어나고 모방 위기는 점점 심해진다고 말한다. 이러한 상태를 지라르는 홉스가 말한 '만인의 만인에 대한 투쟁' 상태라고 부른다.

지라르에 따르면 모방에 의한 경쟁 관계가 많아지면 '만인의 만인에 대한' 폭력인 모방 위기가 만들어지고, 그것은 마침내 '만인의 일인에 대한' 폭력으로 빠지고 만다. 만약 그렇지 않다면 공동체는 소멸하고 말 것이기 때문이다. 지라르는 인간이 우연히 이 메커니즘을 발견하지 못했다면 폭발적인 모방적 경쟁에 사로잡혀 있던 원시 집단들은 스스로 파멸했을지도 모른다고 생각한다.3) 지라르는 이 메커니즘을 희생양 메커니즘이라고 부른다.

지라르에게 있어서 희생은 단지 제물을 바치는 자와 신 사이의 매개체가 아니다. 그것은 폭력의 집단 전이를 의미한다. 희생은 폭력을 일정한 방향으로 배출시키는 일종의 "대체 폭력(violence de rechange)"이다.4) 공동체는 소멸의 위기를 방지하기 위해 처음의 위기 극복 수단이었던 희생양 메커니즘을 일정한 형식을 통해 반복, 재연하는데, 이렇게 해서 생겨난 것이 '희생제의'이다. 따라서 지라르에게 '희생제의'는 "대체 폭력"이자 "성스러운 폭력"인 것이다.

지라르는 희생양 메커니즘의 과정(만인의 만인에 대한 폭력에서 만인의 일인에 대한 폭력으로 빠지는 과정)에서 이중의 왜곡이 일어난다고 말한다. 그리고 이 왜곡은 박해에 참여한 자들 모두가 의식하지 못한 채, 실제로 그렇게 믿는 것이다. 우선은 전적으로 위기의 책임이 폭력의 대상이 되는 희생물에 있다고 믿어야 하는 것이다. 두 번째 왜곡

---

3) 지라르, 『문화의 기원』, 15.
4) 김모세, 『르네 지라르』, 180-181.

은 앞선 것과 정반대의 방향으로 진행되는데, 첫 번째 왜곡이 희생물을 유죄로 만드는 것이었다면, 두 번째 왜곡은 희생물의 유죄성을 씻어버리고 오히려 신성화시키는 것이다.5) 집단적 폭력 행동에 가담했던 이들은 자신들이 남을 모방했다는 것과 자신들의 공격성이 악한이라고 상상한 사람에게 옮겨 갔다는 것을 의식하지 못한다. 그들은 무의식적으로 새로운 평화가 희생자의 죽음 덕분에 이루어졌다고 여긴다. 즉 희생양 메커니즘이 작동한 뒤 이루어지는 공동체의 단합을 통해 희생물은 역설적으로 사회를 위기에서 구원하고 화해를 가져오는 존재로 신성화되는 것이다. 지라르에 따르면 사실상 모든 신화 속 주인공(신, 神)들은 초석적이고 만장일치적인 폭력의 희생물이자, 폭력의 이중적 성격을 상징적으로 구현하는 존재들이다. 즉 우상은 희생양 메커니즘을 통해서 만들어진 것이다.6)

지라르는 인류의 역사 전체가 모방 욕망으로 인한 폭력의 지배 아래 놓여 있는 듯 보이지만, 실제로는 그렇지 않다고 말한다. 인류 역사의 어느 순간에 결정적인 단절이 생겼는데, 이 단절은 무엇보다 감추어진 것을 폭로하는 진실의 계시에 근거한 것이다. 그리고 이 계시를 지라르는 유대-기독교의 성서에서 발견했다고 주장한다.

우리는 이러한 주장을 제3장에서 살펴보았다. 지라르에 따르면 성서에는 신화와 마찬가지로 모방 욕망에 관한 내용이 많이 들어있다. 베드로의 부인은 모방 전염의 좋은 예다. 지라르는 창세기에 나오는 원죄를 모방이론과 관련하여 설명하는데, 그에 따르면 원죄는 모방을 잘못 사용한 것이다.

---

5) 김모세, 『르네 지라르』, 232.
6) 김현, 『르네 지라르 혹은 폭력의 구조』, 47.

지라르에 따르면 『구약성서』에는 폭력에 관한 깊은 성찰이 들어있다. 『구약성서』는 집단 폭력을 정당화하는 일반적인 신화의 경향, 즉 신화가 가진 비난과 복수의 성격과 경향을 비판하려는 의도를 가진 것이다. 『구약성서』의 세계에 나오는 사람들은 대체로 신화 세계에 나오는 사람들만큼 폭력적이고 또 그 세계에는 희생양 메커니즘도 많이 들어있지만 결정적으로 차이가 나는 것은 『구약성서』, 정확히 말하면 이런 현상에 대한 『구약성서』적인 해석이다.[7]

지라르는 신화에서는 희생양 메커니즘을 통해 신격화가 일어나지만 복음서에 나타나는 예수의 신격화는 희생양 메커니즘에 의한 것이 아니라고 주장한다. 어떤 기독교 신자들도 예수가 죄가 있다고는 생각하지 않는다. 말하자면, 복음서는 우리 눈앞에서 만장일치에 균열이 일어나는 유일한 기록이다. 지라르에 따르면, 신화의 작업은 '무지' 혹은 심지어 '박해의 무의식'[8]에 기초해 있는데, 이런 것을 신화는 결코 표현하지 않고 있다. 신화 자체가 거기에 젖어 있기 때문이다. 그러나 복음서는 이 무의식을 정확히 표현하고 드러낸다.[9]

지라르에 따르면 기독교는 구약성경에서부터 신약의 복음서에 이르는 과정을 통해 신화에서는 볼 수 없는 희생양 메커니즘의 해체를 보여주는데, 그 절정이 바로 십자가이다. 그에 따르면 그리스도의 죽음은 희생양 메커니즘에 굴복하지 않는다. 오히려 만장일치 된 그 메커니즘에 균열을 내고 그 거짓된 정체를 폭로한다. 이렇듯 희생양 메커니즘을 해체하고 폭로하는 십자가는 희생양 메커니즘에 대한 승리이며, 그 메커니즘과 하나이고 그 자체라고도 말할 수 있는 사탄에 대한 승리이

---

7) 지라르, 『나는 사탄이 번개처럼 떨어지는 것을 본다』, 149-150.
8) 지라르는 이것을 '인지불능'으로 표현하기도 한다. 지라르, 『문화의 기원』, 95.
9) 지라르, 『나는 사탄이 번개처럼 떨어지는 것을 본다』, 161-162.

기도 하다. 하지만 고대 교부들의 승리자 그리스도 견해와 달리 지라르에 따르면 그리스도는 부도덕한 속임수를 사용하지 않고 오히려 폭력을 포기함으로써 승리를 쟁취한다.

지라르는 구약의 희생제사에 대한 신적 기원을 부정한다. 그에게 구약의 희생제사는 대체된 폭력일 뿐이다. 그에 따르면 속죄론에서 안셀름 전통은 통치자들과 권세들에 의해 포섭되어 예수의 죽음을 신화적, 희생적 방식으로 잘못 해석하고 있는 것이다. 하나님은 그리스도를 제물로 받으시는 분이 아니라, 십자가를 통해 폭력을 드러내고 종식하는 분이다.

지라르는 우리가 모방 욕망에 의한 폭력의 메커니즘에 빠지지 않기 위해서는 예수를 모방해야 함을 역설한다. 예수가 바로 십자가에서 비폭력으로 대응하심으로 희생양 메커니즘의 정체를 드러내셨기 때문이다. 예수 그리스도는 사탄과 함께 우리의 원형 모델이다. 누구를 모방할지는 전적으로 우리의 선택에 달려 있다. 그리고 참된 자유는 사탄에서 그리스도로 '개종'하는 것이다.

제4장에서 우리는 지라르의 이론에 자극을 받은 세 명의 신학자들을 살펴보았다. 지라르는 자신이 신학자가 아닐 뿐만 아니라, 자신의 연구가 과학적인 것임을 주장하면서, 인류학을 통한 수평적 접근을 시도하기 때문에 그의 십자가 이해를 보다 자세히 이해하기 위해서는 그가 신학자들에게 끼친 신학적 영향을 살펴볼 필요가 있었다.

지라르와 가장 오랫동안 교류하면서 신학적 대화를 나누었고,[10] 그의 이론을 적극적으로 지지할 뿐만 아니라, 비판적으로 수용[11]하여 지

---

10) 정일권, 『십자가의 인류학』, 56.
11) 슈바거, 『희생양은 필요한가』, 9.

라르의 연구가 신학자로서가 아닌 인문학자로서의 연구이기 때문에 가질 수밖에 없는 한계를 넘어 그 이상을 말하고자 시도했던 인물이 바로 라이문트 슈바거(Raymund Schwager)이다.

슈바거는 예수 그리스도의 십자가가 폭력에 대응하여 복수를 하지 않고, 비폭력으로 희생양 메커니즘을 드러냈다면, 예수 그리스도의 아버지이신 하나님은 예수 안에 구현된 자신의 사랑이 죄인들에 의해 폭력적으로 거절될지라도 계속해서 죄인들을 사랑하시는 분으로 드러난다고 주장한다. 그의 하나님은 죄인이 회개하기 전에 선행(先行)적으로 먼저 사랑을 베푸시는 분이다. 따라서 하나님은 죄 용서에 대한 보상을 원치 않으신다. 그에 따르면 구원은 신적 관계 안에서 이루어지거나 십자가의 승리로 이루어지는 것이 아니다. 구원은 예수 그리스도의 비폭력의 길을 따르는 데서, 악한 행동에서 돌이키는 데서 비롯된다.[12] 슈바거는 지라르의 이론이 성경을 통일적으로 해석하는 유용한 도구라고 주장하나, 지라르의 이론을 근거로 한 그의 성경해석은 신구약의 통일성을 저해할 뿐만 아니라 성경의 영감을 인정하지 않는 것으로서 개혁신학 속죄론의 관점에서 비판을 피하기 어렵다.

데니 위버(Denny Weaver)는 만족설에 대한 비판에서 출발하여 자신의 "내러티브 승리자 그리스도(Narrative Christus Victor)" 모델을 주장한다. 만족설에 따를 때, 하나님은 예수 그리스도의 죽음에 대한 책임에서 전적으로 자유로울 수 없다. 왜냐하면 그분의 영예가 그것을 요구하기 때문이다. 이러한 만족설의 문제점을 피하고자 위버는 지라르의 승리자 그리스도 테마를 도입한다. 그러나 위버는 자신의 입장을 지라르와 구별하여 "내러티브 승리자 그리스도"를 통해 하나님의 통치

---

12) 슈바거, 『희생양은 필요한가』, 389.

를 볼 수 있게 만들라는 예수의 사명의 전체 범위를 보다 더 크게 강조한다.13)

위버는 복음서들이 우리가 예수의 죽음에 함께 참여한 존재임에도 불구하고 하나님의 통치에 참여하도록 초대되었다는 사실과 억압받던 자들뿐만 아니라 억압하던 자들까지도 함께 초대되었다는 사실을 통해 하나님의 보편적인 사랑을 계시한다고 말한다.14) 위버에 따를 때, 예수의 십자가 죽음은 하나님이 원하시거나 하나님께 드리는 것이 아니라, 하나님의 비폭력적 나라와 사탄의 폭력적 나라 사이의 차이를 '폭로'하는 사건이다. 구원받는 것은 그런 폭력적인 권세들과 관계된 어떤 것으로부터 해방되는 것이며, 예수 그리스도의 (서사적인) 길을 향해 해방되는 것이다. 그 길은 수동적 희생자의 길이 아니라 비폭력적 용서의 길이다.

월터 윙크(Walter Wink) 역시 슈바거나 위버처럼 지라르의 "폭로하는 십자가의 승리" 개념을 받아들였다. 다만, 지라르가 십자가의 승리를 희생양 메커니즘에 대한 것으로 본 반면, 윙크는 이것을 정사 및 권세와 연결 짓는다. 윙크는 지라르와 마찬가지로 십자가의 희생제사적 성격을 부정하면서 "예수의 죽음은 희생제사를 끝장낸 것"15)이고, 동시에 "예수의 십자가 처형은 희생제사의 참된 성격을 폭로"16)하였다고 주장한다.

하지만, 윙크는 예수 그리스도의 대적자로 나타나는 '권세'에 대해 선하게 창조되었고, 타락하였지만 종말에는 마침내 구원될 것이라고

---

13) Weaver, *Nonviolent Atonement*, 49.

14) Weaver, "Violence in Christian Theology," 168.

15) 윙크, 『사탄의 체제와 예수의 비폭력』, 241.

16) 윙크, 『사탄의 체제와 예수의 비폭력』, 244.

주장한다. 따라서 윙크에 따르면 우리가 비폭력의 길로 나서야 하는 이유는 구원을 위한 것이 아니라 '하나님의 은혜' 때문이고, 그것이 하나님의 성품을 반영하는 것이기 때문이다. 하지만 이런 윙크의 보편 구원의 생각 속에서 속죄의 주관적 측면은 그 동기를 강조하기가 쉽지 않다.

제5장에서는 본격적으로 지라르의 십자가 이해에 대한 비판적 평가를 하였다. 비판 전에 먼저 지라르가 기독교에 끼친 공헌을 네 가지로 살펴보았다. 그리고 지라르의 십자가 이해에 대한 비판을 그의 모방이론에 따른 십자가 이해에 대한 비판과, 물론 그의 이론의 자연스러운 결론이기도 하지만, 본격적으로는 그의 영향을 받은 신학자들의 소위 비폭력적 속죄 신학에서 주장되는 신학적 주장들에 대한 비판으로 나누어 검토하였다. 그리고 마지막으로 개혁신학의 관점에서 지라르 이론의 한계가 무엇인지를 살펴보았다.

지라르의 기독교에 대한 공헌은 무엇보다 그동안 신화처럼 읽히던 성서를 신화와의 비교를 통해 그 독특성을 드러냈다는 데 있다. 그는 신화와 복음서를 비교하여 신화의 거짓과 복음서의 진실을 밝힘으로써 기독교의 진리성을 변증하고, 성서의 계시성을 과학적으로 입증해 보이려고 하였다. 또 그가 자신의 모방이론을 통해 주장하였던 희생양 메커니즘은 우리 안에 은폐된 채로 활동하는 폭력의 정체를 보게 해주었고, 십자가 사건을 새로운 시각으로 이해하는 데 도움을 주었다. 또 그가 정의한 "희생양 메커니즘을 폭로하는 십자가" 개념은 표현과 해석으로서의 하나님 지식에 대한 중요성을 일깨워주었다.

그러나 지라르의 모방이론에 나타나는 십자가에 대한 이해에는 몇 가지 비판이 제기된다. 먼저, 그의 모방이론을 통한 성경해석은 신구약의 통일성을 저해하고, 모든 것을 폭력과 관련지어서만 해석한다는 문제점이 지적된다. 또 지라르가 말하는 십자가의 승리는 폭로하는 것 외에 다른 의미를 갖지 않아, 예수 그리스도 사역의 유일무이성을 희석하고, 십자가 승리의 효과를 축소한다는 비난이 제기된다. 또 지라르는 십자가에서 우리가 본받을 수 있는 적극적 의미보다는 폭력을 거부하는 소극적인 의미만을 강조한다고 지적된다.

또한, 지라르가 말하는 십자가의 '폭로'로서의 승리는 가능성일 뿐, 우리가 그 승리에 동참하려면 실질적인 도덕적 개선이 필요한 것이다. 지라르는 우리가 사탄을 모방하는 데서 벗어나 그리스도를 모방하는 것을 '개종'이라고 부르는데, 이것은 무엇보다 우리가 모방 욕망에 사로잡혀 있다는 것, 그리고 우리가 그런 줄도 모른 채, 나쁜 모델을 모방하고 있었다는 사실을 깨닫는 것이다. 이러한 지라르의 생각에 대해서는 구원을 단순히 지식적인 차원으로 전락시킨다는 비판이 제기된다. 지라르에게 있어서, 모방 욕망이 유익하게 작용한다는 점은 거의 찾아볼 수 없다. 따라서 폭력의 존재론까지는 아니어도, 지라르의 이론은 적극적 환대의 정치를 위한 견고한 기반을 마련하지 못했다는 비난을 받는다.[17]

한편, 지라르의 십자가 이해에서 영향을 받아, 소위 비폭력적 속죄 신학을 주장하는 학자들이 공통으로 주장하는 것은 하나님은 죄에 대해서 진노하시는 분이 아니라는 것, 예수 그리스도의 십자가는 희생제사로서의 의미가 있는 것이 아니라는 것, 그리고 그 논리적 연결로써 예수 그리스도는 대제사장의 직분을 갖는 분이 아니라는 것이다. 이것은 지라르의 십자가 이해에 따를 때, 논리적으로 자연스럽게 연결될

---

17) 부르스마, 『십자가, 폭력인가 환대인가』, 264.

수 있는 신학적 주장들이다.

하지만 개혁신학은 성경에 근거해서 이런 주장들을 거부해 왔다. 여호와 하나님은 물론 의롭고, 거룩하며, 자신의 명예를 열망하고 죄에 대해 진노하지만, 동시에 은혜롭고, 자비하며, 기꺼이 용서하며 크신 긍휼을 지닌 분이다(출 20:5, 6, 34:6, 7; 신 4:31; 시 86:15 등). 또한 하나님은 거룩한 분이시고, 하나님의 진노는 거룩한 진노이다.[18] 또 신약성경은 그리스도의 죽음을 구약적 제사 의식의 성취로 여긴다. 그는 참된 번제다. 옛 언약이 언약의 제사를 통해 확정되었던 것과 마찬가지로(출 24:3-11), 그리스도의 피는 새 언약의 피다(마 26:28; 막 14:24; 히9:13). 그리스도는 우리 죄를 위한 희생제물(엡 5:2; 히 9:26, 10:12)이고, 그는 우리의 죄를 위한 화목제물이다(고후 5:21; 요일 2:2, 4:10). 또한 예수 그리스도는 제사장과 왕으로서 자신의 사역을 완수하셨다. 그리스도는 어제나 오늘, 그리고 영원히 동일한 분이시다(히 13:8). 그가 단지 선지자적, 제사장적 그리고 왕적 사역을 수행하는 것이 아니라, 그의 전 인격 자체가 선지자, 제사장 그리고 왕이시다.[19]

지라르의 십자가 이해는 성경의 영감을 부정함으로써 수직적 계시의 차원을 배제한 채, 오직 수평적 차원의 문화인류학적인 연구에서 출발하여 성경을 해석했기에, 한계를 가질 수밖에 없다. 하나님의 영감이 부정되면 성경 전체가 무너질 수밖에 없고, 성경이 무너지면 우리의 믿음과 신학도 무너질 수밖에 없는 것이다. 기독교 속죄론은 하나님이 취하시는 언약적 조치의 관통선의 정점으로서 예수님의 죽음이 지니는 필연성과 효력을 설명할 수 있어야 한다. 그리고 그 출발점은

---

18) 리탐, 『그리스도의 사역』, 145.
19) 바빙크, 『개혁교의학 3』, 447.

올바른 하나님에 대한 지식이 되지 않으면 안 된다. 하나님의 정체성에 대한 이해가 잘못되면 모든 곳에서 잘못된다.20) 따라서 개혁신학의 관점에서 하나님의 정체성을 바르게 이해하는 것이야말로 속죄론의 출발점이 되지 않으면 안 된다.

또 비폭력적 속죄 신학에서처럼 인간의 폭력에 관한 언어를 신적인 활동에 직접적이거나 일의적으로 전환하는 것은 문제의 소지가 있다. 하나님에 대한 인간의 담론은 결코 일의적이거나 직접적일 수 없다. 우리가 하나님의 본질을 이해할 수 없기 때문이다. 지라르는 자신의 연구에서 초월적인 것을 거부하면서, 오히려 초월적인 것을 말하고자 하였다. 이것은 바다에 들어가 보지도 않은 채, 바닷속을 설명하겠다는 것이나 다름이 없는 것이다. 그리고 지라르를 따르는 신학자들은 그들의 신학적 주장을 정당화하는 데 지라르를 이용한 것처럼 보인다. 만약 그들이 지라르의 과학적 연구라는 주장에 고무되어 그러한 결론에 이른 것이라면, 그들 역시 지라르와 마찬가지의 우(愚)를 범한 것이다.

지라르가 생전에 개혁파 신학자들과 더 많은 대화를 나눴더라면 어땠을까 그리고 그의 연구가 그의 회심 전에 시작된 것이 아니라, 그리스도인이 된 후에 시작된 것이라면 어땠을까. 재밌는 것은 지라르처럼 무신론자에서 그리스도인이 된 C. S. 루이스(C. S. Lewis)는 신화를 지라르와는 다른 각도에서 바라보았다는 것이다. 그는 이교 신화들과 기독교의 유사성을 플라톤적 메타포를 사용하여 태양 자체와 연못에 비친 태양의 그림자의 관계로 이해했다.21) 루이스는 진정한 그리스도

---

20) 밴후저, 『교리의 드라마』, 648-649.

21) 정일권은 신화와 문학에 대한 보다 낭만주의적 입장을 가진 루이스에 비해 지라르의 신화 해독과 문화의 기원에 대한 발생학적 연구는 더 과학적이라고 평가한다. 정일권, 『우상의 황혼과 그리스도』, 216.

인이 되려면 역사적 사실에 동의하는 동시에, 모든 신화와 조화되는 상상적인 포용력으로 신화를 받아들여야 한다고 말했다. 루이스는 상상력을 신앙의 한 축이라고 생각했다. 상상력 없이는 예수님의 이적과 죽음, 부활에 대한 이야기를 아무리 이성적으로 받아들인다 해도, 그것들의 참 의미와 관련해서는 무감각해진다는 것이다. 그리고 기독교 문학가로서 루이스에게 이 상상력은 "세례 받은 상상력"을 말한다.[22]

개혁신학은 결코 이성을 경시하지 않는다. 하지만 또한 그 이성이 거듭나야 할 필요를 역설한다. 지라르의 연구가 전부 틀린 것은 아니다. 그의 모방이론은 최근 거울 뉴런(mirror neuron)[23]이 발견됨에서도 알 수 있듯이 과학적인 근거를 가지고 있다. 하지만 루이스가 신화에서 지라르와는 다른 의미를 발견한 것처럼 모든 것을 일의적으로만 볼 수는 없는 것이다. 지라르는 신화와 성서를 비교하는 가운데 성경의 영감을 인정하지 않아 그 진리의 풍성함을 보지 못한 것이다. 따라서 개혁신학은 지라르의 이론이 개혁신학의 속죄론 주장과 다르다고 하여 지라르를 무조건 거부할 것이 아니라, 그의 한계를 지적하는 가운데, 지라르가 우리에게 제공한 성서와 십자가에 대한 새로운 통찰들을 신학적으로 충분히 검토하여 더욱 풍성한 십자가의 의미를 찾을 수 있도록 노력해야 할 것이다.

이 글에서 아쉬운 것은, 여성 신학을 중심으로 비폭력적 속죄론에서 주장되는 '신적 폭력'에 대한 문제 제기가 개혁신학의 관점에서 잠깐

---

22) 정일권, 『우상의 황혼과 그리스도』, 216-217.

23) 이탈리아의 파르마 의과대학 신경학 교실의 자코모 라촐라티(Giacomo Rizzolatti) 교수는 원숭이에게 다양한 동작을 시켜보면서 그 동작과 관련된 뇌의 뉴런이 어떻게 활동하는지 관찰하던 중 매우 흥미로운 사실을 발견했다. 그것은 다른 원숭이나 주위 사람의 행동을 보기만 해도 스스로 움직일 때와 똑같이 반응하는 뉴런이 있다는 사실이다. 이 뉴런은 마치 거울과 같은 반응을 나타낸다고 해서 '거울 뉴런(mirror neuron)'이라 명명되어 1996년에 처음으로 발표되었다. 김진식, 『르네 지라르』, 29-30.

언급되는 정도에 그치고, 자세한 논의를 하지 못한 것이다. 폭력에 대한 문제는 그 정의와 범위, 정당한 폭력이 가능한가의 문제 등 진지하게 고민해야 할 것이 한두 가지가 아니다. 그리고 인간의 폭력 개념이 유비적으로라도 하나님과 인간 사이 혹은 하나님 아버지와 아들 사이에서 그대로 논의될 수 있는 것인지도 앞으로 개혁신학의 입장에서 깊이 있게 검토되어야 할 부분이다. 또 나아가 지라르의 독특한 성서해석과 관련하여 해석학적 차원에서의 검토 역시 개혁신학의 관점에서 진행되어야 할 것이다. 추후, 지라르와 관련된 여러 방면의 연구가 개혁신학의 입장에서 더욱 개진되기를 기대한다.

참고 문헌

한글 문헌

권문상. "칼빈의 기독론: 그리스도의 인격과 속죄론 개괄". 「개혁신학」 28 (2017): 8-32.

_____ 『비움의 모범을 보이신 예수 그리스도』. 서울: 새물결플러스, 2008.

김모세. 『르네 지라르-욕망, 폭력, 구원의 인류학』. 파주: 살림출판사, 2008.

_____ "아프리카 소수 부족 통과 제의에 대한 한 해석 - 르네 지라르의 이론을 중심으로" 「아프리카 硏究」 22 (2007): 3-37.

김모세・서종석. "<별에서 온 그대>(My Love from the Star)에 나타난 욕망의 형이상학". 「기호학 연구」 46 (2015): 7-38.

김성민. "인간의 욕망과 모방-르네 지라르의 사회인류학적 관점에서" 「신학과 실천」 47 (2015): 237-266.

김윤애. "서양의 철학적 사유구조에 나타난 신화-동아시아 신화에 대한 철학적 분석을 위하여". 「기호학 연구」 15 (2004): 45-86.

김진규. "인간의 폭력과 구원의 드라마". 「누리와 말씀」 15 (2004): 1-36.

김진식. 『르네 지라르』. 서울: 커뮤니케이션북스, 2018.

_____ "기독교는 인문학인가-르네 지라르와의 대담". 「문학과 사회」 29/1 (2016): 374-386.

_____ "르네 지라르 모방이론의 재인식". 「불어불문학연구」 96 (2013): 57-84.

김 현. 『르네 지라르 혹은 폭력의 구조』. 서울: 도서출판 나남, 1987.

김희보. 『세계문학사 작은 사전』. 서울: 가람기획, 2002.

박 만. "속죄론적 십자가 죽음 이해에 대한 비판적 논고". 「한국조직신학논총」 39 (2014): 309-344.

_____ "폭력과 속죄 죽음: 르네 지라르의 예수의 십자가 죽음 이해에 대한 비판적 고찰". 「한국기독교신학논총」 53 (2007): 111-140.

박재은. "속죄와 윤리: 데니 위버의 만족설 비판과 조안 브라운의 '신적 아동 학대' 모티브에 대한 비판적 고찰". 「기독교 사회윤리」 30 (2014): 161-193.

박종균. "르네 지라르의 성서적 종교와 비폭력". 「한국기독교신학논총」 34/1 (2004): 269-296.

박종환. "억압의 공간, 화해의 공간-르네 지라르를 통해서 본 기독교 예배의 이중성". 「한국기독교신학논총」 92 (2014): 171-196.

백형수. "리차드 니버(H. Richard Niebuhr)와 르네 지라르(René Girard)를 통해 본 '십자가 문화'의 모색". 박사학위 논문, 호남신학대학교 대학원, 2013.

손희송. "예수의 하느님 나라 선포와 십자가 죽음 그리고 인간의 구원". 『신학과사상학회』 48 (2004): 48-74.

양용의. "멜기세덱 반차를 좇은 대제사장 예수". 『교회와 문화』 8 (2002): 9-46.

오세정. "폭력과 문화, 희생양의 신화-지라르의 정화이론을 중심으로". 「인문학 연구」 15 (2011): 71-93.

윤철호. 『너희는 나를 누구라 하느냐-통전적 예수 그리스도론』. 서울: 대한기독교서회, 2013.

_____ "구속교리에 대한 해석학적 고찰- '승리자 그리스도' 모델을 중심으로". 「장신논단」 44/1 (2012): 131-162.

_____ "통전적 구속교리: 형벌대속 이론을 중심으로". 「한국조직신학논총」 32, (2012): 7-40.

이윤경. "르네 지라르의 희생양 메커니즘으로 읽는 입다의 딸 이야기". 「구약논단」 49 (2013): 96-122.

이종원. "희생양 메커니즘과 폭력의 윤리적 문제", 「철학탐구」 40 (2015): 273-301.

이풍인. "세월호 참사와 희생양 메커니즘". 「신학지남」 (2014): 87-112.

정일권. 『예수는 반신화다』. 서울: 새물결플러스, 2017.

_____ 『르네 지라르와 현대 사상가들의 대화-미메시스 이론, 후기 구조주의 그리고 해체주의 철학』. 서울: 동연, 2017.

_____ 『십자가의 인류학』. 대전: 대장간, 2015.

_____ 『우상의 황혼과 그리스도-르네 지라르와 현대 사상』. 서울: 새물결플러스, 2014.

_____ 『붓다와 희생양』. 서울: SFC출판부, 2013.

_____ "슬픈 현대: 글로벌 시대의 종교와 평화 르네 지라르의 최근 저작 『클라우제비츠를 완성하다』를 중심으로". 「조직신학논총」 36 (2013): 247-276.

_____ "르네 지라르의 기독교 변증론". 「조직신학연구」 14 (2011): 107-126.

한병수. 『개혁파 정통주의 신학: 서론』. 서울: 부흥과개혁사, 2014.

히사다케, 가토. 이신철 역. 『헤겔 사전』. 서울: 도서출판 b, 2009.

Baker, David L. *Two Testaments, One Bible-The Theological Relationship Between the Old and New Testaments*. 임요한 역. 『구약과 신약의 관계』. 서울: 부흥과개혁사, 2016.

Bavinck, Herman. *Gereformeerde Dogmatiek.* 박태현 역.『개혁교의학 3』. 서울: 부흥과개혁사, 2011.

Berkhof, Louis. *Systematic Theology.* 권수경・이상원 역.『벌코프 조직신학』. 고양: 크리스천 다이제스트, 2001.

Boersma, Hans. *Violence, Hospitality, and the Cross.* 윤성현 역.『십자가, 폭력인가 환대인가-포스트모던 시대의 개혁주의 속죄론』. 서울: 기독교문서선교회, 2014.

Boyd, Gregory A. and Eddy, Paul R. *Across the Spectrum Understanding Issues in Evangelical Theology.* 박찬호 역.『복음주의 신학 논쟁』. 서울: 기독교문서선교회, 2014.

Erickson, Millard J. *The Doctrine of Christ.* 홍찬혁 역.『기독론』. 서울: 기독교문서선교회, 1991.

Frame, John M. *Systematic Theology.* 김진운 역.『존 프레임의 조직신학』. 서울: 부흥과개혁사, 2017.

Garland, David E. *The NIV Application Commentary.* 채천석・정일오 역.『NIV 적용주석 마가복음』. 서울: 도서출판 솔로몬, 2011.

Girard, René. *Celui Par qui le scandale arrive.* 김진식 역.『그를 통해 스캔들이 왔다-모방적 욕망과 르네 지라르 철학』. 서울: 문학과지성사, 2007.

_____ *Les origines de la culture.* 김진식 역.『문화의 기원』. 서울: 기파랑, 2006.

_____ *Mensonge romantique et vérité romanesque.* 김치수・송의경 역.『낭만적 거짓과 소설적 진실』 파주: 한길사, 2001.

_____ *La Violence et le Sacre.* 김진식・박무호 역.『폭력과 성스러움』. 서울: 민음사, 1997.

_____ *Je vois Satan tomber comme l'éclair.* 김진식 역.『나는 사탄이 번개처럼 떨어지는 것을 본다』. 서울: 문학과지성사, 2004.

_____ *Le bouc émissaire.* 김진식 역.『희생양』. 서울: 민음사, 1998.

_____ *Reading the Bible with Rene Girard.* ed. Hardin, Michael. 이영훈 역.『지라르와 성서 읽기』. 대전: 대장간, 2017.

Grenz, Stanley J. *Theology of the Community of God.* 신옥수 역.『조직신학-하나님의 공동체를 위한 신학』. 고양: 크리스천 다이제스트, 2003.

Guelich, Robert A. *Word Biblical Commentary* Vol. 34A. 김철 역.『WBC 성경주석 마가복음 (상)』. 서울: 도서출판 솔로몬, 2001.

Horton, Michael. *The Christian Faith.* 이용중 역.『언약적 관점에서 본 개혁주의 조직신학』. 서울: 부흥과개혁사, 2012.

Jensen, Peter. *The Revelation of God*. 김재영 역. 『하나님의 계시』. 서울: 한국기독학생회, 2008.

Letham, Robert. *The Work of Christ*. 황영철 역. 『그리스도의 사역』. 서울:한국기독학생회출판부, 1987.

McGrath, Alister E. *Mere Apologetics*. 전의우 역. 『알리스터 맥그라스의 기독교 변증』. 서울: 국제제자훈련원, 2014.

_____ *Christian Theology: An Introduction*. 김기철 역. 『신학이란 무엇인가』. 서울: 복 있는 사람, 2014.

McKim, Donald K. *Readings in Calvin's Theology*. 이종태 역. 『칼빈신학의 이해』. 서울: 생명의 말씀사, 1991.

Morris, Leon. *The Atonement: It's Meaning and Significance*. 홍용표 역. 『속죄의 의미와 중요성』. 서울: 생명의말씀사, 1990.

Murray, John. *Redemption Accomplished and Applied*. 장호준 역. 『구속』. 서울: 복 있는 사람, 2011.

Peterson, Robert A. "그리스도의 구원 사역에 관한 칼빈의 사상." 『칼빈의 기독교 강요 신학』. 데이비드 W. 홀 & 피터 A. 릴백 편. 서울: 기독교문서선교회, 2009: 295-322.

Reymond, Robert L. *A New Systematic Theology of The Christian Faith*. 나용화 역. 『최신 조직신학』. 서울: 기독교문서선교회, 2010.

Schwager, Raymund. *Brauchen wir einen Sündenbock?* 손희송 역. 『희생양은 필요한가』. 서울: 가톨릭대학교출판부, 2011.

Thiselton, Anthony C. *The Hermeneutics of Doctrine*. 김귀탁 역. 『기독교교리와 해석학』. 서울: 새물결플러스, 2016.

Turrettin, Francis. *Turrettin on The Atonement*. 이태복 역. 『개혁주의 속죄론 -그리스도의 속죄』. 서울: 개혁된신앙사, 2002.

Vanhoozer, Kevin J. *The Drama of Doctrine*. 윤석인 역. 『교리의 드라마』. 서울: 부흥과개혁사, 2017.

_____ "속죄." 『현대 신학 지형도』. 켈리 M. 케이픽 & 브루스 L. 맥코맥 편. 서울: 새물결플러스, 2016: 304-347.

_____ *Is There a Meaning in This Text?* 김재영 역. 『이 텍스트에 의미가 있는가?』. 서울: 한국기독학생회, 2003.

Volf, Miroslav. *Exclusion and Embrace: A Theology Exploration of Identity, Otherness, and Reconciliation*. 박세혁 역. 『배제와 포용』. 서울: 한국기독학생회출판부, 2012.

Wink, Walter. *Engaging the Powers: Discernment and Resistance in a World of Domination.* 한성수 역.『사탄의 체제와 예수의 비폭력』. 서울: 한국기독교연구소, 2004.

_____ *Unmasking the Powers.* 박만 역.『사탄의 가면을 벗겨라: 인간의 삶을 결정하는 보이지 않는 힘들』. 서울: 한국기독교연구소, 2005.

_____ *Jesus and Nonviolence: A Third Way.* 김준우 역.『예수와 비폭력 저항: 제3의 길』. 서울: 한국기독교연구소, 2003.

Yancey, Philip D. *Reaching for the Invisible God.* 차성구 역.『아, 내 안에 하나님이 없다』. 서울: 한국기독학생회, 2011.

Yoder, John H. *The War of the Lamb: The Ethics of Nonviolence and Peacemaking.* 서일원 역.『어린 양의 전쟁』. 대전: 도서출판 대장간, 2012.

Young, Edward J. *The Book of Isaiah Volume* Ⅲ. 장도선 · 정일오 역.『이사야서 주석Ⅲ』. 서울: 기독교문서선교회, 2008.

외국어 문헌

Calvin, John. *Institutes of the Christian Religion.* trans. Ford L. Battles. Philadelphia: Westminster Press, 1960.

Denny, James. *The Atonement and the Modern Mind.* London: Hodder & Stoughton, 1903.

Dodd, C. H. "*Hilaskesthai,* its Cognates, Derivatives and Synonyms in the Septuagint." *JTS,* 32 (1931): 352-360.

Fairweather, Eugene R. "Incarnation and Atonement: An Anselmian Response to Aulen's Christus Victor." *Canadian Journal of Theology* 7 (1961): 167-175.

Girard, Renè. *Things Hidden Since the Foundation of the World.* California: Stanford University Press, 1987.

_____ "Are the Gospels Mythical?" *First Things* 62 (1996): 27-31.

Goldingay, John. "Your Iniquities Have Made a Separation between You and God." in *Atonement Today: A Symposium at St John's College, Nottingham,* ed. John Goldingay. London: SPCK, 1995.

Heim, S. Mark. *Saved from Sacrifice: A Theology of the Cross.* Grand Rapids: Eerdmans, 2006.

_____ "Visible victim: Christ's death to end sacrifice." *Christian Century* 118/9 (2001): 19-23

Ladd, George E. *A Theology of the New Testament.* Grand Rapids: Eerdmans, 1974.

Lefebure, Leo D. "Victims, violence and the sacred: The thought of Rene Girard." *Christian Century* 113/36 (1996): 1226-1229.

Milbank, John. *Theology and Social Theory: Beyond Secular Reason.* Oxford: Blackwell, 1993.

Peters, Ted. "Atonement and Final Scapegoat." *Perspective in Religious Studies* 19/2 (1992): 151-181.

Phelan Jr, John E. "Rene Girard and Paul Peter Waldenström: Reconsidering the Atonement." *The Covenant Quarterly* 64/1 (2006): 84-97.

Ricoeur, Paul. *The Symbolism of Evil.* New York: Harper & Row, 1967.

Schreiner, Thomas R. "Penal Substitution View." in *The Nature of Atonement: Four Views.* eds. James K. Beilby and Paul R. Eddy. Downer Grove, IL: InterVarsity Press, 2006: 67-98.

Schwager, Raymund. *Must There Be Scapegoats? Violence and Redemption in the Bible.* San Francisco: Harper & Row, 1987.

Stiring and Burton: Rene Girard Interview. "Scandals, Scapegoats, and the Cross: An Interview with Rene Girard." *Dialogue: A Journal of Mormon Thought* 43/1 (2010): 107-134.

Vanhoozer, Kevin J. "Theology and Condition of Postmodernity." in *The Cambridge Companion to Postmodern Theology.* ed. Kevin Vanhoozer. Cambridge: Cambridge University Press, 2003: 3-23.

Weaver, J. Denny. "Violence in Christian Theology." *Cross Currents* 51 (2001): 150-176.

_____ *Nonviolent Atonement.* Grand Rapids: Eermands, 2001.

_____ "Pacifism and Soteriology: A Mennonite Experience" *Christian Scholar's Review* 15/1 (1986): 42-54.

Williams, D. H. *Retrieving the Tradition and Renewing Evangelicalism: A Primer for Suspicious Protestants.* Grand Rapids: Eerdmans, 1999.

William C. Placher. "Why the Cross?" *Christian Century,* December 12 (2006): 39.

_____ "Christ Takes Our Place: Rethinking Atonement." *Interpretation* 53/1 (1999): 5-20.

Wink, Water. *Naming the Powers: The Language of Power in the New Testament*. Philadelphia, PA: Fortress Press, 1984.

_____ *The Invisible Force that Determine Human Existence*. Minneapolis, MN: Augsburg Fortress, 1986.

_____ *Engaging the Powers: Discernment and Resistance in a World of Domination*. Minneapolis, MN: Augsburg Fortress, 1992.

Yoder, John Howard. *The Politics of Jesus: Vicit Agnus Noster*. Grand Rapids: Eerdmans, 1993.

길상엽

건국대학교 법학과
고려대학교 법무대학원
백석대학교 신학대학원(M. Div)
웨스트민스터신학대학원대학교(Ph. D)
現) 웨스트민스터신학대학원대학교 겸임교수(조직신학)

르네 지라르의
기독교 십자가 이해

초판인쇄 2021년 2월 25일
초판발행 2021년 2월 25일

지은이 길상엽
펴낸이 채종준
펴낸곳 한국학술정보㈜
주소 경기도 파주시 회동길 230(문발동)
전화 031) 908-3181(대표)
팩스 031) 908-3189
홈페이지 http://ebook.kstudy.com
전자우편 출판사업부 publish@kstudy.com
등록 제일산-115호(2000. 6. 19)

ISBN 979-11-6603-330-8 93200